医师跑者的智慧

如何无伤无痛科学跑步

北京医师跑团 著

上海科学技术出版社

图书在版编目（CIP）数据

医师跑者的智慧：如何无伤无痛科学跑步 / 北京医师跑团著． -- 上海 ： 上海科学技术出版社，2024.8.
ISBN 978-7-5478-6708-2

Ⅰ．G822.02

中国国家版本馆CIP数据核字第2024G6E935号

医师跑者的智慧：如何无伤无痛科学跑步
北京医师跑团　著

上海世纪出版（集团）有限公司
上 海 科 学 技 术 出 版 社　出版、发行
（上海市闵行区号景路159弄A座9F-10F）
邮政编码201101　www.sstp.cn
徐州绪权印刷有限公司　印刷
开本 720×1000　1/16　印张 19.75
字数 300千字
2024年8月第1版　2024年8月第1次印刷
ISBN 978-7-5478-6708-2/G·1240
定价：88.00元

本书如有缺页、错装或坏损等严重质量问题，请向印刷厂联系调换

编委会

主任编委
朱希山　北京大学第一医院

副主任编委
王　龙　首都医科大学附属北京友谊医院
苏晓磊　中国人民解放军空军特色医学中心

编委委员（按姓氏笔画排序）
王　金　首都医科大学附属北京安贞医院
任芳萍　首都医科大学附属北京世纪坛医院
刘宝清　北京中医药大学东方医院
苏茹甘　首都医科大学附属北京口腔医院
李　鹏　北京大学民航临床医学院
李士博　清华大学附属垂杨柳医院
李昭昭　北京市丰台区妇幼保健院
来守永　首都医科大学附属北京胸科医院
张　奇　中国疾病预防控制中心
张　鹏　北京市密云区妇幼保健院
庞天舒　北京大学第三医院
赵　熠　首都医科大学附属北京安贞医院
秦　丹　北京中医药大学
高彬彬　中国人民解放军总医院
郭东升　中国中医科学院眼科医院
寇立舵　航天中心医院
隗　怡　北京大学第一医院
董　蕴　北京大学第三医院
鲁敬毅　北京协和医院
穆思聪　首都医科大学附属北京天坛医院

推荐语 1

　　对于被邀请为北京医师跑团所撰写的《医师跑者的智慧：如何无伤无痛科学跑步》一书作序，我深感荣幸。此书的问世，标志着跑步领域的一次重大进步，它不仅是一本专业的跑步指南，更是一部致力于解决跑步爱好者疑惑的权威著作。在我的眼中，这不仅是一本书，更是一位知识渊博的导师，为广大跑步爱好者解开了迷雾，指明了前行的道路。

　　跑步，看似简单的运动，却蕴含极其丰富的科学内涵。许多跑步爱好者常常被跑步姿势、配速、最大摄氧量等诸多技术问题所困扰。这本书的出现，为解决这些困惑提供了一条清晰明了的路径。北京医师跑团的专业成员，在书中系统性地介绍了跑步的科学原理和技术要点，为广大跑步爱好者提供了一本权威的参考书。

　　若有朋友询及跑步问题，我们不能简单地给予鼓励，而应当以科学的知识为支撑，引导他们采取正确的跑步方式；否则，不仅可能导致受伤，还会影响跑步的乐趣与持续性。跑步，应当是一种健康的生活方式，是对身体和心灵的双重呵护。

　　医师跑团的成员，面对着工作中的巨大压力，仍然坚持着对跑步的热爱和追求。在他们的眼中，跑步不仅是一种锻炼，更是一种精神上的自我提升。他们无时无刻不在为他人的健康与安全而奔走，展现出医者仁心的精神风貌。

　　对于我个人而言，尽管我从未参加过马拉松比赛，但通过这本书的指导，我对跑步的认识更加深入，也意识到完成一场马拉松比赛需要科学训练和个人准备。我相信，这本书是一份珍贵的礼物，阅读本书更是一次深入了解跑步世界的契机。

最后，我由衷地推荐这本书给所有的读者，希望每一位跑步爱好者都能从中受益，不断提升自己，享受跑步带来的快乐与满足。

愿我们的医师跑团在未来的跑步之旅中顺风顺水，愿每一位跑者都能坚持不懈，追逐自己的跑步梦想！

韩寒 | 作家、赛车运动员、导演

推荐语 2

马拉松作为一项历史悠久且深受人们喜爱的运动，已经成为全球范围内的热门话题。跑步不仅仅是一种竞技体育，更是一种生活态度，一种对健康和挑战自我极限的追求。

作为国内年轻一代的马拉松运动员，我希望能够激励更多的年轻人加入马拉松这项充满激情和活力的运动，共同推动中国马拉松运动的发展，同时也向世界展示中国运动员的风采。马拉松不仅考验着参赛者的体力和耐力，更是一场精神和意志的较量。每一次站在起跑线上，每一次冲过终点，都是对自我的超越和对生活热爱的体现。

在《医师跑者的智慧：如何无伤无痛科学跑步》这本书中，北京医师跑团的医师跑者结合他们的专业知识，为我们深入浅出地介绍了如何科学跑步、如何评估自身状况、特殊人群如何参与跑步、跑步中的错误认知、训练计划的制订、营养与跑步的平衡、常见病症的预防与处理，以及如何将跑步融入生活等多个方面的知识。这些内容无论对于专业运动员还是跑步爱好者，都是极具价值的知识和信息。

我相信，通过阅读这本书，读者不仅能够获得跑步的专业知识和实用技巧，更能深刻理解跑步的精神内涵，从而在跑步的道路上跑得更远、更稳。让我们一起享受跑步带来的快乐，感受生命的无限可能。

最后，我衷心希望《医师跑者的智慧：如何无伤无痛科学跑步》能够成为广大跑步爱好者的良师益友，帮助他们在马拉松的道路上不断前进、不断超越。让我们一起跑出健康，跑出快乐，跑出精彩！

何杰 　中国亚运史上首枚马拉松金牌获得者
　　　　中国男子马拉松纪录保持者

推荐语 3

在这个充满活力的时代，跑步已经成为许多人生活中不可或缺的一部分。它不仅是一种运动，更是一种生活态度，一种对健康和自我挑战的不懈追求。作为一名马拉松运动员，我深知跑步带来的快乐与挑战，也因如此，能为这本书做推荐，我感到特别荣幸。

本书由北京医师跑团编写，他们是跑步爱好者，更是白衣天使。这不仅仅是一本关于跑步的指南，还是一份全面的跑步策划方案，旨在帮助每一位跑步爱好者科学、安全地投入到这项运动中。从认识我们自己的身体构造，到评估自己是否适合跑步，再到为特殊人群量身定制跑步计划，每一章节都精心编排，旨在为读者提供最实用、最深入的跑步知识和技巧。

在这本书中，作者深入探讨了跑步与身体各个系统之间的密切关系，如何通过跑步提升心血管健康，以及如何看懂身体代谢的变化。这些内容对于我们这些追求卓越表现的运动员来说，无疑是宝贵的知识财富。同时，书中也阐述了跑步中常见的错误认知，帮助我们纠正了许多关于跑步的误解，让我们能够更加科学地进行训练。

特别值得一提的是，书中对特殊人群的跑步指导，以及如何制订跑步训练计划的章节，为我们提供了个性化的训练方案。无论是春夏秋冬的训练安排，还是跑前热身和跑后拉伸的重要性，每一个细节都被作者精心考虑到，确保我们能够在不同的环境和条件下，都能够有效提升自己的跑步成绩。

此外，书中还讨论了跑步与营养的平衡配比，以及如何在跑步中预防和应对常见的病症。这些内容对于我们这些长时间、高强度训练的运动员来说，尤为重要。它们不仅能够帮助我们避免训练中的伤害，还能够确保我们在比赛和训练中保持最佳状态。

最后，书中关于参加比赛的准备和赛后恢复的章节，为我们提供了宝贵的建议和策略。无论是赛前的训练安排，还是赛后的科学恢复，这些内容都将帮助我们在赛道上发挥出最佳水平，同时也能够确保我们的身心健康。

我相信，在这本书的指导下，每一位跑步爱好者都能够更加自信地迎接每一次跑步的挑战，无论是在训练场上，还是在赛道上。让我们一起以科学的态度，享受跑步带来的无尽乐趣和成就感。

祝愿每位读者都能在跑步的道路上，找到属于自己的节奏和快乐。

张德顺 | 中国女子十公里纪录保持者
中国女子半程马拉松纪录保持者

推荐语 4

历时 6 年的实战积累，北京医师跑团的第二本著作《医师跑者的智慧：如何无伤无痛科学跑步》在期待中面世，祝贺本书出版并非常荣幸为本书做推荐。近年来，跑步日渐成为国民日常运动的新风尚，无论是运动"小白"还是健身"大神"，许多人不约而同地选择跑步作为进阶体能和耐力的方式。上一本跑步工具书《你真的会跑步吗》广受好评，相信这本新书也会再次成为跑友们热议和传阅的"跑步宝典"。

如果用一种运动来将"热爱"这个词具象化，一定非跑步莫属。因为发现热爱，所以迈出了第一步；因为心怀热爱，所以风雨无阻去坚持，拼尽全力去超越；因为不负热爱，361°邂逅了这样一群始终跑在路上的人们。作为北京医师跑团的忠实合作伙伴，从 2022 年开始，361°始终以专业跑步装备为跑团助力，见证了跑团成员们的一次次出发和收获。在两年多的合作中，我们为彼此的热爱持续加码，也以实际行动诠释了"多一度热爱"的赤忱。

361°始终认为，坚持不懈的运动精神、科学的训练方式及专业的装备，能够持续激发运动热情和愉悦感，更是保障跑者运动表现的关键因素。专业的运动装备为热爱支招，一双推进力强的跑鞋、一套吸湿速干的跑服，是为跑者保驾护航的坚实"铠甲"；而无伤无痛、科学开跑的能力，则是跑者们的核心"软实力"。跑步前后的拉伸放松、跑步中的跑姿和呼吸方式等，看似是日积月累的经验之谈，实则背后都有科学依据的支撑。

"如何科学地跑步"，是每个跑者在探寻和践行热爱的路上，永远绕不开的话题。医者有招，会跑步的医者更懂支招，希望这份"软硬兼备"的热爱，能影响更多跑在路上的人们。每位跑者，脚下都有一条平凡的路，热爱在哪里，跑道就在哪里。既然选择了对跑步的热爱，就要坚定地贯彻到底。

让健康运动成为生活的一部分。361°和北京医师跑团一样，希望通过本书，传递医师跑者们的智慧，用更科学、更健康的跑步方式影响每一位读者。祝愿所有跑者跑无伤痛，跑出热爱，跑出最好的自我！

三六一度（中国）有限公司

前言

六年前，北京医师跑团的第一本跑步科普书《你真的会跑步吗》出版，引起了广泛的关注和热议；六年后，《医师跑者的智慧：如何无伤无痛科学跑步》问世，为我们带来了更多关于跑步的深度探索和启示。六年间，这个世界发生了深刻的变化，这些变化也影响到了身处其中的每一个人。

新冠病毒感染疫情让我们更加热爱和珍视我们的职业。作为奋战在第一线的医务工作者，我们更加体会到了"医者仁心"的含义；作为健康宣传和跑步科普的使者，我们更加感受到了"志在千里"的情怀，为自己作为一名医师跑者而备感光荣和自豪。

我们体会到了家庭的意义。不管是跑步还是生活，家庭永远是我们人生的第一港湾，也是我们不懈进取的动力。成绩并不是唯一的要义，享受快乐，体验经历，我们最终更离不开的还是"柴米油盐"，膝下承欢颜、灯下问安暖，马拉松的终点永远是安全回家。"热爱生活才是跑步的全部"，来自内心的淡定和从容、对身边亲朋好友的挚爱和珍惜，才是跑步最重要的源泉、动力和法宝。

我们感受到了国家的重要支撑力量。六年来，世界局势波谲云诡，但"风景这边独好"，让我们更加理解了家国情怀的含义。我们深刻地认识到每个人做好自己的工作，大家组合起来就是一个强大的祖国。

我们将本书取名为《医师跑者的智慧：如何无伤无痛科学跑步》，这里的智慧不仅是科学知识的结晶，更是"医"路向上的精神风貌，是"起于跑而不止于跑"的生活态度。具体而言，就是永远保持积极、热情、奋进、开阔的心态，扮演好我们的每一个角色，做好我们每一个人的工作，无论是竞技场上，还是手术台上，陪伴我们的跑友和患者，走好他们生命中的每一段旅程。

随着经济社会的发展,"没有全民健康,就没有全面小康"这句话愈发深入人心,这让我们对健康有了新的认识和思考。作为医生和跑者的我们,成为健康与跑步之间的桥梁,希望尽己所能为跑者提供健康跑步的指导和支持,让他们不仅能够健康跑步,更能够长久坚持。因此,本书以科学的方式呈现了关于跑步的全方位知识和经验,系统介绍了人类身体的进化过程,探讨了人类开始跑步的原因,从进化的角度剖析了跑步的起源;全面探讨如何评估自己是否适合跑步,包括回顾个人健康史、体检、体能测试以及风险评估等内容;专业分析了特殊人群如何开始跑步,包括老年人、大体重人群、糖尿病患者、孕妇、儿童等。

本书的独特之处是从医师跑者的角度阐述了一些常见的对跑步的错误认知、时令与天气对跑步的影响、跑步训练计划的制订、跑步与营养的关系等内容。我们还将跑步中常见的病症及其应对方法作为本书的重点之一,跟踪调查了数百名跑团成员的跑步变化,分析和拆解了损伤的种类和面临的问题,力图让跑者从中受益。

医师跑者一直是跑者身边的守护者,跑者在比赛中有任何医疗相关的问题,都可以向他们求助。希望本书也能成为跑者身边的守护者,帮助跑者享受健康快乐的跑步生活。另外,每一节节后都附有医师跑者智慧小贴士,分享医生们在跑步和生活中的小窍门和秘诀,希望能为读者带来新的启发与思考。

我们将本书主书名定为《医师跑者的智慧》,旨在为跑者带来健康的跑步知识,以及积极、热情、奋进、开阔的阳光心态,让跑者不仅在工作生活中发光发热,也能够在跑步中找到属于自己的价值。

最后,我诚挚地向您推荐这本书,并衷心祝愿您能够从中获得阅读的喜悦。

朱希山 北京医师跑团团长

目录

第 1 章　人类身体是如何进化的

第 1 节　跑步是人类进化的副产品　　002
第 2 节　身体基本构成知多少　　005
第 3 节　跑步与心血管关系知多少　　008
第 4 节　跑步与呼吸的关系　　019
第 5 节　如何读懂身体代谢的变化　　025
第 6 节　骨骼、关节、肌肉在跑步中的变化　　029

第 2 章　评估自己是否适合跑步

第 1 节　回顾自己的健康史　　036
第 2 节　体检：对自己的身体负责　　039
第 3 节　体能是健康跑步的基础　　046
第 4 节　跑步风险评估　　054
第 5 节　异常足弓者如何跑步　　058
第 6 节　目标设定和跑步计划制订　　062

第 3 章　特殊人群如何开始跑步

第 1 节　什么样的人群是特殊人群　　070
第 2 节　老年人如何开始跑步　　072
第 3 节　大体重人群如何开始跑步　　075
第 4 节　糖尿病人群如何开始跑步　　079
第 5 节　孕妇可以跑步吗　　082
第 6 节　0~17 岁的人群什么时候开始跑步　　090
第 7 节　新冠病毒感染康复之后如何开始跑步　　094

第 4 章　关于跑步的错误认知

第 1 节　跑得快就是跑得好吗　　102
第 2 节　跑得越多就越好吗　　103
第 3 节　跑步与年龄有关系吗　　105
第 4 节　跑步会损伤膝盖吗　　108
第 5 节　跑步会影响口腔健康吗　　112
第 6 节　解惑祛魅：跑步中常见的身体变化　　117

第 5 章　时令与天气：跑步如何适时而动

第 1 节	在春天如何跑步	124
第 2 节	在夏天如何跑步	126
第 3 节	在秋天如何跑步	133
第 4 节	在冬天如何跑步	135
第 5 节	在雨雪天如何跑步	139
第 6 节	在沙尘雾霾天如何跑步	142

第 6 章　跑步训练计划如何制订

第 1 节	跑步如何进行正确的热身和冷却	146
第 2 节	长跑训练知多少	157
第 3 节	胯训练和交叉训练	162
第 4 节	匀速跑：保持稳定节奏的跑步技巧	165
第 5 节	变速跑：以"变"应对"不变"的跑步技巧	169
第 6 节	间歇跑：向爆发力致敬的跑步技巧	172
第 7 节	训练时如何恢复和休息	174

第 7 章　跑步与营养如何平衡配比

第 1 节	跑步与能量的需求	182
第 2 节	营养素知识知多少	185
第 3 节	跑步训练如何制订饮食计划	188
第 4 节	跑步前中后的补给策略如何制订	191
第 5 节	应该如何摄入与补充液体	194

第 8 章　跑步中常见病症有哪些

第 1 节	跑步损伤知多少	200
第 2 节	如何预防运动损伤的出现	203
第 3 节	常见运动损伤：肌肉、筋膜类损伤	210
第 4 节	常见运动损伤：肌腱类损伤	216
第 5 节	常见运动损伤：韧带损伤及撕脱骨折	220
第 6 节	其他常见运动损伤问题	222
第 7 节	出现运动损伤，我们应该怎么办	224
第 8 节	跑步与应力性骨损伤	227
第 9 节	跑步与呼吸系统疾病	231
第 10 节	跑步与热应激、脱水及热射病	236
第 11 节	跑步与身心健康的关系	238

第9章 如何参加一场比赛

第 1 节	如何选择一场比赛	244
第 2 节	如何评估自己是否适合参加比赛	247
第 3 节	马拉松赛前如何安排训练	249
第 4 节	赛前是否需要来一次长距离训练	256
第 5 节	比赛前还需要做哪些准备	258
第 6 节	赛中如何补给	262
第 7 节	比赛中如何评估自己的身体	264
第 8 节	马拉松赛后如何恢复	267

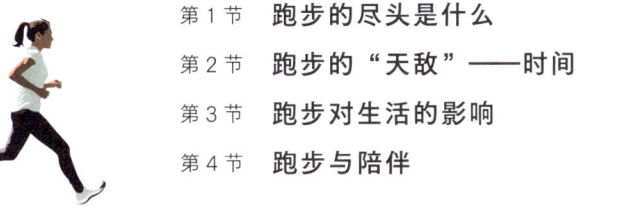

第10章 跑步是生活的一部分

第 1 节	跑步的尽头是什么	272
第 2 节	跑步的"天敌"——时间	275
第 3 节	跑步对生活的影响	281
第 4 节	跑步与陪伴	287

参考文献　292
附录：北京医师跑团大事记　296

第1章 人类身体是如何进化的

第 1 节　跑步是人类进化的副产品　　002

第 2 节　身体基本构成知多少　　005

第 3 节　跑步与心血管关系知多少　　008

第 4 节　跑步与呼吸的关系　　019

第 5 节　如何读懂身体代谢的变化　　025

第 6 节　骨骼、关节、肌肉在跑步中的变化　　029

跑步是人类进化的副产品

一提到跑步，很多人会认为这是很简单的运动，只需要比走路快一点，双脚腾空，就可以定义为跑步了。

这么思考，并没有什么错误。因为人类本来就是动物界的一员，天生就具备动物性。我们和动物一样，拥有复杂的器官系统，需要获取食物、水和空气来满足生理需求，也拥有情感和繁殖需求等。在人类进化的早期阶段，面临着与天敌作斗争、适应不断变化的环境以及获取食物的挑战，跑步就成了人类必须掌握的生存技能。随着环境更迭、气候变化，森林减少，草原和开阔地逐渐扩展，这些环境变化促使一些我们的祖先灵长类动物开始从树上下来，适应陆地环境。直立行走为灵长类动物在地面上行走提供了优势，而直立行走也成了我们的进化方向。

直立行走是我们跑步形态的雏形，这种进化趋势也预示着人类已经在某些方面胜过了我们的动物近亲。

跑步是原始人类必备技能

跑步是原始人类必备技能

在获取食物方面 直立行走使人类祖先能够使用上肢,一只手可以携带工具、食物,或进行其他活动,而另一只手则可以自由地进行其他操作。这有助于人类更高效地获取食物、制造工具和处理物品。

在能源效率方面 直立行走减少了四肢着地行走的能量消耗,因为只需两只腿支撑身体。节省的能源使人类在寻找食物和避免捕食者时更有优势。

在热量调节方面 直立行走使人体的表面积相对较小,有利于热量散发,适应热带地区的高温环境。

在大脑容量方面 直立行走带来的姿势变化,使得头部相对于躯干更加稳定。这为大脑在进化过程中有更大的空间来发展提供了机会。人类的大脑相对较大,占据了身体的较大比例,同时,手的运用与大脑的协同作用,也促进了智力的发展。

进化就是有选择的舍弃和有选择的保留。我们虽然已经失去了原先的捕猎技能和敏锐的察觉能力,但在长跑方面却成为动物界的佼佼者。身体结构和生理适应性使我们具备出色的耐力,能够进行长时间的奔跑。这种独特的进化路径,使得人类在动物界中展现出了独特的优势。

捕猎需要长时间奔跑

人类祖先在非洲的草原上生活，面临着各种挑战，如寻找食物、躲避掠食动物等。在这样的环境下，跑步成了一种生存策略。

在早期的进化过程中，人类祖先可能是以追捕动物为主要方式来获取食物的。相对于速度型猎食动物（如猎豹），人类虽然并非速度最快的，但却具备持久的耐力——这种耐力追捕狩猎策略需要能够长时间奔跑，直至猎物因疲劳而停下。

与大多数食草动物不同，人类在热调节方面具有优势。我们的皮肤毛发较少，有利于散热，而且出汗多，有助于保持身体温度稳定。这使得我们在长时间奔跑中不容易过热。

跑步的进化还影响了人类身体的结构，如下肢肌肉、韧带和脚部结构的变化，使人类能够更有效地奔跑。此外，人类的心血管系统也逐渐适应了长时间的有氧运动，使得人类能够在追逐猎物或逃离危险的过程中保持体力。

▼ 跑步在现代有何新的意义

人类的跑步能力是在漫长的进化过程中逐渐形成的。起初，跑步是为了应对生存挑战，例如寻找食物和躲避危险。在人类进化的初期，直立行走和长时间奔跑是我们在采集、狩猎和躲避掠食动物时的重要优势，使得我们能够适应各种环境和情况。

随着进化的持续，人类逐渐开始种植农作物，驯养动物，实现了农业和畜牧业的发展。这一转变减少了对野外狩猎的依赖，跑步渐渐失去了在获取食物方面的重要地位，演变成为生活中的一种次要活动。特别是在农耕社会，农民需要长时间从事体力劳动，跑步似乎不再是他们日常生活的主要组成部分。

然而，随着时代的发展，人类开始有了更多层面的需求，超越了生存和物质需求。健康生活和身心平衡成为重要的关注点。跑步再次引起人们的注意，成为一种健康的生活选择。我们开始意识到，通过跑步可以改善心肺功能、增强耐力、减轻压力，并提高整体的生活质量。

这种现代意义上的跑步，不仅是祖先基因在进化过程中赋予我们的生存技能的副产品，也是我们在现代社会中探索健康和幸福生活的途径之一。在城市化和快节奏生活的环境下，人们越来越需要寻求一种简单有效的锻炼方式，来保持身体健康和心理平衡。因此，跑步再次走进了人们的视野，成为一种受欢迎的运动方式，也成为人们重新连接自然、寻求平衡的一次探索。

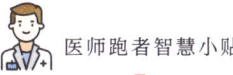 医师跑者智慧小贴士

跑步是一种高强度的运动，长期过量的跑步可能导致运动损伤，如肌肉拉伤、关节炎和骨折等。在进化过程中，跑步是为了生存而进行的，人类并没有为长距离、高强度跑步进化出与之相适应的生理结构。

第 2 步　身体基本构成知多少

从进化的长河中走来，人类逐渐丰富了自己的身体，通过改变器官结构和身体构成，创造出适应不同环境和需求的多样化身体。这个漫长的过程让我们的身体变得如此精妙，大到工作和日常生活中，小到举手投足、一颦一笑间，我们都能利用这个精密的身体结构，完成各种复杂的动作和任务。

我们的身体是由各种基本单元构成的，其中最基本的单元是细胞。细胞是生命的基本单位。人体内有数以万亿计的细胞，构成了我们的各种组织和器官。这些细胞可以分为许多类型，如肌肉细胞、神经细胞、皮肤细胞等，它们各自承担着不同的功能和任务。

细胞联合在一起形成了各种组织，如肌肉组织、神经组织、皮肤组织等。这些组织相互协作，构成了我们复杂的器官系统，如心血管系统、消化系统等。这些器官系统紧密配合，使我们的身体能够正常运行并完成各种任务。

在跑步中，我们的身体细胞发挥着重要的作用。肌肉细胞是跑步过程中的重要组成部分，通过肌肉的收缩和放松产生动力，推动我们向前奔跑。神经细胞负责传递指令，让肌肉细胞协调地进行收缩，从而产生连贯的跑步动作。心血管系统的组成部分，如心脏和血管，确保氧气和营养物质能够有效地输送到我们身体的各个部分，以满足跑步时的能量需求。

此外，骨骼系统为我们提供了支撑和结构，使我们能够保持稳定的站立和运动姿势。呼吸系统负责向身体提供氧气，排出二氧化碳，保持身体正常的代谢运作。这些组织和器官之间的紧密协作使得我们能够在跑步过程中保持平衡、协调，并且充满活力。

这么说，也许你会觉得比较抽象，我们可以尝试举几个轻松有趣的例子，来展示身体的运转机制。例如，跑步时，身体会产生一系列生理反应，包括出汗、喘粗气和肌肉酸痛等，这些反应是身体为了应对运动而进行的适应性变化。

在跑步过程中，身体就像是在进行一场精彩的调温表演，用一个巧妙的温度平衡器来保持你身体的正常温度。

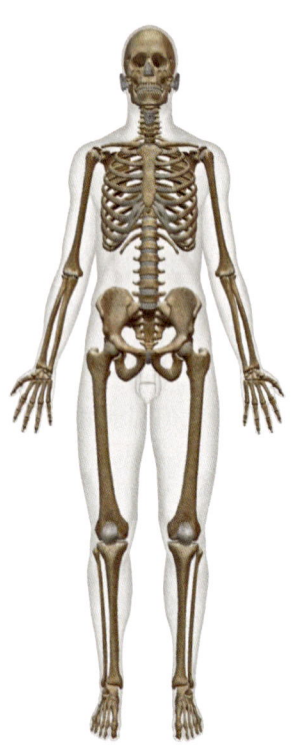

人体骨骼图

跑步开始时 肌肉不断活跃，释放出能量的同时也产生了热量。这时，身体就像一座小火山，正在喷发热能。为了不让这座火山过热，汗腺进入了紧急状态。这些勤奋的汗腺不断分泌汗液，里面有水和微量的电解质，这时身体开始进行精致的温度调节。

汗液顺着皮肤的毛孔一滴滴流出，身体随之释放热量。当汗液蒸发系统发挥作用时，它们会带走一部分热量，留下清凉的爽感。这种热量的转移使得你的体温保持在一个舒适的范围内，就像是给身体穿上了一件可调节温度的外套。

跑步过程中 肌肉需要更多的能量。这时，身体就像是一个聪明的能量工厂,开始不断生产能量来供应跑步所需的"火力"。我们的身体会将存储在身体里的糖分、脂肪和蛋白质,变成能量,就像是在打仗时,需要源源不断的粮草补给。

随着跑步时间的推移,我们的肌肉开始变得有点贪心,需求更多的能量。这时,身体就像是一个高级的调度员,开始更有条不紊地安排能量的供应。它会首先动用储备的糖分,让肌肉更有活力。

然而,当糖分不够用时,我们的身体就动用另外一块"粮仓",即脂肪,来供应能量。这时的脂肪就像是一群救火队员,为了能量大军的需求,迅速行动起来。

随着跑步的持续进行,我们的身体会变得越来越"喘不过气"。这是因为高强度的运动中,肌肉需要更多的能量,此时我们的身体会通过加速呼吸,摄取更多氧气。这些氧气会在细胞中与糖分进行化学反应,产生能量和二氧化碳。

因此,氧气在跑步中起着重要作用,它帮助身体有效地分解能量源,产生更多的能量,从而支持肌肉的运动。这也是为什么在剧烈运动中,我们会感觉呼吸急促。我们的肌肉需要更多氧气来维持高速运转,就像是飞驰的汽车需要充足的汽油一样。为了满足这个需求,我们的呼吸系统开始发挥出色的作用,像是一个忙碌的"氧气快递员",不断地将氧气送到肌肉那里,让它们不再"喘粗气"。

跑步结束后 你可能会感觉到肌肉酸痛,这是因为在高强度运动中,肌肉细胞为了提供能量,会产生乳酸。然而,乳酸堆积可能让肌肉的 pH 稍微下降,导致你感受到一些酸痛。不过,这种酸痛通常只是短暂的,休息一下,肌肉就会恢复。

 医师跑者智慧小贴士

在大脑的"脑皮质"上,有一个被称为"身体图"的区域。在这个图中,人体的各个部分都被映射到大脑的特定区域。

但有趣的是,这个地图并不是均匀分布的。大脑给予一些部位更多的空间,例如,手指和嘴唇在这个地图上占据了相当大的区域,这是因为它们在感知和运动方面非常敏感。

人的身体结构是复杂而缜密的，每一次运转都需要各个部门通力协作。而跑步更是一项全身运动，需要我们身体内部各个部门的紧密协作。心脏、肺部、肌肉、骨骼、神经系统和汗腺等都在为我们提供能量、保持平衡等过程中发挥重要作用，使得我们的运动能够稳定高效地进行。

第3步 跑步与心血管关系知多少

跑步需要身体各系统协同配合支持，但是为什么有的跑友身体协同配合很好，四肢的节奏也很协调，但是成绩却一直提高不了呢？很多有经验的跑友就会告诉你，提高成绩需要提高心肺功能，增加最大摄氧量。

▼ 提高心肺功能，为什么与跑步关系巨大

跑步和健身有本质区别。健身一般指无氧运动，跑步却是一项有氧运动。跑步过程中，肌肉需要更多的氧气来产生能量，因此，强健的心脏和肺部有助于更有效地供应氧气，延缓疲劳，并提高耐力。

▼ 走进"内心"世界

强健的心脏功对运动有助益作用，下面我们就来了解一下心脏是如何运转的。

从出生那一刻起，心脏就开始持续不断地工作。心脏是人体中管理全身

血液循环的中心器官。心脏的主要功能是泵血，它将富含氧气和养分的血液从肺部通过体内的血管系统输送到全身各个组织和器官，以满足身体细胞的能量和氧气需求。

心脏位于胸腔内的中部，略微偏左，被包裹在心包内，呈圆锥形，大致与一个拳头的大小相近。需要注意的是，有些人的心脏位于胸腔中部偏右，这种情况称为右位心。在进行心脏相关的检查时，如果你知道自己的心脏位置是右位心，应该告知医生，因为连接监测设备的方式可能需要进行适当的调整。

心脏的问题从来都不是小问题，笔者之前就遇到过一位跑友，刚开始跑步的时候一切正常，她和笔者的配速相似，后续身体却发出预警。

2019年夏天的一天，笔者在北京奥林匹克森林公园一圈一圈跑步时，一位陌生跑友与笔者的速度相似，一切正常。但是没过多久，她的步伐开始变得迟缓，脸色变得苍白。以一位医生的经验，笔者感觉她身体出现了问题，快跑两步，追上她，让她先停下来休息。

当时天气炎热，首先考虑中暑问题。在高温下运动时，容易发生中暑，这可能导致体温升高，出现虚弱、步伐迟缓、恶心、头晕和脸色苍白等症状。中暑是一种紧急情况，需要立即采取措施。

其次，考虑她可能存在低血糖（血糖水平过低）的情况。低血糖可导致疲劳、虚弱、步伐迟缓和脸色苍白。如果那位跑友没有在跑步前或途中及时补充足够的能量（如碳水化合物），可能会出现这种情况。

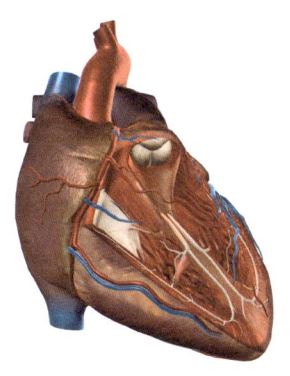

人体心脏

第三，可能是脱水。脱水是由体内丧失过多液体所致，可能会引起虚弱、脸色苍白和步伐迟缓。在高温环境中，出汗量可能增加，如果不及时补充水分，就会发生脱水。

第四，也可能是心血管问题。一些心血管问题，如心律不齐或心脏疾病，在运动中可能会显现出来，导致虚弱、脸色苍白和步伐迟缓。这种情况需要医疗专业人员的评估和处理。

笔者陪她停下来休息，待她身体恢复了一些，询问了一下她的情况。她说，自己本身就存在心律不齐的症状，又是刚开始跑步没多久，可能配速过快，有点超负荷了，头有点儿发晕。

心脏体积看似不大，但是它的功能却无比强大。很多人习惯将心脏比作一个大房子，有房间，有水路、电路、门框等。这个比喻很形象，心脏是由"四个房间"（左心房、右心房、左心室、右心室）、"四扇门"（二尖瓣、三尖瓣、肺动脉瓣、主动脉瓣）、"墙壁"（心肌）、"水管"（冠状动脉、心脏静脉）、"电路"（心脏传导系统）组成的。

这些组织各司其职，无时无刻不在运转着。

"四个房间" 心房具有临时存储血液的功能，起到辅助泵血的作用。心室是肌肉泵，通过收缩完成射血功能。跑步的时候，我们需要的力量来源于此。心脏就是我们人体的发动机，一旦罢工，人的机体就熄火了，也就是我们所说的休克或者心搏骤停。

"四扇门" 门可以阻隔坏人、有害气体等，心脏的四扇门也有防微杜渐的作用。如果四扇门发生了损坏，就会出现心脏病，临床上称为心脏瓣膜病。通俗一点儿说，门框松了或者完全坏掉了，门就会出现关不严的状况，血液就会反流。

"墙壁" 家里的墙壁，增一分就会占据使用面积，减一分就会使隔音降噪等变差。心肌也是如此，增一分、减一分都会造成负面影响，心肌变厚就会引发肥厚性心肌病，心肌变薄就会引发扩张性心肌病。

"水管" 水管使用频次较高，要保持通畅。如果冠状动脉内垃圾（如粥样硬化斑块）过多，就会造成血管堵塞，水管就会变得狭窄。很多猝死的患者，有的会出现恶性心律失常，有的则会出现急性心肌梗死，这些都是致命的。在跑步过程中，一定要量力而行，循序渐进；同时，有条件的话，一定要做定期检查。稍有不适，及时就医，千万不要抱有侥幸的心态。

笔者曾遇到过一位跑友，当时他正在操场上跑步，进行着高强度的间歇训练。他在跑步时，突然发生了昏厥，倒在了北京大学医学部的操场上。幸运的是，他倒在了一个能及时被发现和获得救助的地方。有人发现后，对其进行了心肺复苏，并紧急将其送往了北京大学第三医院。

在医院，医生对其进行了心电图检查，结果显示他患有急性下壁心肌梗死。医生立刻采取了开通血管的措施，然而在整个过程中，他突发室颤，需要进行紧急电除颤。随后，医生研究了患者的病史，发现在体检时，他就曾出现过心电图上 ST-T 的异常变化，并且患者自己也曾提到胸痛的不适感，只是因为平时坚持跑步，他并没有当回事。

事实上，这些早期的预警信号是极为重要的，却被忽略了。高强度的锻炼最终成为导致冠脉百分之百堵塞的诱因。这个案例告诉我们，当我们的身体发出预警信号时，千万不要掉以轻心，要及时采取行动，寻求医疗帮助，这是身体健康的第一要义。

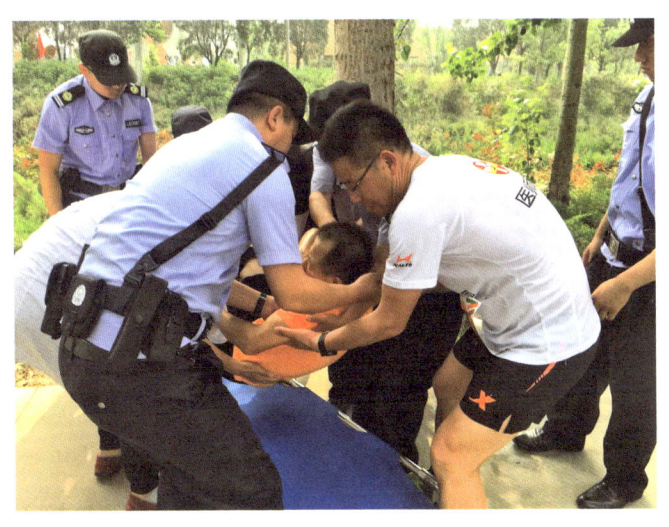

"电路" 通俗地讲，心脏传导系统就是房子的电路，极其重要。跑步时所关注的心率，例如最大心率、乳酸阈值心率等，都是由电传导形成的。有的人一跑步，心率就加快，而同样距离、同样配速，其他跑者心率就较慢。这种差异体现出了每个人的心脏能力不同。跑步新手会羡慕那些跑步大神，配速快、心率慢。其实，他们也是从配速慢、心率快开始的，心脏也是需要训练的。

第1章 人类身体是如何进化的　　011

2023年4月，北京半程马拉松比赛中途，有一位跑友在快到终点时，倒地猝死，心电监测示波为室颤。还有网友评论，多数的志愿者不会使用 AED（自动体外除颤器）。室颤是最恶性的心律失常，在参赛过程中，一旦发生不适，一定不要勉强，同时一定记住，要服从医疗人员的安排。曾看到过一个视频，一位跑友除颤恢复后，执意继续参加比赛，这是无知的表现！人的生命只有一次，且行且珍惜。

跑步会不会伤害心脏

跑步并不会伤害心脏；相对地，跑得越多，训练强度越大，心脏也会越发强壮，块头也更大，以便更好地将血液输送到正在锻炼的肌肉部分。运动性心肌肥大，更多体现在心肌更发达，心肌收缩力增强，心力储备增加，这也是为了适应耐力运动需要的更持久稳定供血的生理需求。经常跑步会出现轻微的心肌肥大，这属于一种生理性的肥大，而有氧运动对心脏最重要的改变不是心肌肥大，而是心腔的扩大。

跑步和心脏的"相爱相杀"

跑步需要强大的心脏，而心脏又时时是跑步的报警器。在不断增加跑量、提高配速的同时，也要随时关注心脏的健康。

从近几年新闻中发现，跑步猝死的"概率"在增加，但这不一定是跑步猝死本身的概率在增加，而可能是跑友群体的基数在增加。而猝死又和心脏有着千丝万缕的联系，下面就来分析一下跑步与心脏的"爱恨情仇"。

一般而言，心率与一个人的年龄、体重、遗传等有关。当然，除了这些个体差异之外，还需要考虑环境的影响，例如，生活的环境对你造成的压力、一些正在服用的药物、咖啡因、酒精、尼古丁等，心率的变化和这些外部因素也息息相关。

跑步中影响心率的因素也有很多。如果你跑得快或者跑上坡，心率就会自动大幅上升。当然，如果你想用心率来和跑步速度进行配比参照，首先就需要了解最大心率。

计算最大心率最简单的方法是220减去你的年龄。例如，如果你是40岁，那么220-40=180。180就是你的最大心率，单位为BPM（每分钟心跳数）。

但是要注意，这只是粗略计算，由于个体心率存在差异，必须谨慎使用这种方法，因为有的人可能最大心率更高，而有的人可能最大心率更低。

那么跑步过程中心率多少比较合适呢？

准确测量跑步中的适当心率是困难的，因为心率因个体差异而异。考虑目标心率可能更有帮助。基于最大心率，应该设定的目标心率如下。

- 美国心脏协会（American Heart Association, AHA）建议在中等强度的跑步中保持最大心率的50%～70%。换句话说，如果一个40岁的人进行中等强度的跑步，可以以维持90～126 BPM为目标。
- 根据美国田径联合会（USA Track and Field）和美国路跑俱乐部（Road Runners Club of America）的教练、Runstreet.com 的创始人 Marnie Kunz 的说法，在进行速度训练（如节奏跑）时，除非存在心血管基础疾病，否则可以以最大心率的85%作为目标。
- 通常在最大心率的90%～100%范围内进行的锻炼不宜过长，最好在短时间内完成。

心率过低或过高时可能发生意外情况。如果在跑步中心率低于目标心率，会有一些不利之处，如训练效果减弱、心肺功能不足、训练效率降低等。如果心率在跑步中过高，可能会引发更严重的问题。接近最大心率时，心脏（以及其他身体部位）会承受更大的负荷以继续运动。如果不减弱强度，可能会导致心悸、心律不齐、气促和胸痛等症状。

虽然任何人在跑步时心率都可能会过高，但有心脏疾病的人尤其容易面临这种危险。因此，患有心脏病或其他心血管相关疾病的人需要在进行跑步前咨询家庭医生，以确保做好充分准备。

此外，如果出现眩晕、心悸、呼吸急促、胸闷或胸痛等症状，应停止跑步并咨询医生。

测量心率，可以通过手腕找到桡动脉搏动明显处，15秒计数，然后乘以

4，这样可以进行粗略的估算。还可以在锻炼期间使用心率监测器，或者使用能够 24 小时测量心率的智能手表，能够在跑步时实时查看心率。智能手表还可以存储心率数据，因此可以了解心率的时间趋势。数据积累越多，就越有助于了解自己的"合适"心率。

▼ 心脏评估检查有哪些

安静心电图、24 小时动态心电图和超声心动图

安静心电图、24 小时动态心电图适合判断心律失常，而超声心动图则可以较好评估心脏结构与心脏功能。不同测试方法各有其优势，也有其劣势，要根据实际情况，在医生指导下选用，而不是一股脑儿什么方法都用，既费钱也毫无必要。

评估心肌缺血的检查方法包括运动平板试验、心肺运动试验（CPET）、负荷超声心动图、负荷心肌灌注显像（rMPI）、冠状动脉 CT 血管造影和冠状动脉造影。筛查恶性心律失常的手段包括静息心电图、动态心电图、运动心电图和 CPET。初级评估最常用的方法就是心电图和超声心动图，即通过心电图判断是否有潜在的心律失常，通过超声心动图检查心脏结构和功能。而经初级评估阳性者以及所有高风险人群，建议进入中级评估。中级评估最主要的方法是 CPET 检查，也即心肺运动试验。

心肺运动试验

心肺运动试验（CPET）主要判断心肌缺血和心律失常。下面将重点介绍一下 CPET，相信每一个严肃跑者在每次训练周期完成后，都希望能有一个考核来检测一下训练效果，CPET 就像是一张考卷。

CPET 是指通过测量气道内的气体交换而同步评估心血管系统和呼吸系统对同一运动应激的反应情况的临床试验。CPET 具有无创、方便、确切、重复性好等优点。CPET 综合了运动过程中心电、气体交换、血压、氧饱和度等指标，强调气体交换在运动时心肺功能整体作用以及内外呼吸的耦联，测定运动状态下外呼吸与内呼吸的异常，从而能够客观、定量地反映心肺适能。对于长期运动的人群，尤其跑步人群而言，经常定期复查 CPET 有助于了解自

身心脏的能力。

CPET 可用于临床疾病诊断与鉴别、疾病功能受损的评估、治疗效果评估等方面，也可以有效地为心脏康复患者提供客观、准确的康复运动处方。CPET 不仅用于心肺疾患的患者，也广泛应用于健康人群及亚健康人群评估心肺功能及指导制订运动处方。

一个完整的 CPET 时间应包括 4 个阶段：静息、热身、运动负荷、恢复。进行一个完整流程的 CPET 大约需要 30～40 分钟。

心肺运动试验是以保证受试者安全为前提的，出现以下情况需提前终止试验。

- 新出现或加重的心绞痛。
- 头晕、接近晕厥。
- 口唇发绀、脸色苍白。
- 疲乏、气促、气喘、下肢痉挛等。
- ST 段抬高大于 0.1 mv，或 ST 段持续性压低大于 0.05 mv。
- 出现严重的高血压，收缩压大于 220 mmHg，舒张压大于 115 mmHg。
- 随着运动功率增加，血压不升反降，或收缩压较基础值下降 10 mmHg。
- 出现较严重的心律失常，如室上速、多源性室速、短阵室速等。

心肺运动指标包括以下几项。
- 最大摄氧量（VO_{2max}）和峰值摄氧量（$peakVO_2$）：最大摄氧量指人体在进行有大肌肉群参加的负荷运动过程中，当氧运输系统各个环节的储备都已经被动员到最高水平时，人体单位时间所能摄取的最大氧量。但是在实际应用中，绝大多数的受试者无法达到这个平台期，运动测试便会终止，因此临床上常将 VO_2 能达到的最高点（即 $peakVO_2$）代替 VO_{2max}。$peakVO_2$ 的影响因素包括年龄、性别、身高、体重、运动习惯等，个体差异大。
- 无氧阈（AT）：无氧阈是指人体在负荷递增运动中能量消耗从有氧代谢到无氧代谢的转折点，是人体还未发生无氧代谢的最高摄氧量。AT 相对于 $peakVO_2$ 更能反映肌肉细胞中线粒体利用氧的能力。在 AT 以下的负荷完全可以维持在有氧代谢范围，因此其通常用于肢体个体运动处方中运动强度的推荐。

- 运动心率（HR）：运动心率反映患者的运动储备功能。运动心率的增加最初是副交感活性的减退，之后则是交感活性的增强。最大预测心率（BPM）=220−年龄（岁）。
- 运动血压（BP）：运动血压反映人体心血管系统的反应和左室后负荷。收缩压一般随着运动量的增加而增加，舒张压一般随运动量的增加变化不明显或轻度下降。如在受试期间血压增加过高、过快，则预示受试者以后发生高血压的风险增加。

▼ 如何看懂心电图

有些跑友做了心电图检查，却看不懂心电图，导致盲目担心，身体本来没有病症，但是却因为过度担心导致心理健康出了问题。有些跑友跑步多年，做心电图检查的时候，报告单诊断结论上会写着"左心室高电压""左心室肥厚"等专业术语，甚至有的还会出现"下壁、前壁等心肌梗死"这样的字眼。

下面我们就聊聊如何看懂心电图报告。

第一，要注意一些重要的诊断信息。

打开心电图诊断报告时，我们会发现一些诊断信息是打印在报告单上的，而另一些可能是医生亲自手写并签名的。

我们需要明白，现在的心电图机都具备自动诊断功能，因此报告上打印的诊断都是机器根据心电图异常来做出的。但需要注意的是，这种自动诊断存在一定的误差。

第二，"心肌梗死"，不一定是真的心肌梗死。

当心电图机检测到ST段抬高时，它可能会诊断为心肌梗死，但它无法区分其是否由于早复极引起，而这不是真正的心肌梗死。因为早复极也可以表现为ST段的抬高，而对于许多年轻人来说，早复极是正常现象。

第三，左心室高电压也是常见现象。

跑友在做心电图检查时很可能会出现"左心室高电压"这样的关键词，

因为长期跑步的人通常较为瘦弱，胸壁较薄，这会导致 R 波振幅较高。但这也是正常现象，无须在临床上特别处理。

即使出现了一些指标异常的诊断，也不必过于慌乱。需要明白的是，任何一项检查都只是辅助临床诊断的手段，最终的诊断需要结合临床症状来确定。以心肌梗死为例，如果在体检时心电图显示"急性心肌梗死"，这可能意味着冠状动脉出现缺血，甚至某条冠状动脉可能出现 100% 的闭塞。然而，值得注意的是，在出现急性心肌梗死症状时，通常不会像平时那样轻松地去体检，而会感到剧烈的胸痛、呼吸急促、大量出汗等不适症状。

此外，即使没有这些症状，确诊心肌梗死的"金标准"仍然是冠状动脉造影检查和相关的血液生化指标检测，如心肌酶。急性心肌梗死是一种急性威胁生命的情况，作为医生，会立即采取行动，而不会继续进行其他检查。

包括心电图在内，任何一项检查结果都需要结合临床症状来理解。只有当患者出现相应的症状，并且相关检查结果呈阳性时，才能最终确定诊断。不过，也不要忽视检查结果，如果你收到了异常结论，不要自行猜测病情，更不要试图自行治疗。

笔者曾经遇到一个跑友，他的心电图报告上诊断为"陈旧性心肌梗死"，但后来经过冠状动脉造影检查，发现他的一条冠状动脉已经完全闭塞。那为什么他现在感觉良好呢？我们追溯了他的病史，发现一年前他曾经出现过剧烈的胸痛，但那时他自行缓解了症状，以为只是因为跑步过度引起的大量出汗。实际上，那一次他已经经历了急性心肌梗死，但他非常幸运，身体承受能力强，所以自行渡过了难关。这次的例行体检中，心电图异常结果再次提醒了我们，不要轻视任何异常情况，及时就医，让专业医生来做出正确的诊断，并制订治疗计划。

▼ 跑步可以预防心血管疾病吗

全球每年心血管疾病造成的死亡人数高达 1 500 万人，是各种死因中最多的。如果我们能够有效预防心血管疾病的风险因素，那么可以避免近 80% 的风险。即使剩下的 20% 心血管疾病不太可能完全预防到，也至少可以延缓疾病的发展，为患者提供进一步治疗的机会。

心血管有三大"天敌"，如果沾染上它们，就会让心血管的"军队"溃不成军。

第一大天敌是高血压。 高血压是我国心血管疾病导致死亡的主要因素之一。高血压会导致供应心脏的冠状动脉狭窄，引发冠心病，并增加心脏负荷，导致心肌增厚，甚至可能导致心脏衰竭。

第二大天敌是血脂异常。 血脂异常是冠心病的罪魁祸首。低密度脂蛋白水平的升高是导致冠心病和恶化致死的主要原因，而高密度脂蛋白水平的降低也会增加冠心病的风险。

第三大天敌是血管糖分升高。 血管糖分的升高会改变人体内部环境，损害血管内皮细胞，促使一些炎症因子的释放，从而导致血管和全身各个系统的血管炎症，包括脑血管、视网膜血管和肾脏血管都可能受到影响。

面对这些心血管疾病的危险因素，科学合理的运动，如跑步，可以在预防心血管疾病方面发挥关键作用。跑步可以帮助控制危险因素，防止疾病的发生。与普通的抗高血压药物相比，跑步同样能够有效降低血压。随着时间的推移，坚持跑步会使心脏、血管和肺部更强壮、更健康，更能抵抗心血管疾病。研究表明，每天坚持跑步20～30分钟可以显著降低心血管疾病死亡的风险。跑步不仅关乎成败，更在于坚持和不屈服，这是跑步的真谛。

跑步有助于降低血糖，燃烧储存的糖原，减少体内脂肪，提高胰岛素敏感性。跑步已被证明可以显著降低患2型糖尿病的风险。

跑步是一种全身性的有氧锻炼，可消耗大量卡路里。因此，搭配健康的、控制热量的饮食，跑步可以成为减肥或维持健康体重的有效方式。

 医师跑者智慧小贴士

人体的细胞具有自我修复和更新的能力。心脏细胞也可以通过不断地更新和修复来维持其正常的功能。虽然心脏细胞的更新速度相对较慢，但它们能够在一生中进行多次修复，延长心脏的寿命。

而且，心脏是一个适应性非常强的器官，能够根据身体的需求调整自己的功能。例如，在运动时，心脏会加快跳动以提供更多的氧气和营养物质。这种适应性有助于减少心脏过度磨损和疲劳。

每天跑步可能是对大脑最好的良药。有证据表明，有氧运动可以改善认知功能和注意力，并减缓与年龄相关的认知衰退进程。

每天跑步有助于增强信心，建立自我效能感，养成困难但健康的习惯，征服看似过高的目标。此外，跑步也是一种天然的、无毒的减压方式。跑步是对抗压力、降低皮质醇水平和减少焦虑的最佳方法之一。

然而，需要注意的是，过度运动不健康，有必要在合适的范围内运动。因此，建议进行客观的检查和评估，以确定个体合适的运动量。

第4步 跑步与呼吸的关系

呼吸常常是一件容易被忽视的事情。我们常用"一息之间"来形容时间的短暂，强调一呼一吸只在瞬间完成。然而，尽管呼吸在日常生活中不太引人注目，但是它对人体却至关重要。缺乏呼吸，生命将无法继续。

在开始跑步时，呼吸的重要性变得更加突出。随着身体能量需求的增加，我们需要足够的氧气来进行氧化反应，以确保肌肉良好地运转。跑步过程中，大量的氧气和糖分之间发生的化学氧化反应使得呼吸变得清晰。呼吸频率和深度会相应增加，以满足身体对氧气的需求。通过加大呼吸深度和频率，更多的氧气被输送到肺部，然后通过血液传递到肌肉。

随着运动的持续，呼吸系统逐渐适应，以满足身体对氧气的需求。这种适应性改善了心血管和呼吸系统的效率，使其能够更有效地供应氧气，并排出二氧化碳。

然而，要实现高效呼吸，跑步者需要注意呼吸的方式。常见的建议包括放慢深呼吸、保持呼吸稳定，以及根据步频来调整呼吸节奏。这些建议有助于提高呼吸效率，确保足够的氧气供应，同时减少呼吸肌肉的疲劳。

通过规律的跑步锻炼，肺活量得到逐渐提高，肺泡扩张能力增加，呼吸道通畅度提高。这样的适应性过程使得呼吸更为顺畅，频率和深度在相同运动强度下逐渐减少。初学者在刚开始跑步时可能会感到呼吸急促，但随着时间的推移，逐渐适应，使得呼吸变得更加轻松。

因此，通过适应性的呼吸系统训练，跑步者可以更有效地利用氧气，提高呼吸效率，降低呼吸肌肉的疲劳程度，使得跑步过程更为舒适和持续。

▼ 如何判断跑步中呼吸是否异常

确定跑步中呼吸是否异常的关键在于对身体的认知，以及留意一些常见呼吸问题的症状。以下几个方面有助于确定呼吸是否异常。

- **呼吸节奏**。正常情况下，跑步时的呼吸应与步伐协调一致。如果感觉呼吸不规律或不协调，可能需要予以关注。不同的跑步强度和速度可能会对呼吸节奏产生影响，适应性训练可能有助于提高呼吸的协调性。
- **气短感**。气短是跑步中常见的感觉，但在适应范围内是正常的。轻度运动后的气短感是正常的生理现象，但如果感觉异常强烈或难以缓解，可能需要仔细观察。在逐渐增加跑步强度的过程中，身体逐渐适应提高肺活量，有助于减轻气短感。
- **呼吸困难**。明显的呼吸困难，如呼吸急促、胸闷或嗓子喉咙痛，可能是有呼吸问题的迹象。这可能与多种因素有关，包括心血管健康、呼吸道问题或运动耐受力。如果呼吸困难持续存在，建议咨询医生进行全面评估。
- **咳嗽或喘息**。持续的咳嗽或喘息可能是呼吸道的症状。跑步中的这些症状可能与过敏、哮喘或其他呼吸系统疾病有关。及时咨询医生有助于明确病因，并采取相应的治疗和管理措施。
- **胸痛**。在跑步中经历胸痛或不适，尤其伴随呼吸问题，应停止运动并寻求医疗帮助。胸痛可能与心血管问题有关，需要及时的医学评估。
- **颜色变化**。如果唇色或脸色在跑步中变得苍白或发紫，可能是氧气供应不足的迹象。这可能是心血管问题或其他血氧问题的信号。及时停止运动，寻求医疗建议是必要的。
- **意识模糊**。跑步中感到头晕、意识模糊或眩晕可能是呼吸问题的表现之一。这可能与氧气供应不足或其他身体状况有关。在此情况下，应停止运动，保持安全，并咨询医生的意见。

当然，上面这一些症状可能和个体差异有关系，也有些跑友虽然身体出现了不良反应，但是却没有办法完全认识到，进而导致了问题加剧，造成了无法挽回的后果。那么如何防患于未然，在出现症状之前就可以及时降低风险，降速，甚至是停止运动呢？

如何规划运动强度

规划运动强度，最好的方法就是借助工具的辅助，例如监测即时心率。客观的运动心率测试需要一块跑步手表或者心率带。值得跑友们注意的是，测试的信效度可能受到产品品牌、技术、放置位置、汗液等的影响。通常来说，放置正确的心率带要比跑表更准确，不同技术的跑表的准确性也不尽相同，跑者可以在选取前参照一些网络上的评价。

除了借助科技的力量，我们还可以通过半客观的说话测试（talk test）对自己的身体进行监测，这一研究已经在一些文献和运动书籍中得以证实。J. L. Reed 在综述文章中指出，运动中可以复述或表达一段 10～15 秒的话语，说明运动者此时的运动强度尚处于 40%～80% 最大耗氧量的区间内，大致相当于 ACSM（运动医学行业协会）建议的中高等运动强度；而无法连贯地说出上述话语，也就意味着运动强度接近或超过了乳酸阈（血乳酸快速增长的阈限）。

某种程度上，这些试验也向我们印证了通常的认知，当跑者不能连贯地说出一句话时，他的运动强度已经达到了高等运动强度。同时，值得注意的是，说话测试不适用于高强度间歇跑或其他高强度间歇训练。

说话测试也在一个侧面诠释了人体工作的集约性，正如胃肠功能在长跑中被抑制，言语功能在运动强度逐渐提升之后也从"白名单"中被剔除。笔者个人通常通过背诵诗词来进行说话测试，如"床前明月光，疑是地上霜。举头望明月，低头思故乡"。如果还可以念到第三句，那么配速还可以加快一些，如果一句说下来就迫切地要呼吸，那这个配速就已接近呼吸的临界值。

呼吸在一定程度上决定着跑步的质量和上限。而在同等条件下，运动所带来的呼吸的改善更有助于身体的健康。

《美国运动医学杂志》刊登的一项研究结果显示，经过呼吸调节训练的运动员，其呼吸频率比一般人慢10%～30%。在相同运动量下，这些运动员的血液中二氧化碳水平更高，肌肉因此获得了更多氧气。研究还发现，他们的跑步耐力提高了16%，而肺功能也有所改善。

▼ 什么样的呼吸方式最有效

呼吸，顾名思义，取决于一呼一吸。在日常生活中，我们很难注意到自己的呼吸，那是因为我们的呼吸很规律，不容易被察觉，但是运动的时候，我们就会放大呼吸的功能和频率，导致呼吸变得不规律。

当呼吸不规律时，你的身体无法有效地吸取氧气，呼吸困难会增加疲劳感，从而导致无法继续跑步。在跑步时，要努力保持一定的呼吸节奏。基本的呼吸方法是"吸两次、呼两次"，例如"吸—吸—呼—呼"的方式。在这个过程中，集中注意力在呼气上而不是吸气，可以让呼吸更加轻松、持续。此外，根据呼吸的节奏挥动手臂可以使跑步姿势和呼吸更协调，稳定节奏，即使跑长距离也不容易疲劳。

▼ 两种呼吸方式

呼吸作为我们生命中的基本行为，却分为两种截然不同的方式：胸式呼吸和腹式呼吸。在日常生活中，或许出于无意识的原因，我们更倾向于采用胸式呼吸。然而，腹式呼吸却是一种通过腹肌和横膈膜来实现的更为深层次的呼吸方式。相比之下，腹式呼吸不仅能够带来更大幅度的氧气吸入，更能在跑步时减轻疲劳感。

腹式呼吸的秘诀在于，当你通过鼻子吸气时，让腹部自然膨胀，而在呼气时则使腹部渐渐凹陷。这种呼吸方式不仅能够更有效地补充氧气，还有助于降低心率、放松身体。为了更好地理解和掌握这一技巧，你可以尝试在仰卧的状态下进行练习。这样的练习不仅能够提高你对腹式呼吸的感知，还会为你在跑步前的呼吸掌握提供实际经验。

在追求更出色的跑步表现的过程中，腹式呼吸可能成为你的得力助手。通过在练习中逐渐熟练这一呼吸方式，你将更轻松地享受跑步的乐趣，并感受到更为持久的体能。

▼ 找到适合自己的姿势和呼吸方法

一旦掌握了基本的跑步姿势和呼吸方法，就可以根据自己的情况进行调整。就像有适合自己的跑鞋一样，对于不容易疲劳的姿势和呼吸方法，每个跑步者都有不同的偏好。不要过于固守基本要领，找到适合自己的姿势和呼吸方法，让跑步变得更有趣。

在跑步中，呼吸的关键是通过鼻子吸气。与口呼吸相比，鼻子吸气不容易让喉咙干燥，而且在流感频发的季节，通过鼻子吸气也有助于减少病毒进入体内的风险。

从鼻子吸气，从口腔吐气。刚开始可能会觉得不舒服，但这是每个人都要经历的过程。因此，笔者建议在日常生活中进行练习。每个人都会自然地呼吸，但在呼吸时，会涉及呼吸肌肉（横膈膜和肋间肌）的扩张和收缩。

呼吸肌肉是我们能自主控制的肌肉，可以逐渐让自己掌握呼吸技巧。这些呼吸肌肉会收缩，起到泵的作用，将氧气吸入体内，通过毛细血管供应到身体的各个部位，从而提高整个身体的功能。

一旦掌握了呼吸技巧，你会发现跑步会变得更加轻松。这里介绍了两种适合初学者的呼吸方法。

- **分两次呼吸法**：通常的呼吸是在每个步伐中"吸一次、呼一次"，但这种呼吸法是"吸两次、呼两次"的节奏。刚开始时，可能会感到不适应连续两次吸气，但习惯后，呼吸会变得更容易。
- **深呼吸法**：如果连续两次吸气对你来说有点难，可以尝试"深呼吸法"。虽然这听起来很简单，但有许多跑步者使用这种呼吸方法。关键是不要以快速的节奏"吸吸呼呼"，而是要慢慢地"吸……呼……"。

在适应之前，呼吸可能会非常不规律。在这个不规律的过程中，你的毛细血管会扩张，这是由于你以前缺乏运动导致的，这是为了让你的身体适应跑步并减少不必要的能量消耗，以更高效地跑步。

运动会导致心率随着时间的增加而上升。而呼吸在 3~4 拍之间变化是人类本能的反应。

根据心率，你可以采用上面提到的"吸一次、呼一次"或"吸两次、呼两次"的短呼吸方式。在"吸"的时候配合脚的抬起时机可能会更好。

通过这些呼吸技巧，你可以提高呼吸的效率，更轻松地进行跑步。随着时间的推移，你将更好地适应这些呼吸方式，让跑步变得更加愉快。

呼吸与岔气之间的关系

刚开始跑步或者是跑步一段时间之后，你可能就会遇到"岔气"，这是跑友常见的与呼吸有关的症状，不必过于担心。

很可能是因为我们起跑过快，呼吸系统还没有调整进入状态，会导致呼吸急促并容易岔气。尽量缓慢地开始，逐渐加快节奏。可以通过一些半客观的说话测试等小技巧来判断你的配速是否合适。如果能较为轻松地连续说出几句话，说明此时配速合适；如果你感觉说话较为困难，不能成句，甚至呼吸困难，可以暂时减速或步行，直到呼吸恢复正常，然后再继续跑步。

一旦发生岔气，首先评估自己能否通过简单调节来恢复，可以保持良好的姿势，挺直背部，放松肩膀，避免前倾或后仰，这都有助于保持通畅的呼吸和气流，以减轻岔气带来的不适感。此外，当你在紧张、焦虑或情绪激动时，通过深呼吸可以让你更快地平静下来。总的来说，通过跑步锻炼呼吸肌，不仅可以提高运动表现,还可以提高日常生活的舒适度和质量。

虽然跑步对呼吸系统有这么多好处,但部分人群,尤其是存在呼吸系统疾病或其他健康问题的人,需要谨慎进行跑步。在开始跑步或增加运动强度之前,最好咨询医生或专业健康护理提供者的意见,切忌盲目加大运动强度。

医师跑者智慧小贴士

人类的呼吸本身不能产生显著的能量。呼吸过程主要是为了获取氧气,并在细胞内通过细胞呼吸将有机物质氧化为能量。具体来说,细胞呼吸是将食物中的葡萄糖(或其他有机分子)与氧气反应,产生能量、二氧化碳和水。这个过程发生在细胞的线粒体内,可以简化表示为:葡萄糖 + 氧气→二氧化碳 + 水 + 能量。在这个过程中,氧气在细胞呼吸中起到氧化剂的作用,而葡萄糖则被氧化,释放出能量。产生的能量用于维持生命活动、维持体温、提供运动能量等。

第 5 步 如何读懂身体代谢的变化

代谢,其实就是能量消耗的过程。人体各种生命活动和运动中,肌肉收缩都是一个消耗能量(代谢)的过程。

可能你不太知道,其实我们平时消耗能量最大的部分,就是人体维持生命的日常活动,例如睡觉时,生理功能如呼吸、心跳、做梦也消耗能量,占据每日总能耗的重要部分。研究显示,人体每日热量消耗主要分为:饮食,占 10%;活动,占 20%;基础代谢,占 60%～70%。由于基础代谢率(BMR)测定受多种因素影响,静息代谢率(RMR)被提出用以替代。静息代谢包括基本生理功能、新陈代谢、消化储存食物等。RMR 在安静状态下测得,较 BMR 高出 10% 左右。

非安静状态下从事体力活动会增加能量消耗，这取决于活动强度、持续时间和熟练程度。最新中国成年人体力活动水平分级分为轻（办公室工作等）、中（学生日常活动等）、重（装卸采矿等）三级，体育运动被归类为第三等级的重度体力活动。

活动水平	职业工作时间分配	工作内容举例	PAL 男	PAL 女
轻	75% 时间坐或站立 25% 时间站着活动	办公室工作、修理电器钟表、售货员、酒店服务员、化学实验操作、讲课等	1.55	1.56
中	25% 时间坐或站立 75% 时间特殊职业活动	学生日常活动、机动车驾驶、电工安装、车床操作、金工切割等	1.78	1.64
重	40% 时间坐或站立 60% 时间特殊职业活动	非机械化农业劳动、炼钢、舞蹈、体育运动、装卸、采矿等	2.10	1.82

注：引自中国营养学会，Chinese DRIs, 2000。PAL，体力活动水平，指人体24小时总能量消耗与基础能量消耗的比值。

体育运动可以从以下几个方面对能量代谢过程产生影响。

对心脏能量代谢的影响

心脏在推动血液循环时需要消耗能量，收缩力越大，能量消耗越多，成为静息代谢的重要部分。通过长期运动训练，心脏经历适应性变化，包括肌纤维增粗、肌肉体积增大、力量提升，促使每次心脏收缩泵血量增加。运动强度不同使得心跳次数调整，以适应能量和氧的需求。运动中心脏能耗显著增加，可以通过每搏输出量进行比较。

有报道指出，训练有素的运动员在安静状态下心跳较慢，但心脏结构可能发生变化。尽管运动可提高心脏线粒体能力，但其对心脏静息时能量代谢的具体影响仍需进一步证实。

对呼吸能量代谢的影响

在安静时，呼吸以主动吸气和被动呼气为主，通过呼吸肌的协同作用实现。运动时，为了提高氧吸入和二氧化碳排出，呼吸变为主动吸气和主动呼气，伴随更大的呼吸肌活动和频率。

每次运动呼吸的能耗较安静时明显增加，肺通气量是评估的一项指标。长期运动训练可提高肺活量，强化呼吸功能。这种训练引起安静呼吸状态下气体交换的增加，从而增加了能量消耗，影响了静息代谢。

对肌肉能量代谢的影响

人体运动依赖骨骼肌，其收缩完成机械功，克服内外负荷，产生位移。在安静状态下，主要以混合燃料（脂肪和糖）进行有氧代谢，其中血游离脂肪酸占主导，是主要能源。因为肌肉具有较高的代谢活动，RMR 通常以每分钟每千克瘦体重（瘦体重 = 体重 − 体重 × 体脂率）消耗多少千卡热量来表示。瘦体重越大，一天消耗的能量越多，随之相应的氧耗也越高。

长期运动训练使肌肉适应性变化，包括肌纤维增粗、体积增大、力量提高。运动强度和时间的增加导致肌肉收缩次数和能量需求增加，需要更多糖、脂肪和氧的供应。

运动中，糖酵解在最初阶段主导能量供给，血糖供能可达安静时的 50 倍。脂肪供能在运动 30 分钟后达到最大，对氧的要求较高。蛋白质供能主要发生在长时间大负荷耐力运动中。随着耐力运动水平提高，脂肪供能能力增强，减少了肌糖原和蛋白质的消耗。

研究指出，长时间耐力运动和低氧刺激可促使线粒体数量、密度、体积增加，以及琥珀酸脱氢酶活性提高。这使得安静状态下肌肉保持张力所需的能耗增加，可能对静息能量代谢产生影响。

对脂肪燃烧、血糖调节的影响

有句俗话说："千金难买老来瘦。"这句话反映了年龄增长对身体健康的重要性。通过生活和医学经验的积累，笔者理解了这一点。观察周围的人和一些老年患者，发现随着年龄的增长，他们的体型逐渐变得臃肿，甚至患上了糖尿病。这可能是由以下原因所致。

首先，随着年龄增加，静息代谢率（RMR）下降，导致人体每日总能量消耗随年龄增加而降低。其次，随着生活水平提高，饮食结构改变，能量摄入增加。此外，现代人沉迷于电子设备，导致久坐时间延长，缺乏活动，进一步导致脂肪和血糖的积累。这种能量代谢的负平衡可能与 RMR 的变化密切相关。

要想降低体重、进行减肥并控制血糖，首先需要"管好嘴"，采取合理健康的饮食习惯。养成吃早餐的习惯，适量控制热量摄入，并注重摄入蛋白质，这样可以提高热量消耗，减少脂肪的堆积。

接下来还需要"迈开腿"，进行科学系统的运动。长期科学系统的抗阻力运动可以增加肌肉质量和力量，提高肌肉的代谢活动，有效提高 RMR。通过间歇混合多形式的运动，保持高效率的能量消耗状态，有助于在运动后长达 24 小时内仍提高 RMR。

另外，食物的热效应（SDA）也是需要考虑的因素。在比赛前，注意避免高热量、高脂肪的食物，以免增加体内的耗氧量，影响比赛运动能力。

总的来说，通过运动和合理健康的饮食，可以提高静息代谢率，实现有效的体重控制和血糖稳定。良好的身体状况也有助于提高运动水平和比赛成绩。

医师跑者智慧小贴士

冷水浴可激活褐色脂肪，促使"卡路里"燃烧，有助于体温维持和代谢。褐色脂肪是一种独特的脂肪组织，其特殊能力在于产生热量而非储存能量为脂肪。

在冷水或寒冷环境中，褐色脂肪被激活以生成热量，维持体温，这被称为非颤抖性产热。通过这个机制，身体能够消耗更多"卡路里"来产生热量，从而有助于维持体温。这也被认为是一种可能促进代谢的方式。

第6步 骨骼、关节、肌肉在跑步中的变化

跑步是一项全身性运动，其中主要由运动系统完成，通过下肢做周期性的跑步动作，推动人体位移。外在表象特征是四肢乃至全身的运动，实则关节、骨骼、肌肉三部分发挥了至关重要的功能，它们起到了杠杆、枢纽及动力的作用。

在跑步动作的执行过程中，肌肉通过收缩产生力量，作用于骨骼，使其绕着关节完成运动。下面将详细探讨一下，骨骼、关节、肌肉在跑步中的变化。

▼ 骨骼在跑步中的变化

人体骨骼组织结构中，80%的骨量及形状、大小主要受遗传基因的影响。此外，其他因素也会对骨骼产生影响，包括全身性因素（例如饮食和激素水平）以及局部因素（例如机械负荷）。这些因素共同作用，影响骨骼对运动的适应能力。沃尔夫定律指出，骨骼会根据所处的机械环境调整其形态，这是一种适应性能力。

跑步对骨骼来说是一把"双刃剑"，有积极的一面，也有消极的一面。综合全面看待这个问题，需要具体问题具体分析。

▼ 跑步对骨骼的积极影响

跑步对骨骼有积极作用，促使骨质增加，提高骨量。这是因为跑步对骨骼结构和形态两方面产生影响，使骨骼适应运动负荷。

在结构上，骨骼会根据外在运动负荷方向进行骨吸收沉积，改变横截面形状，优化骨骼的机械性能，使其更耐弯曲和扭转。新形成的骨骼可能在

数月后与现有骨骼具有不同的矿化，主动重塑程度影响净骨量。研究表明，跑步显著增加下肢骨骼的密度，增加骨的抵抗力，同时引起骨几何形状的变化。

骨如此重要，那么如何制订针对骨量的跑步方案呢？

在设计增加骨量的跑步方案时，需要考虑以下训练原则。

- **特异性**：不同运动项目对各部位骨的影响不同，需要多样化运动项目，避免骨的畸形发展。
- **过载性**：慢跑模式产生的负荷可能只满足骨量维持，需要急性动态运动冲击负荷刺激成骨适应活动，如间歇跑。
- **可逆性**：跑步对骨量的适应性增加可能是可逆的，需要经常化运动，避免长期停止引起骨量减少。
- **初始值**：初始骨量低的人通过跑步可以获益更大。
- **收益递减**：骨骼是一个动态的组织，其对运动响应机械负荷升高的成骨作用不是一成不变的，相对于后期阶段，初始阶段的成骨表现更加显著，呈现收益递减现象。与运动对肌肉的影响类似，在给定持续时间内进行几次短暂的运动可能比一次长时间的运动更能促进成骨。

跑步还可以改变骨骼结构，随着肌肉力量和质量的增加，促进骨的血液循环，增加骨横截面，提高骨量，增强骨的抗弯曲、抗压缩及负重能力。通过小肠吸收更多的钙，跑步有助于新骨生长，是骨质疏松症非药物治疗的一种方法。

跑步对骨骼的负面影响

跑步也不总是对骨骼有益的，它也会对骨骼产生不好的影响。下面，我们简要阐述一下跑步对骨骼的负面影响，后面将有章节对其进行深入探讨和分析。

- **应力性骨折**：长时间进行高强度跑步可能导致下肢骨骼出现微小裂缝，这些微损伤会随着数千次跑步动作的叠加而积累，最终可能发展为应力性骨折。患者可能感到下肢骨剧痛，X线检查显示骨裂，需要就医治疗。应力性骨折的危险因素包括低骨量、肌肉功能不足、过度训练、不适当的跑步装备，以及女性的闭经等情况。
- **女性运动员骨质疏松症**：女性参与极度剧烈的跑步可能面临三重挑战——饮食失调、闭经和骨质疏松症。这三者之间存在相互影响。其机制是，通过减轻体重、饮食失调引发慢性营养不良，导致长期雌性激素紊乱，大量钙流失，最终导致骨量下降，可能演变成骨质疏松症。骨骼的减弱增加了发生应力性骨折、骨裂或胫腓骨不完全断裂的风险，尤其在月经不规律的女性跑者中。
- **青少年青春期发育迟缓**：青少年在迅速生长的时期进行激烈的跑步可能导致大量钙沉积，引起骨骺线过早闭合。这可能干扰正常的生长过程，导致身体发育迟缓。

关节在跑步中的变化

骨与骨之间不是孤立的，通常以韧带相连，构成骨连结，即关节。虽然关节的韧带对跑步刺激的适应性反应不如骨骼强烈，但也会产生积极的影响。科学系统化的跑步，使关节的灵活性（能动、减震等）和稳定性（力的传递和保护等）得到改善，从而增加运动幅度、强度。

第一，**增加负重，提高稳定性**。跑步通过增加关节面软骨和骨的厚度，增强关节周围的肌肉质量、力量，使关节囊和韧带增厚，从而使关节的稳定性加强，承重能力增加，减少关节受伤的风险。

第二，**增加运动幅度，提高灵活性**。跑步通过增加胶原浓度、糖胺聚糖含量和胶原转化率等机制，促进关节囊、韧带和关节周围肌肉的弹性和延展性提高，进一步增加了关节的运动幅度和灵活性。

第三，**增加关节滑液，提高平顺性**。跑步能够促进关节滑液产生，保证物质代谢良好运转，从而为关节软骨提供足够的营养，减少关节面摩擦和磨损，从而减轻疼痛。

第四，增加血供，提升持久性。 跑步可以促进关节周围的血液循环，增加氧气和营养物质的供应，有助于受损组织的修复和再生。同时，也有助于关节内的废物和炎症因子的清除，减少关节疼痛和炎症的发生。

适当的关节运动可以预防关节疾病的发生，如骨关节炎、类风湿性关节炎等。

肌肉在跑步中的变化

人体的肌纤维可分为慢肌（红肌）和快肌（白肌）两种。慢肌在收缩时速度慢、力量小、不易疲劳，有氧代谢能力高；而快肌在收缩时速度快、力量大、易疲劳，无氧代谢能力高。这两种肌纤维共存于每块肌肉中，慢肌负责维持身体姿势，快肌主要负责运动。

肌肉是跑步的"发动机"，对跑步具有明显的适应能力，尤其是下肢肌群。要全方位增加肌肉力量，可以通过增加肌肉体积、加强有氧和无氧运动、提高肌肉弹性等方式来实现。

在肌肉体积增加方面，可以通过负重跑、有氧耐力跑等方式增加肌肉的力量和体积，同时刺激大脑控制更多的肌纤维同时收缩。此外，通过一些动力性和静力性拉伸力量训练，如跨栏伸展、前屈折叠式，可以增加肌肉的弹性，提高抗拉力。

在微观和宏观两方面改善肌肉质量，可以通过系统地从事跑步锻炼来使肌纤维变粗，肌肉的体积变大。适度增加一些力量性训练，尤其是对快肌纤维的刺激，可以更显著地改善肌肉质量。此外，有氧耐力跑可减少肌肉

> **医师跑者智慧小贴士**
>
> 肌肉不仅可以完成复杂的动作，还可以成为能量储存器。肌糖原由未燃烧的葡萄糖合成，存储在肌肉中。肌糖原消耗在剧烈跑步中可达25%，高强度跑步可达90%，而在弱强度跑步中仅占15%。此现象与运动强度影响糖酵解、氧化脂肪酸，以及特定短跑项目的高肌糖原利用速率有关。因此，间歇跑训练对提高肌糖原利用效率和跑步成绩至关重要。

中的脂肪，提高耐力，而无氧训练则有助于提高肌肉的爆发力。

总的来说，通过综合性的跑步锻炼，不仅可以改善肌肉力量和耐力，还能使肌肉在微观层面发生一系列有益的变化，包括肌纤维增加、脂肪减少、毛细血管增加等，从而提升整体跑步效能。

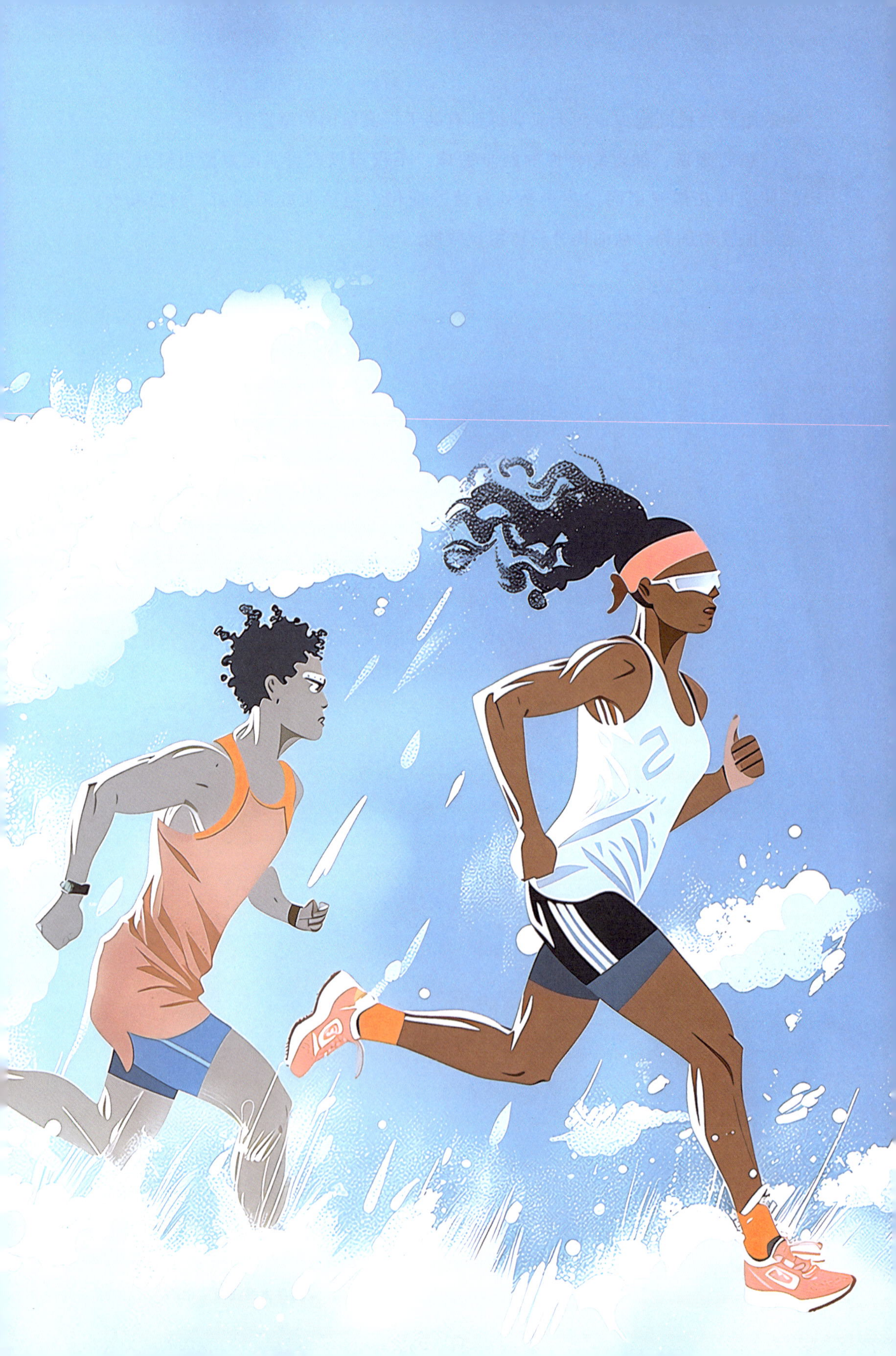

第 2 章 评估自己是否适合跑步

第 1 节　回顾自己的健康史　　　　　036
第 2 节　体检：对自己的身体负责　　039
第 3 节　体能是健康跑步的基础　　　046
第 4 节　跑步风险评估　　　　　　　054
第 5 节　异常足弓者如何跑步　　　　058
第 6 节　目标设定和跑步计划制订　　062

第 1 节　回顾自己的健康史

回顾自己的健康史，顾名思义，就是梳理自己的健康变化。就像学习中的复习、工作中的复盘，回顾自己的健康史看似重复无用，其实是自我的重新审视，也是对生命的珍视和对未来的观照，更是对身体进行即时即地的评估，它有助于我们更好地了解自己的身体状况，选择合理的生活方式，制订合适的医疗计划。

一谈到"史"这个字，就会和时间产生关联。每个人的健康史都千差万别，体重、身高、健康状况、既往病史等，每个人都不尽相同。想要把握现在，让自己更安全、更高效地投入到运动中去，就必须认真梳理健康史。

▼ 为什么回顾健康史很重要

第一，提前发现潜在风险。

家族病史：了解父母、祖父母、兄弟姐妹的健康状况，特别是慢性病或遗传性疾病。

个人病史：回顾过去的疾病经历，包括就诊记录、药物使用、手术经历等。

回顾家族病史和个人病史，就像是在生命地图上标注危险地带。提前发现潜在的遗传性疾病或易感病症，有助于及时采取预防措施，降低运动时可能的潜在风险。

第二，及时进行生活方式的调整。

饮食：分析饮食结构，了解膳食习惯，尤其是与肥胖、高血压等相关的饮食因素。

运动：回顾过去的运动历史，评估体育锻炼的频率、强度和类型。

通过身体的一些外在表现，可以及时发现生活中可能存在的问题，及时采取有针对性的调整。例如，有一些跑友喜欢吃高油、高盐的食物，这就很容易引起"三高"病症，后续应及时进行控盐、控油。如果有一些病症表现，首先应进行饮食调整和医学治疗，千万不要盲目开始运动。

第三，及时掌握药物和过敏情况。

药物历史：列出曾经使用的药物，包括处方药、非处方药以及补充剂。

过敏史：回顾对药物、食物或其他物质的过敏反应，可以进行过敏原检测。

跑步过程中会涉及补给，例如能量胶、盐丸、巧克力、糕点、坚果等，需要对自己过敏的物质有全面了解，提前对补给点进行评估，即是否需要补给，是否适合自己。在参加比赛过程中，如果跑友有禁忌药物或者过敏原，一定要提前写在号码簿的背面，以备不时之需。

第四，心理健康的重要性。

心理健康：关注自己的情绪，回顾自身心理健康状况，及时发现与心理健康相关的问题。

看过竞技体育的朋友们肯定知道，竞技体育，一方面考验的是一个人的身体层面的运动能力，另一方面考验的则是一个人的心理素质。赛场对决，往往心里的一个小波动，就有可能左右比赛的成败。马拉松赛场也是如此，心理素质好的跑者可能意气风发，顺利PB（个人最好成绩）；心理差的跑友，可能成绩起伏较大。

第五，定期体检。

过去的体检记录：分析过去的体检记录，了解生命体征和各项生化指标的变化。

回顾过去的体检记录，是对自己身体状况的一次深入剖析。通过观察生命体征和分析各项生化指标的变化，我们可以追踪体内变化趋势，及时发现潜在问题。

回顾个人的健康史是制订科学、合理的运动计划的重要步骤

首先，需要总结过去参与的运动项目和锻炼经历，包括运动的类型、频率以及强度等方面。在这个过程中，特别需要注意是否曾经发生过运动伤害

或感到不适，以更好地了解哪些运动对自己更为友好。

其次，**设定明确的健康目标是制订运动计划的核心**。这些目标可以包括减肥、增强心肺功能、改善某项身体指标等。关键是将这些健康目标与过去的运动历史结合，以确定适合实现目标的具体运动方式。

再者，**在考虑运动方式时，要综合考虑年龄、体重、身体灵活性等因素，选择适应自己身体变化的运动**。推荐多元化的运动方式，包括有氧运动、力量训练、灵活性训练等，以确保身体能够全面受益，避免陷入单一性过度的运动状态。

回顾健康史、设定健康目标、考虑个人因素、选择多元化运动方式，是制订合理运动计划的重要步骤。这样的综合性考虑可以帮助跑友制订更加贴合自己实际情况和需求的个性化运动计划，更有利于长期坚持并取得健康效果。

医师跑者智慧小贴士

基因与肥胖之间存在紧密的关联，但肥胖并非由单一基因所决定，而是受到多个基因和环境因素的综合影响。以下是基因与肥胖关系的要点。

- **遗传倾向**：研究显示，肥胖往往在家族中呈现聚集性。若一个人的家族中存在肥胖个案，他患肥胖的风险也会增加。这说明基因在肥胖发生中扮演一定角色。
- **单基因疾病**：少数肥胖病例与单一基因突变相关，例如儿童期肥胖可能与Prader-Willi综合征和Bardet-Biedl综合征等单一基因疾病相关。
- **多基因影响**：绝大多数情况下，肥胖是由多个基因及环境因素的复杂相互作用所致。这些基因可能涉及能量代谢、食欲调节、脂肪储存等多个方面。例如，一些基因可能影响胰岛素敏感性、脂肪细胞数量和大小，或调节食欲激素的产生。
- **环境因素**：尽管基因在肥胖发生中发挥重要作用，但环境因素同样至关重要。不良的饮食习惯、缺乏运动、生活方式及社会环境等都可能促成肥胖的发生。

第2节 体检：对自己的身体负责

跑步是一项简单且受到广泛欢迎的有氧运动。它不仅有助于提高心肺功能，还对减肥、改善心血管健康、增强骨骼密度等方面都有益处。然而，并非每个人都适合跑步，特别是对于存在某些健康问题或体征异常的人而言。在决定是否开始跑步之前，应该进行一次全面的体检，以评估自己的身体状况。

在进行体检时，通常会检查一系列的生理指标，以下是一些重要的指标，需要特别关注。

心血管指标

血压 理想的血压范围是 120/80 mmHg 或更低。高血压可能增加跑步时心脏和血管的负担。一般认为，三次测量中收缩压 ≥ 140 mmHg 和（或）舒张压 ≥ 90 mmHg 即可被视为高血压。

心率 了解静息心率和最大心率。静息心率通常在 60～100 次/分钟，最大心率（次/分钟）约为 220 减去年龄（岁）。控制心率有助于在跑步时保持安全和有效的状态。

心血管病发生的危险因素主要包括高血压、吸烟、超重或肥胖、血脂异常、糖尿病、缺乏运动、家族史、男性、年龄增加等。

心血管病总体危险评估有两种方法。

- 半定量法：可以根据血压水平、其他危险因素（如年龄、吸烟、血脂异常、家族史等）、靶器官损害和已患相关疾病等指标将总体危险分为低、中、高危等几种情况。
- 评分表法：可以根据我国6万自然人群近20年的心血管发病、死亡和危险因素前瞻性队列研究建立的危险预测模型进行估算。

中国人群缺血性心血管病 10 年发病危险评估表法评估步骤

第一步：评分

年龄（岁）	男性 得分	女性 得分
35～39	0	0
40～44	1	1
45～49	2	2
50～54	3	3
55～59	4	4
≥60岁，每增加5岁	得分加1分	得分加1分
收缩压（mmHg）		
<120	−2	−2
120～129	0	0
130～139	1	1
140～159	2	2
160～179	5	3
≥180	8	4
BMI		
<24	0	0
24～27.9	1	1
≥28	2	2
总胆固醇（mg/dL）		
<200	0	0
≥200	1	1
吸烟		
否	0	0
是	2	1
糖尿病		
否	0	0
是	1	2

第二步：计算总得分（所有得分相加）

第三步：查绝对危险

男性 总分	10年ICVD 绝对危险(%)	女性 总分	10年ICVD 绝对危险(%)
≤−1	0.3	−2	0.1
0	0.5	−1	0.2
1	0.6	0	0.2
2	0.8	1	0.2
3	1.1	2	0.3
4	1.5	3	0.5
5	2.1	4	1.5
6	2.9	5	2.1
7	3.9	6	2.9
8	5.4	7	3.9
9	7.3	8	5.4
10	9.7	9	7.3
11	12.8	10	9.7
12	16.8	11	12.8
13	21.7	12	16.8
14	27.7	≥13	21.7
15	35.3		
16	44.3		
≥17	≥52.6		

注：以发病概率来衡量，<10%为低危，10%～20%为中危，>20%为高危。ICVD，缺血性心血管病。

肺功能指标

肺活量 肺活量将影响跑步时的氧气摄取能力。

呼吸功能 确保肺功能良好，没有明显的呼吸系统疾病。

肺功能检查是呼吸系统疾病诊断中一项非常重要的检查，有助于慢性阻塞性肺疾病、哮喘等疾病的诊断及疾病严重程度的评估，需要特别关注肺功能的人群包括40岁以上者、长期吸烟者、长期生物燃料或工矿粉尘暴露者等存在罹患呼吸系统疾病危险因素的人群。

骨骼健康

骨密度 了解骨密度是否在正常范围内，避免骨折风险。

关节状况 评估关节是否健康，尤其是膝盖和踝关节。

代谢指标

血糖水平 了解是否有糖尿病或糖代谢异常。

体检时常检查空腹血糖或糖化血红蛋白（HbA_{1c}）。如果空腹血糖 ≥ 7.0 mmol/L 或 HbA_{1c} ≥ 6.5%，通常会被诊断为糖尿病，需要寻求专业门诊的诊断和治疗。如果空腹血糖 ≥ 6.1 mmol/L 和（或）HbA_{1c} 介于 5.7% 和 6.4% 之间，也需要引起高度重视，因为这可能是糖尿病前期的征兆。糖尿病前期可以被视为一种警示信号，其出现可能预示着将来患糖尿病、心脑血管疾病、微血管病变、肿瘤、痴呆等疾病的风险增加。幸运的是，糖尿病前期是可逆的，通过改变饮食习惯、增加运动等生活方式干预措施，可以使血糖水平保持稳定，甚至恢复到正常水平。

血脂 体检时会检查胆固醇和甘油三酯水平，以评估心血管健康状况。

血脂检测的基本项目包括总胆固醇（TC）、甘油三酯（TG）、低密度脂蛋白胆固醇（LDL-C）和高密度脂蛋白胆固醇（HDL-C）。如果发现 LDL-C

或 TC 升高的血脂异常，需注意这是心血管疾病（例如心绞痛、中风、心肌梗死、猝死等）的重要危险因素。

▼ 其他健康问题

如果有其他慢性疾病或健康问题（例如关节炎、心脏病等），务必确保这些问题得到有效控制。

▼ 什么样的人不适合跑步

那么当体检完成，拿到体检报告以后，又如何判断自己适不适合跑步呢？

在体检报告中，以下特征可能表明自己不适合跑步。

第一，心血管问题：高血压或其他严重的心血管疾病，心脏异常，如心律不齐。

第二，呼吸系统问题：严重的呼吸系统疾病，如慢性阻塞性肺疾病（COPD）。

第三，骨骼问题：骨密度过低，易于骨折；关节问题：尤其是膝盖和踝关节严重病变。

第四，代谢异常：未控制的糖尿病，会影响运动耐力和安全性。

案例一

个人资料		
张先生	年龄：42 岁	职业：上班族
运动经历	偶尔锻炼，无长期跑步经验	

体检报告	
体格检查 • 血压：130/85 mmHg ↑	（正常范围：收缩压 < 120 mmHg，舒张压 < 80 mmHg）

- 静息心率：78 次 / 分钟
  （正常范围：60～100 次 / 分钟）
- 肺活量：3.2 L
  （正常范围：3～5 L）

血液指标
- 血红蛋白：145 g/L
  （正常范围：135～175 g/L）
- 血小板计数：200×10^9/L
  （正常范围：150×10^9～450×10^9/L）
- 白细胞计数：7.5×10^9/L
  （正常范围：4×10^9～11×10^9/L）

生化指标
- 血糖：5.8 mmol/L
  （正常范围：空腹血糖 3.9～6.1 mmol/L）
- 血脂：
  - 总胆固醇：6.0 mmol/L ↑
    （正常范围：< 5.2 mmol/L）
  - 三酰甘油：2.3 mmol/L ↑
    （正常范围：< 1.7 mmol/L）
  - 高密度脂蛋白胆固醇：0.8 mmol/L ↓
    （正常范围：> 1.0 mmol/L）
  - 低密度脂蛋白胆固醇：4.0 mmol/L ↑
    （正常范围：< 3.4 mmol/L）

解读

张先生的体检报告显示，他的血压稍高，处于高血压前期阶段，需要特别关注心血管健康。虽然他的静息心率正常，但肺活量较低，这可能会影响他在跑步时的氧气摄取能力。此外，他的血糖和血脂偏高，存在一定的代谢异常，因此需要注意饮食和生活方式。

评估

考虑到张先生的体检结果，目前他可能不适合进行高强度的跑步训练。建议他在开始跑步之前，先进行一段时间的有氧运动锻炼，例如快走、游泳等，以改善心肺功能和代谢状况。此外，他还应该通过控制饮食和积极的生活方式来降低血压、改善血糖和血脂水平。在经过一段时间的改善后，他可以逐渐引入跑步，但需要注意逐渐增加运动强度，避免过度劳累。

案例二

个人资料

李女士	年龄：28 岁	职业：教师
运动经历	长期参加健身房有氧运动，偶尔跑步	

体检报告摘要

体格检查
- 血压：118/72 mmHg
  （正常范围：收缩压 < 120 mmHg，舒张压 < 80 mmHg）

第 2 章 评估自己是否适合跑步　　043

- 静息心率：60次/分钟
  （正常范围：60～100次/分钟）
- 肺活量：2.8 L
  （正常范围：3～5 L）

生化指标
- 血糖：4.9 mmol/L
  （正常范围：空腹血糖3.9～6.1 mmol/L）
- 血脂：
  - 总胆固醇：5.0 mmol/L
    （正常范围：< 5.2 mmol/L）
  - 三酰甘油：1.2 mmol/L
    （正常范围：< 1.7 mmol/L）
  - 高密度脂蛋白胆固醇：1.2 mmol/L
    （正常范围：> 1.0 mmol/L）

解读

李女士的体检报告显示，她的心血管和代谢方面的指标都在正常范围内。血压、心率、肺活量、血糖和血脂水平都良好，表明她适合进行跑步锻炼。

评估

综合考虑李女士的体检结果，可以得出她的心血管和代谢状况良好，适合进行跑步锻炼。考虑到她有长期参加健身房有氧运动的经验，还可以通过爬楼梯、攀登台阶作为辅助锻炼。后续，逐渐引入跑步作为她锻炼计划的一部分。建议她从慢跑开始，逐渐增加跑步时间和强度，注意适度，避免过度训练。

跑步是一项有益健康的运动，但并不是每个人都适合跑步。通过定期进行体检并解读体检报告，可以了解自己的身体状况，评估是否适合跑步。如果在体检报告中发现存在心血管、肺功能、代谢或其他健康问题，建议在开始跑步前咨询专业医生或运动专家，以制订适合自己的运动计划。记住，逐渐增加运动强度，倾听身体信号，保持适度和谨慎，是安全地享受跑步运动的关键。

医师跑者智慧小贴士

体检报告要注意留存。

- **健康记录**：体检报告记录了个人的健康状况和检查结果，是健康档案的重要组成部分，有助于医生提供个性化的医疗建议和治疗方案。

- 追踪健康变化：定期进行体检并保留报告可帮助追踪健康状况的变化趋势，及时发现和处理潜在的健康问题。
- 医疗参考：体检报告可作为就医时的重要参考，为医生提供必要信息，帮助准确诊断和治疗。
- 保险要求：有些保险公司可能要求提供最近的体检报告，以作为健康保险申请或理赔的一部分。
- 预防措施：通过定期体检和保留报告，可以及时了解健康状况，采取预防措施，如调整生活方式、饮食习惯等，以保持健康。

攀登台阶

第3步 体能是健康跑步的基础

体能是人体基本的运动能力,包括力量、速度、耐力、协调、柔韧、灵敏等方面。它们是实现各种运动活动的基础,跑步也不例外。

将我们的身体比作一辆车,那么心肺耐力和身体输出能量就像车辆的发动机性能、功率和油耗一样重要。心肺耐力不足就像是一台质量不佳的发动机,会导致性能下降,并增加健康风险。

因此,对于跑步爱好者而言,了解自己的体能水平至关重要。只有建立在良好的体能基础上,并配合科学的训练计划、先进的跑步技术和正确的跑步姿态,才能有效提高跑步能力,并在跑步过程中更好地保护健康,降低受伤风险。

▼ 什么是体能

"体能"(physical fitness)一词最早源于美国,涵盖了力量、速度、耐力、协调、柔韧、灵敏等运动素质,是人体基本的运动能力。在不同国家或地区,对这一概念有着不同的称谓,例如,德国称之为"工作能力",法国称之为"身体适性",日本称之为"体力",而我国香港地区和台湾地区则称之为"体适能"。

根据1984年我国出版的《体育词典》的定义,体能是人体各器官系统机能在体育活动中所表现出的能力。一般而言,体能可分为竞技类体能和健康类体能。竞技类体能指为追求在竞技比赛中创造卓越运动成绩所需的体能水平;而健康类体能强调在日常生活中拥有足够的精力从事工作和学习而不感到疲劳,同时具备足够的力量去享受休闲活动的乐趣,并能够适应突发状况。

广大跑友基本上将跑步运动作为日常锻炼、增强体质的一种方式,因此,本书所涉及的体能概念主要指健康类体能,即个体在日常生活中维持良好健康状况所需的运动能力。

体能指标

美国运动医学会将健康类体能分为身体成分、肌肉力量、心肺耐力、柔韧素质四个方面,每项都反映了健康类体能的某些方面,以及对身体的某些影响。

身体成分 指的是体内各种成分的含量,包括肌肉、骨骼、脂肪、水等,常用各种物质的组成和比例来表示。其中,体脂率(即体内脂肪重量在总体重中所占的比例)尤为重要,保持在正常范围内有助于预防慢性疾病,如糖尿病、高血压、高血脂等。

肌肉力量 指的是肌肉对抗阻力所能产生的力量,分为肌力、肌耐力和肌张力。它们反映了肌肉在运动中的不同表现,如最大力量、持久力和静息状态下的紧张程度。

心肺耐力 指的是身体持续活动的能力,对于氧和营养物资的分配、清除体内垃圾等有重要作用。评估心肺耐力的主要指标包括最大摄氧量(VO_{2max})和乳酸/换气阈值,它们反映了身体对氧气的利用和对运动强度的耐受程度。

柔韧素质 指的是关节活动幅度以及软组织的伸展能力,即柔韧性。它对于运动技术的掌握、预防运动伤害、保持肌肉弹性和爆发力、维持身体姿态等方面至关重要。柔韧素质分为主动柔韧性和被动柔韧性,前者依靠肌肉群的积极工作完成大幅度动作,后者是指在被动用力时关节能达到的最大活动幅度,是增强主动柔韧性的基础。

如何评估自己的体能水平

我们可通过如下测试方法来简单评估自己的体能状况。

身体成分的评估

主要是进行体脂率测量。一般有以下两种方式。

- 一种方式是直接通过身体成分测试仪或者体脂秤进行评估，这是最常见的方式。

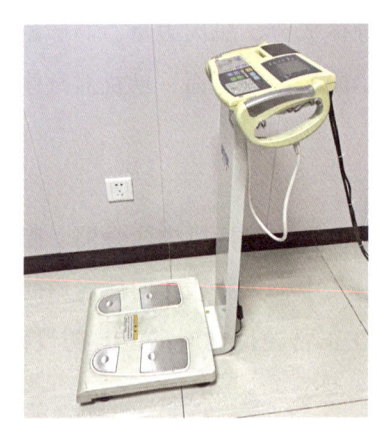

身体成分测试仪　　　　　　　　体脂秤

- 另一种方式是通过体脂率计算公式进行简单估算。

成年女性体脂率计算公式：	成年男性体脂率计算公式：
参数 a= 腰围（厘米）×0.74	参数 a= 腰围（厘米）×0.74
参数 b= 体重（千克）×0.082+34.89	参数 b= 体重（千克）×0.082+44.74
体脂肪重量（千克）=a-b	体脂肪重量（千克）=a-b
体脂率=（体脂肪重量/体重）×100%	体脂率=（体脂肪重量/体重）×100%

例如：某成年女性腰围 70 厘米，体重 55 千克，根据公式估算，体脂率 =22.5%；某成年男性腰围 80 厘米，体重 62 千克，根据公式估算，体脂率 =15.1%。

成年人的体脂率正常范围分别是女性 20%～25%，男性 15%～18%。若体脂率过高，如普通人体脂率超过正常值的 20% 以上则可视为肥胖。运动员的体脂率情况与具体所从事的运动项目有关，一般男运动员为 7%～15%，女运动员为 12%～25%。由此可知，上述成年女性和成年男性体脂率均在正常范围内。

由于体脂率测试较为复杂，且精度和准确性不好把握，目前多用体重指数（BMI）来衡量人体肥胖程度。BMI 是在脱鞋、不穿或仅穿少量衣服的情况下，测定身高、体重后，通过公式进行计算得出：BMI= 体重（千克）/ [身高（米）× 身高（米）]。

世界卫生组织关于BMI的评价标准可参考下表。

BMI < 18.5	低体重
18.5 ≤ BMI < 25	正常体重
25 ≤ BMI < 30	超重
BMI ≥ 30	肥胖

例如：某成年男性身高1.65米，体重62千克，根据公式估算，BMI = 22.8，属于正常体重范围。

必须要注意的是，BMI的数值实际上无法准确体现脂肪和非脂肪的区别，它只能简单评价整体状况，而无法评价脂肪分布，因此，有可能因为体型的不同导致评价时得出错误的结论。如健美型人体数据可能会由于BMI较大被简单归为超重，但主要是因为肌肉含量比较多，其实几乎没太多脂肪。相反的，一个体重并不大，但是腹部脂肪积累过多的人却可能被BMI归为正常体重的范围。为了较为全面的评估，一般可将体脂率和BMI进行综合考量。

肌肉力量的评估

肌肉力量评估有多种方法。一般肌力的测试方法是一次动作的最大数值。例如，一次最大可以提起100千克，则其受测肌肉群的动作最大值就是100千克。肌耐力测试一般要求持续进行重复运动，例如俯卧撑、仰卧起坐等。对跑步这项运动而言，我们可以参考美国运动医学会的《美国运动医学院健康相关体能评估手册》(*ACSM's Health-Related Physical Fitness Assessment Manual*)，采用卷腹和俯卧撑简单进行肌肉力量自我评估。

卷腹测试：仰卧于垫子或地毯上，膝关节屈曲90°，双脚略微分开，脚掌平放于地面上。双手伸直放在身体两侧，与身体平行。在指尖处做个标记，并在该标记前方12厘米（45岁以下人群）或者8厘米（45岁以上人群）处再做个标记。脚后跟保持在地面上，腹肌用力慢慢地向上卷起肩膀，手臂向前滑动，使手指触碰第二处标记，落下时还原初始姿态触摸第一处标记。每3秒重复一次上述步骤，直至无力再做或无法在3秒内做完动作时，测试结束。

评价标准可参考下表。

性别	男					女				
年龄	20～29	30～39	40～49	50～59	60～69	20～29	30～39	40～49	50～59	60～69
优秀	75	75	75	74	53	70	55	55	48	50
良好	56	69	75	60	33	45	43	42	30	30
	41	46	67	45	26	37	34	33	23	24
一般	31	36	51	35	19	32	28	28	16	19
	27	31	39	27	16	27	21	25	9	13
较差	24	26	31	23	9	21	15	20	2	9
	20	19	26	19	6	17	12	14	0	3
很差	13	13	21	13	0	12	0	5	0	0
	4	0	13	0	0	5	0	0	0	0

俯卧撑测试：男性双臂伸直，双手（手掌朝下）放在肩部下方，俯卧姿态支撑于地面，两臂与肩同宽或略宽于肩，抬头挺胸，背部挺直，两腿伸直并略微分开，脚部着地；女性则采用膝关节着地方式。向下时屈肘90°，且腹部不能触及地面；撑起时两臂伸直，腿和背部绷紧，身体从头到脚跟应呈一条直线。每次弯曲肘部以放下身体，直至上臂与地面平行（肘部呈90°角），然后推起身体直至手臂完全伸展。每3秒重复一次上述步骤，直至连续两次无法用正确的姿势完成俯卧撑或连续两次无法在3秒内做完动作时，测试结束。

评价标准可参考下表。

性别	男					女				
年龄	20～29	30～39	40～49	50～59	60～69	20～29	30～39	40～49	50～59	60～69
优秀	36	30	25	21	18	30	27	24	21	17
良好	35	29	24	20	17	29	26	23	20	16
	29	22	17	13	11	21	20	15	11	12
好	28	21	16	12	10	20	19	14	10	11
	22	17	13	10	8	15	13	11	7	5
一般	21	16	12	9	7	14	12	10	6	4
	17	12	10	7	5	10	8	5	2	2
差	16	11	9	6	4	9	7	4	1	1

心肺耐力的评估

心肺耐力可以通过测量最大摄氧量（VO_{2max}）来进行评估，或者进行 30 秒快速下蹲测量心率。

最大摄氧量： 测定方法主要有以下两种。

- 直接测量法：通过专业设备进行直接测量。受试者穿戴专用设备，在跑步机上进行跑步训练，直至达到体力耗尽。同时，专用设备收集受试者呼出的气体，并将气体送入气体分析仪进行分析。根据分析结果确定最大摄氧量。

- Cooper测试法：受试者尽力跑步 12 分钟或者以最快速度跑完 1.5 英里（2.4 千米），然后记录完成的最大距离（米）或最短时间（分钟）。最大摄氧量的计算公式为：（距离 −504.9）/44.73 或（483/ 时间）+3.5。

评价标准可参考下表。

性别	年龄	最大摄氧量 VO_{2max} [毫升 /（千克·分钟）]				
男	20～29	V < 38	38 ≤ V < 42	42 ≤ V < 46	46 ≤ V < 51	V ≥ 51
	30～39	V < 37	37 ≤ V < 41	41 ≤ V < 44	44 ≤ V < 48	V ≥ 48
	40～49	V < 35	35 ≤ V < 38	38 ≤ V < 42	42 ≤ V < 46	V ≥ 46
	50～59	V < 32	32 ≤ V < 36	36 ≤ V < 39	39 ≤ V < 43	V ≥ 43
	60～69	V < 29	29 ≤ V < 32	32 ≤ V < 36	36 ≤ V < 40	V ≥ 40
	70～79	V < 26	26 ≤ V < 29	29 ≤ V < 32	32 ≤ V < 37	V ≥ 37
女	20～29	V < 32	32 ≤ V < 36	36 ≤ V < 40	40 ≤ V < 44	V ≥ 44
	30～39	V < 31	31 ≤ V < 34	34 ≤ V < 38	38 ≤ V < 42	V ≥ 42
	40～49	V < 29	29 ≤ V < 33	33 ≤ V < 36	36 ≤ V < 40	V ≥ 40
	50～59	V < 27	27 ≤ V < 30	30 ≤ V < 33	33 ≤ V < 37	V ≥ 37
	60～69	V < 25	25 ≤ V < 27	27 ≤ V < 30	30 ≤ V < 33	V ≥ 33
	70～79	V < 24	24 ≤ V < 26	26 ≤ V < 28	28 ≤ V < 31	V ≥ 31
等级		很差	较差	一般	良好	优秀

例如：某成年男性年龄32岁，全力跑12分钟，最大距离2 400米，则最大摄氧量为42.4毫升/（千克·分钟），根据上表可知，评价等级为一般。

30秒快速下蹲心率：以1秒钟1个的频率在30秒内完成30次下蹲。下蹲动作要求蹲至大腿与地面平行，测量静息心率P1（BPM）、运动后即刻心率P2（BPM）、休息1分钟后心率P3（BPM），通过公式计算，心功能指数=（P1+P2+P3-200）/10，进行耐力评估。

评价标准可参考下表。

心功能指数≤0	优秀
0＜心功能指数≤5	良好
5＜心功能指数≤10	一般
10＜心功能指数≤15	较差
心功能指数＞15	很差

例如：某成年男性测量静息心率P1、运动后即刻心率P2、休息1分钟后心率P3，分别为50 BPM、120 BPM、80 BPM，则心功能指数为5，耐力评估结果良好。

柔韧素质的评估

柔韧性是关节的特性，一般可采用直尺、量角器等工具对关节活动度进行量化测量。也可以通过以下部位简单测试，进行快速评估，大体可用适当、不足、过度来描述。

肩关节：左手从肩膀后方向下方伸展，右手从后背下方向上方伸展，通过双手手指尖的距离来进行评估。双手调换方向后再测试一遍。

柔韧性适当	双手手指可以接触，或手指间距不超过10厘米
柔韧性不足	双手手指无法接触，且手指间距超过10厘米
柔韧性过度	双手手指可以重合甚至勾连

臀大肌：平坐在地面，双手从左腿下方绕过，将左腿向胸口拉靠。双腿交换后再测试一遍。

柔韧性适当	小腿可抬至与地面平行，且可以拉向身体
柔韧性不足	小腿可勉强抬至与地面平行，但无法进一步拉向身体
柔韧性过度	脚踝部位可以轻松抬高，甚至可与头同高

腘绳肌：仰卧在地面上，左腿屈膝，右腿保持伸直并尽量向上抬起。双腿交换后再测试一遍。

柔韧性适当	伸直腿可以拉向身体，同地面呈 90°
柔韧性不足	伸直腿可以拉向身体，但同地面的夹角小于 90°
柔韧性过度	伸直腿可以拉向身体，且同地面的夹角超过 90°

脚踝：双腿站直，两腿膝盖处保持约 1 拳的间距，然后下蹲。

柔韧性适当	下蹲过程中，脚跟不离地的情况下即可顺利抱膝蹲下
柔韧性不足	下蹲过程中，脚跟必须离开地面，才能抱膝蹲下；或者一旦想要保持脚跟不离地，身体就会失去平衡
柔韧性过度	下蹲过程中，脚跟不离地即可顺利抱膝蹲下，但蹲下后膝盖前伸，超出脚尖范围

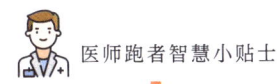

医师跑者智慧小贴士

进行一定强度的运动锻炼后，可以选择食用含有水分和果糖的水果，如香蕉、西瓜等，以及补充蛋白粉，有助于为肌肉提供能量和促进肌肉恢复。此外，如果出汗较多，应及时补充电解质。大约 30 分钟后，可以进食一些含碳水化合物的食物，如米饭、面食等。而肉类、蛋类等含有蛋白质的食物，最好在运动后数小时再食用，以避免胃部不适。

跑步风险评估

随着社会的不断发展，我们对于跑步的认识也有了很大提高，开展跑步运动的跑者也越来越多。然而，跑步过程中会存在一定风险。据调查，每年因跑步引发的损伤率在18.2%～92.4%；各项体育运动中，跑步的受伤率和猝死发生率均为最高。一项研究表明，在我国，跑者在跑步中出现头晕目眩的人数占比为15.45%，胸痛、胸闷的人数占比为11.80%，突发呼吸急促的人数占比为11.00%，心跳异常的人数占比为7.13%——这些症状有可能是疾病突发的前兆，但受访者却仅仅认为是运动疲劳而未及时体检或就医，跑步风险认知水平亟待提高。

跑步过程中存在的风险大体可分为两大类。一类是意外事故，如路上与各种障碍物、机动车、非机动车、其他人员发生碰撞等，这些意外的发生不可控，有一定突发性和随机性。另一类是由于跑步本身带来的损伤或疾病，如姿势不正确、运动过量等引起的肌肉、关节、韧带、骨骼的损伤，这些风险需要我们在跑步过程中认真对待，尽量避免或降低。

▼ 跑步过程中，足踝部位有哪些伤病和风险

跑步时，足踝是首先接触地面的部位，缓冲身体下落压力，随后，又要迅速离地腾空，完成完整的跑步动作。在这过程中，足踝承受的压力很大，约为体重的3倍。所以说，足踝部位是我们开展跑步运动的根基，如果足踝力量不足，或者动作不规范，就会发生损伤，主要表现包括：足底前侧疼痛、后足跟疼痛、足底内侧疼痛（足底筋膜炎）等。

▼ 跑步过程中，腿部有哪些伤病和风险

跑步其实是一项全身性运动，但腿部力量会直接影响跑步的爆发力和持

久性。腿部肌肉、关节、韧带等发挥的作用尤其重要。腿部力量不足、过量的运动或者长期劳损没有注意等都可能引发下列伤病：小腿前内侧疼痛、小腿后内侧疼痛、大腿后侧疼痛（如腘绳肌拉伤）等。

▼ 跑步过程中，膝部有哪些伤病和风险

膝关节是人体复杂的关节之一。我们跑步时，膝关节将持续性、周期性发生扭转，频繁受到挤压和冲击。如果体重过大、跑步中姿势不正确，或者下肢力量不足引起膝关节代偿，都可能引起膝部伤病。

那么是不是应该尽量不跑步呢？

其实膝关节是一种"耗材"，即便不跑步，也会随着年龄的增长而衰退老化。而且，有研究数据表明，科学地跑步训练，增强肌肉力量，加快新陈代谢，不仅不会伤膝，而且还有助于膝盖的健康。美国《骨科与运动物理治疗杂志》刊登的一篇文章指出，竞技跑步者的关节炎发生率为13.3%，久坐不动人群的关节炎发生率为10.2%，而健身跑步者的关节炎发生率仅为3.5%。由此可见，高强度和过量的跑步确实会引发关节问题，但对普通健身跑步的人来说，跑步则是有利于关节健康的。膝部可能发生的伤病和风险主要包括：膝关节外侧疼痛（髂胫束摩擦综合征）、膝关节内侧下方疼痛、膝关节疼痛（半月板损伤）、膝前疼痛（髌骨关节疼痛综合征，即跑步膝）等。

▼ 跑步过程中，臀部和髋关节有哪些伤病和风险

髋关节是连接躯干与下肢的唯一关节，在日常功能活动中负荷体重最多，承受着巨大的应力作用，在人类直立行走中起着特殊的力传导作用。而在跑步时，髋关节对躯干和下肢的协调发力也起着关键的承上启下的枢纽作用。臀部肌肉力量强大，可以在跑步过程中进一步稳定髋关节，提高跑步效率，还可以大幅降低运动损伤和病痛。臀部和髋关节可能发生的伤病和风险主要包括：臀部疼痛、腹股沟疼痛（髋关节撞击综合征）、腰骶部疼痛、女性下腹部疼痛（耻骨疼痛）等。

什么情况容易引发跑步伤痛

跑步过程中伤病的产生原因大体可归类为肌肉力量不足、跑姿不正确、跑鞋选用不当等情况,具体如下。

第一类:跑姿不科学,技术动作不合理,如身体过于前倾、重心起伏较大、落地时足跟先着地、膝关节过度内翻等,在跑步过程中触地反冲力量较大,会引起膝、踝等部位伤病。

第二类:体重较重者,在跑步过程中膝关节、跟腱等部位所受压力较大,相对体重较轻的人更容易产生伤病。

第三类:突然增大跑量或增加跑步强度,加速或冲刺跑等过程中运动量超过自身承受能力,或者跑前没有充分热身、跑后没有及时放松缓解肌肉的紧张状态,均可能出现肌肉损伤。

第四类:腿部肌肉力量不足,或者肌肉柔韧性、平衡性欠缺,也可能导致出现伤痛。

充分热身很重要

第五类：身体有过损伤，如肌肉拉伤、膝关节韧带损伤等。若尚未痊愈又开始运动，极易再次受伤。

第六类：跑鞋选用不合适，如扁平足的鞋子对足弓支撑不足，或者鞋子过小、鞋子磨损严重等，会导致足底和跟腱承担较大的压力，易引发炎症。

第七类：跑步路面条件不佳，如过硬的路面或者不平坦的路面、复杂的崎岖山路、频繁上下坡等。

跑步过程中，还可能存在心搏骤停、中暑、失温、应力性骨折等问题，后面的章节将会进行详细讨论。

如何降低跑步风险

以下是降低跑步风险的一些建议，供读者参考。

第一，选择合适的跑鞋：根据自身脚型、体型和能力选择适合自己的跑鞋。注意跑鞋的使用寿命，并根据需要选择减震或缓冲性能的跑鞋。

第二，选择适宜的路面：避免在不平整或过硬的路面跑步，及时调整配速和跑鞋。体育场跑道训练时要交替改变前进方向。

第三，做好热身和拉伸：每次跑步前都要进行充分的热身活动，尤其在天气转凉时要注意增加热身时间。跑步后进行适当的拉伸和恢复，但要避免过度。

第四，注意跑步姿态：保持身体放松，注意协调和平衡，集中注意力，保持膝关节和脚尖方向一致，选择合适的着地技术。

第五，控制运动量：循序渐进地增加跑步量和步频，避免突然增加运动量、强度和频率，防止肌肉或肌腱受伤。

第六，进行体能训练：通过科学的训练提高腿部肌群力量、关节稳定性和身体柔韧性，减少跑步对关节和软组织的冲击和磨损。

第七，控制体重：保持适当的体重，可通过其他运动方式减重，避免跑步时身体负担过度。

第八，注意身体反馈：一旦出现任何疼痛，立即停止运动并进行适当缓解，如疼痛持续或加剧，应及时就医并听取专业建议。

医师跑者智慧小贴士

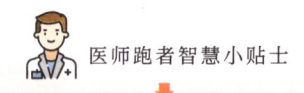

在出现感冒症状后,是否能够坚持锻炼取决于症状的具体情况。根据一些国外观点和研究,有一项被称为"脖子法则"的建议可供参考。

如果感冒症状仅限于脖子以上,如头痛、喉咙痛等,通常可以进行适当的锻炼,如慢跑、快走或者力量训练。不过,锻炼强度应该适度降低,最初锻炼时间约为10分钟。如果在锻炼过程中症状有所缓解,可以逐步增加锻炼强度,但总体不应超过平时锻炼量的80%~90%。然而,如果感冒症状影响到脖子以下,如发烧、全身酸痛、四肢乏力等,则应停止训练,选择安心休息。

如果感冒伴随头痛、身体发冷和酸痛等症状,这可能是发烧的前期表现,这时最好停止跑步,选择休息为主。

第5节 异常足弓者如何跑步

足弓是足底的重要结构之一,对于维持足部的稳定性和吸收地面冲击至关重要。它通过锁定周围关节,使脚部更为坚硬,在跑步等活动中能够有效地吸收地面的冲击,从而减轻身体的压力。此外,足弓还能保护足底的血管和神经,防止其受到外部压迫的影响。

在足弓的形态方面,个体可能表现出不同的特征。有些人的足弓较低、塌陷,被称为"扁平足"或低足弓,其特点是脚底与地面的接触面积较大。另一些人可能具有较高的足弓,被称为"爪形足"或高足弓,其足弓在正常站立时超过两节手指的高度。高足弓的情况相对较为罕见,约占足弓异常情况的1/3。

从医学角度看,足弓的形态对于个体的足部健康至关重要。医生在评估足弓结构时,会考虑个体的足部解剖结构以及可能引起异常足弓的因素,例如肌肉、韧带、关节等方面的问题。一旦确诊，医生可以提供相应的治疗建议，包括特定的锻炼、矫正鞋垫或其他康复措施，以帮助维护足部结构的稳定性和功能。

异常足弓有哪些危害

异常足弓可能带来一系列健康问题，特别是在跑步时，对身体造成的影响更为显著。

- 脚踝和膝盖问题：足弓异常可能导致身体在跑步过程中缺乏足够的缓冲和支撑，增加了脚踝和膝盖承受的压力。这可能导致脚踝扭伤、膝盖疼痛以及其他相关关节的损伤。
- 髋关节和腰椎问题：不正常的足弓结构可能引起髋关节和腰椎的不适，因为它们需要适应不稳定的足部支撑，可能导致疼痛和损伤。
- 大脑神经问题：不良的足弓结构可能通过身体链条影响大脑神经，导致姿势不正常，进而引起头部和颈部的问题。
- 足底问题：扁平足可能导致足底疲劳和疼痛，进而诱发足底筋膜炎。而高足弓可能使足部不适当地受力，增加膝关节的损伤风险。

对异常足弓者的跑步建议

对于存在异常足弓者而言，科学合理的跑步方式是至关重要的。以下是从医生角度对异常足弓者在跑步时的科学建议。

第一，专业评估： 在开始跑步训练之前，建议个体接受专业医生或足踝专家的评估。这有助于确定足弓的具体异常类型、程度以及可能导致问题的因素。

第二，定制鞋垫： 针对异常足弓，定制的矫正鞋垫可能是有效的辅助工具。这样的鞋垫可以提供额外的支撑和缓冲，有助于调整足部结构，减轻跑步时的不适。

第三，选择合适鞋款： 在购买跑步鞋时，选择适合足弓类型的专业运动鞋。一些品牌提供了特殊设计的鞋款，适用于不同类型的足部结构。

第四，强化足部肌肉：特定的足部锻炼有助于强化足部肌肉，提高足弓的支撑能力。这可能包括一些简单的足底弯曲和伸展动作。

第五，避免过度疲劳：避免过度跑步和过度疲劳，因为这可能会加剧足部问题。合理安排训练计划，确保足够的休息时间。

第六，定期复查：定期进行足部健康检查，以监测足弓的变化和可能的问题。根据需要，及时调整跑步计划和治疗方案。

前脚掌、全脚掌、脚后跟，到底哪种落地姿势最合适

落地姿势涉及跑步时脚部与地面接触的方式，一般可分为前脚掌、全脚掌和脚后跟三种类型。不同的人和跑步方式可能适合不同的落地方式。以下是对这三种姿势的简要分析。

前脚掌着地

- **特点**：脚部前半部分着地，主要是趾骨和前脚掌。
- **优点**：有助于提高速度和减轻对膝盖的冲击，适合短跑和竞速。
- **注意**：可能增加对小腿肌肉的负担，需要足够的腿部力量和适应期。

跑姿的合理性

全脚掌着地

- **特点**：中间区域（中脚掌）着地，脚掌和脚跟同时接触地面。
- **优点**：分布冲击力，减轻对关节和肌肉的压力，适合中长跑和日常跑步。
- **注意**：需要适应期，对小腿和足弓的要求较低。

脚后跟着地

- **特点**：脚跟着地，脚部后半部分首先接触地面。
- **优点**：稳定性较高，适合慢速和长距离跑步。
- **注意**：可能增加对膝盖和髋关节的冲击，需要合适的鞋垫和较长的适应期。

对于哪种落地姿势最合适，其实并没有明确的通用答案，因为适应程度因人而异，重要的是根据个体的身体状况、跑步目标和舒适感选择最合适的方式。跑步时，最好是采用自然的、舒适的姿势，并逐渐调整，以减少潜在的受伤风险。最好在专业运动医学或生理学专家的指导下进行姿势评估，获取个性化的训练建议。

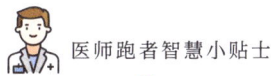

医师跑者智慧小贴士

足部作为人体运动中至关重要的器官，承担着支撑、平衡和推动身体向前运动的重要职责。

- **唯一与地面接触的部位**：足部是人体仅有的直接接触地面的部位，在运动中担当着支撑和传递功能的重要角色。
- **力量传递和反作用力**：人体产生的力量通过足部传递至地面，而地面反作用力也通过足部传递回人体，促进身体的运动。
- **连接肌肉和地面的纽带**：足部作为连接肌肉作用力和地面反作用力的纽带，在运动中具有不可或缺的作用。
- **直接影响运动效果**：足部的状态和功能直接影响着人体运动的效果，包括速度、稳定性和耐力等方面。

第6步 目标设定和跑步计划制订

跑步作为一项兴趣爱好，对绝大多数跑友而言，不仅是一种锻炼方式，更是一种生活态度。然而，从是否可以长久持续来看，过去的兴趣和经验可能对跑步兴趣的培养和坚持会产生一定的影响。

▼ 兴趣的持久坚持与跑步的培养

过去持久坚持的兴趣可能对跑步的培养起到促进作用。已有持久兴趣的个体往往具备较强的自律性和耐心，这对于长期坚持跑步锻炼是至关重要的。在培养跑步兴趣的过程中，借鉴过去的坚持经验，能够更好地适应跑步带来的身体和心理变化。

▼ 缺乏长久坚持的兴趣者需慎重选择跑步

然而，对于那些过去很少有长久坚持的兴趣经历的人而言，选择开始跑步需要更为慎重。跑步是一项需要较长时间、持之以恒的锻炼活动，过于急躁或缺乏耐心可能导致运动伤害和提前放弃。

▼ 明确跑步的目标

在跑步过程中，设定明确的目标是保持动力、提高锻炼效果的重要因素。根据个体的身体情况和需求，可以设定以下几种跑步目标。

第一，健康维持：如果主要目标是维持身体健康、提高心肺功能和增强身体素质，适度的有氧跑步是一个出色的选择。制订每周的跑步计划，以保障心血管系统健康，提高免疫力。

第二，减肥：对于希望通过跑步来减肥的人而言，需要根据身体体重、饮食状况和运动量设定合理的减肥目标。可以查询或者向医生、营养师咨询相关饮食建议，并设定适当的跑步强度和时间，确保减肥过程中保持身体的平衡。

第三，长距离挑战：对于有长距离（如参加半程马拉松或全程马拉松）挑战兴趣的人而言，可以进行身体评估，制订专业的训练计划，并监测身体在训练中的反应，确保身体适应长时间的跑步负荷。

第四，追求成绩：对于有一定跑步经验的跑者而言，提高跑步速度和成绩是一个具有挑战性的目标。通过评估肌肉、关节和心血管功能，制订合理的速度提升计划，以防止运动伤害和过度训练。

总体而言，设定跑步目标需要考虑个体的身体状况和需求，科学合理地设定跑步目标，以更好地达到锻炼效果，同时保障身体健康。

如何制订跑步计划

根据设定的跑步目标，制订个性化的跑步计划是成功实现目标的关键。制订跑步计划时需要注意以下几点。

渐进性

无论目标是什么，都需要渐进地增加跑步强度和时间。初学者可以从轻松的散步和慢跑开始，逐渐增加跑步时间和距离，以免过度劳累和受伤。

WHO推荐成年人每周至少累计进行150～300分钟中等强度的有氧运动，或75～150分钟较大强度的有氧运动。对于超重或体力活动不足者而言，在初始阶段应该从中等强度开始，并循序渐进地达到每天60分钟的目标。

可以通过下表所列的方法确定有氧运动的强度，其中最简单的是使用说话测试。如果是中等强度的有氧运动，则在运动过程中能说话、不能唱歌，而较大及以上的强度则在运动过程中不能说出完整的句子。

强度分级	% HRR, % VO$_2$R	% HR$_{max}$	% VO$_{2max}$	RPE（0～10分）	谈话试验
低	< 30	< 57	< 37	很轻松（< 3）	能说话也能唱歌
较低	30～39	57～63	37～45	很轻松到轻松（3～4）	
中等	40～59	64～76	46～63	轻松到有些吃力（5～6）	能说话但不能唱歌
较大	60～89	77～95	64～90	有些吃力到很吃力（7～8）	不能说出完整句子
次最大到最大	≥ 90	≥ 96	≥ 91	很吃力（≥ 9）	

注：HRR，储备心率；VO$_2$R，储备摄氧量；HR$_{max}$，最大心率；VO$_{2max}$，最大摄氧量；RPE，主观用力感觉量表。

2023年发布的运动处方中国专家共识建议，根据处方对象的身体机能状态，可分适应期、提高期和稳定期三个阶段来设计运动处方。

- **适应期**：1～4周，通过调整运动频率、时间和强度达到第一阶段的目标运动量。
- **提高期**：通常持续5～6个月，每4～6周对运动的效果进行评价并对运动量进行适当调整。
- **稳定期**：此阶段应维持提高期末的运动量，不随意停止运动，以保持良好的身体机能和代谢状态，维持运动带来的健康效益。

多样性

不要让自己陷入单调的跑步模式。在跑步计划中加入不同的跑步类型，如长跑、间歇训练和临界速度训练，可以提高兴趣，同时促进全面的身体发展。

交叉训练：跑步并不是唯一的运动方式。结合其他运动形式，如其他有氧运动或抗阻运动，可以增强全身肌肉平衡，减少受伤风险。

有氧运动：也称耐力运动，是指身体大肌群参与的、较长时间的持续运动，这类运动所需的能量是通过有氧氧化产生的。有氧运动可改善心肺耐力，改善人体代谢功能，如改善血糖和血脂水平。有氧运动的常见运动方式包括快走、跑步、广场舞、太极拳、骑自行车和游泳等。

抗阻运动：是指人体调动身体的骨骼肌收缩来对抗外部阻力的运动方式，包括增加骨骼肌的力量、耐力、爆发力和体积的身体活动或运动。抗阻运动可以利用自身重量或特定的训练器械实施，如弹力带、杠铃、哑铃或固定器械等。在进行抗阻运动时，为了达到最佳效果，同一肌肉群的力量、耐力运动建议隔天一次，每周进行 2～3 次。

合理安排休息

跑步需要给身体充分的恢复时间。在制订跑步计划时，应合理安排适当的休息日，以避免过度训练，每周应该至少安排 1～2 天的休息日。如果身体出现不适，如急性疾病期间，必须暂停运动，待症状缓解后，再逐步恢复运动。若在运动中出现胸痛、胸闷、头晕、心悸、异常呼吸困难和（或）明显关节/肌肉疼痛等情况，则应立即降低运动强度或停止运动，并采取相应措施。若出现严重症状，则需及时就医。

适合自己的才是最好的

结合自己的目标和身体情况制订跑步计划。

案例 1　初学者的健康跑步目标和计划

个人资料

王先生	年龄：42 岁	职业：办公室白领
基本情况	体检显示血压和血脂水平偏高。他希望通过跑步来改善健康状况。	

目标	跑步计划建议
改善健康，降低血压、血脂水平。	➢ 建议开始先进行快走或慢跑，每周进行 3～4 次，每次 15～20 分钟，逐渐增加到 30 分钟。 ➢ 在刚开始时，以轻松的配速跑步，注意呼吸和姿势。 ➢ 每周增加一次长跑，逐渐增加到 30～40 分钟，以提高耐力。 ➢ 休息日可以选择进行轻度的交叉训练，如瑜伽或骑自行车。
计划	
王先生是一个跑步新手，之前没有进行过长跑训练，他希望通过跑步来提高心肺功能和改善健康状况。由于他以前没有经验，他需要一个逐渐增加强度的计划，以避免受伤，逐渐增加跑步时间，同时注意饮食健康，避免高脂肪和高盐食物。	

案例 2　中级跑者期待进行一场真正的马拉松比赛

个人资料

大伟	年龄：35 岁	职业：公务员
基本情况	已有半年的跑步经验，他每周跑步 2～3 次，每次 5 公里左右。他希望提高自己的速度和耐力，准备参加半程马拉松的比赛。	

目标

完成首马。

计划

大伟有一定的跑步经验，需要进行规律的训练来提升速度和耐力，以完成首个半程马拉松比赛。

跑步计划建议

- 每周进行 3～4 次的跑步训练，包括一次长跑（约 8 公里）和一次间歇训练（如短暂的快跑和慢跑交替进行）。
- 增加一些临界训练（在舒适和最大速度之间），以提高速度和耐力。
- 引入一些上坡训练，以增强肌肉力量和爬坡能力。
- 每隔几周安排一个休息周，以帮助身体恢复。

案例 3　有经验的跑者的速度提升目标和计划

个人资料

李女士	年龄：30 岁	
基本情况	已经有 5 年的跑步经验，想挑战更快的速度和提高全程马拉松成绩。	

目标

提高全程马拉松成绩，达到 4 小时完赛。

计划

每周跑步 4～5 次，包括长跑、间歇训练和临界速度训练。逐渐增加每周总跑步里程，并加入交叉训练来增强核心和下肢力量。参加半程马拉松作为备战赛事，不断调整和优化跑步计划。

跑步计划建议

- 通过增加周总里程和长跑的距离，逐渐增加训练的强度。
- 引入更复杂的间歇训练，如重复跑、阶梯跑等，以提高速度和耐力。
- 针对马拉松比赛的训练，模拟比赛场地和条件进行训练。
- 确保足够的休息和恢复时间，以防止过度训练和受伤。

制订一个适合自己的跑步计划是非常重要的，因为每个人的目标和身体情况都不同。首先，我们需要明确自己的目标是什么，例如减肥、增强体力，或保持健康。根据不同的目标，可以调整跑步计划中的运动强度、时间和频率。其次，在制订跑步计划时考虑到自己的身体状况也很关键。如果有慢性疾病或者在受伤恢复期间，就需要在制订跑步计划时更加谨慎。可以咨询医生或专业教练来帮助制订适合自己身体情况的跑步计划，并且随着身体状况变化及时调整。

此外，在制订跑步计划时还应该考虑到周围环境和天气条件。选择一个安全、舒适并且能够提供足够空间进行跑步活动的地点非常重要。同时，在高温、寒冷或恶劣天气下要注意保护好自己，并相应地调整运动强度和时间。最后，在执行跑步计划过程中要坚持并保持耐心与毅力。由于每个人锻炼出成效的时间不同，不能急于求成。通过长期坚持规律训练才能达到预期效果，并且在实施过程中也会发现一些问题和改进方向。

> **医师跑者智慧小贴士**
>
> 初级跑者可以使用手机或者运动手环记录自己的跑步数据，中级以上跑者推荐使用专业的运动手环或手表记录跑步数据。有很多 App 支持根据使用者提供的个体数据制订跑步计划，例如 Keep、咕咚、悦跑圈等软件支持制订跑步计划，适合初学者使用。Garmin Connect 和佳速度软件支持根据自己的跑步目标制订跑步计划，适合中级以上跑者。

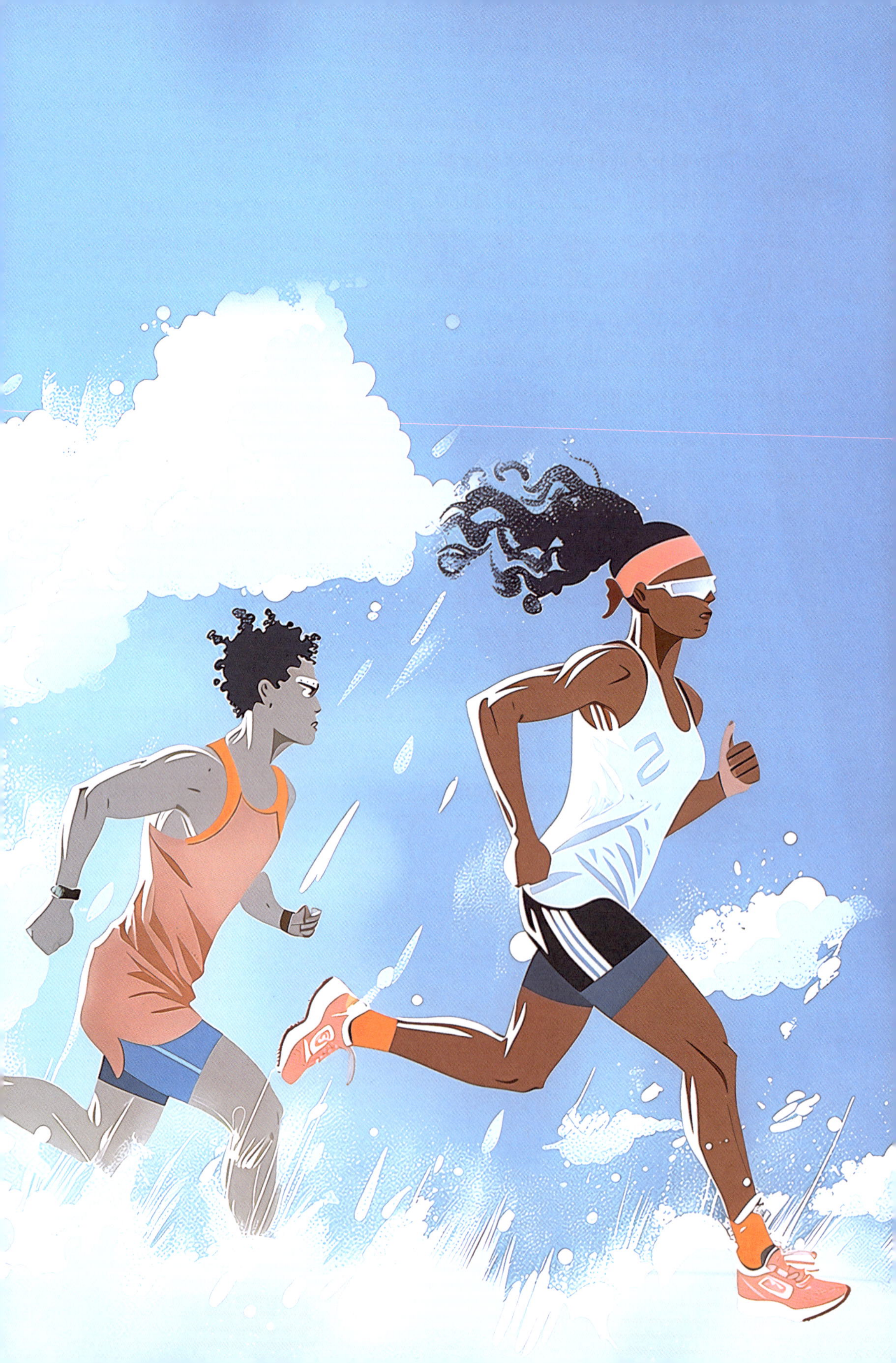

第3章 特殊人群如何开始跑步

第1节　什么样的人群是特殊人群　　　　070

第2节　老年人如何开始跑步　　　　　　072

第3节　大体重人群如何开始跑步　　　　075

第4节　糖尿病人群如何开始跑步　　　　079

第5节　孕妇可以跑步吗　　　　　　　　082

第6节　0~17岁的人群什么时候开始跑步　090

第7节　新冠病毒感染康复之后如何开始
　　　　跑步　　　　　　　　　　　　　094

第 1 节　什么样的人群是特殊人群

特殊人群的法律定义涉及那些在法律上需要给予特殊保护或考虑的群体，包括但不限于未成年人、老年人、残疾人、流动人口、孕妇等。因为运动会放大身体上一些薄弱的地方，运动之前尤其需要注意。

特殊人群的分类

说到特殊人群，常让人想到公交车和地铁中的"爱心专座"。能够使用"爱心专座"的人群在中国特指"老幼病残孕"人群，本章将针对这个群体进行分析。

第一类，老年人（老）： 通常指年龄较大，超过一定年龄的人。在不同的国家或文化中，对于老年人的定义可能有所不同。一般来说，我国认为超过了 60 岁就可以被定义为"老年人"了。

第二类，儿童（幼）： 指未成年人，通常包括从出生到 18 岁的年龄段。在中国，未成年人在法律上享有特殊的保护和权益。

第三类，患有疾病的人（病）： 包括因身体或精神健康问题而需要额外关怀和支持的人。

第四类，身体有障碍的人（残）： 残疾可能包括运动障碍、感觉障碍、认知障碍等。

第五类，孕妇（孕）： 怀有身孕的女性。怀孕期间，女性的身体经历了许多生理和生化变化，需要特殊的医疗和社会关怀。

在《2022 年全民跑步运动健康报告》中提到，60 岁以上人群占跑步人群的 0.7%，17 岁以下人群占比 4.9%；另据相关机构报道，孕期/备孕人群占运动健身总人群的 1.9%。此类跑者虽然占比不高，但风险较高，盲目的跑步会诱发各种疾病，甚至危及生命。因此，安全、科学、有效的准备和训练对于特殊的跑步人群至关重要。

这五类人群在跑步开始之前需要特别注意。除此之外，大体重人群（BMI ≥ 25）也需要重点注意，跑步过程中会放大身体的一些机能，如果身体本身就有隐患，极有可能会导致严重后果。

上述人群，在开始跑步或其他高强度运动之前，都应该优先进行全面的身体健康评估，咨询医生或健康专家的建议，并逐渐增加运动强度，以确保安全性和适应性。

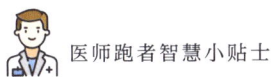

医师跑者智慧小贴士

特殊人群有一些需要特别注意的事项，供参考。

- **残疾人士**：残疾人士可以通过适当的辅助设备和训练来实现跑步。例如，使用轮椅跑步或者配备适当的义肢。此外，可以选择在平坦且无障碍的场地进行跑步，确保安全。
- **老年人**：老年人可能有关节问题或心血管疾病等健康问题，因此在跑步时需要注意选择适合自己身体状况的运动强度和时间。可以选择缓慢的步行或慢跑，避免过度用力和长时间的运动。
- **儿童**：对于儿童而言，跑步可以促进健康成长，但需要注意安全和适度。建议选择适合儿童的跑步场地，避免太长时间的持续跑步，以免影响生长发育。
- **孕妇**：孕妇可以适当进行轻度的跑步运动，但需要在医生的建议下进行，并避免剧烈运动和摔倒。选择柔和的跑步速度和平坦的路线，并随时停下来休息或行走。
- **慢性疾病患者**：对于慢性疾病（如心脏病、糖尿病等）患者而言，跑步可以作为一种有效的锻炼方式，但需要根据个体情况谨慎选择运动强度和时间，并遵循医生的建议。

老年人如何开始跑步

中国有一句古话："饭后百步走，能活九十九。"虽然这并非对每个人都适用，但从这句话中我们可以感受到古人对运动可以长寿的认可与推崇。

随着年龄增长，人体会经历一系列的变化，包括肌肉的松弛和代谢的减缓。然而，适度的运动被认为是保持健康、活力和延缓衰老的有效途径。古话中所提到的"饭后百步走"，强调了饭后适度运动的益处。

对老年人来说，适度运动可以改善血液循环，促进新陈代谢，有助于维持健康的身体状况。这与古人的智慧相契合，认为适量的活动对身体有益。运动不仅有助于维持身体健康，还可对心理健康产生积极影响。定期运动可以减轻压力、提升心情，帮助维持良好的精神状态。

尽管"饭后百步走"是一个简洁而实用的建议，但每个人的体质和身体状况各异。因此，在选择运动方式和强度时，应该考虑个体差异，结合个人的健康状况量体裁衣。

如果选择跑步运动，老年人在运动之前需要做如下准备。

第一，跑前准备

身体准备 对一些很少运动的老年人来说，跑步对身体负担较重，在开跑之前，一定要做好完全的准备，丝毫不可掉以轻心。在跑步开始前，最重要的就是进行一次身体检查，以确保在跑前没有一些有可能会因为跑步而引发危险的疾病，例如高血压、冠心病、脑血管疾病、严重的骨质疏松等，这个在第二章我们已经详细介绍过了。

装备准备 建议选择合适的鞋码，确保跑步鞋软底透气，安全防滑，具有良好的减震效果，以提供舒适的跑步体验，同时降低摔跤风险。对于老年人而言，运动时更应佩戴护膝、护腕、护踝等保护装备，有助于预防扭伤和磕碰。此外，携带急救药品，如速效救心丸，是十分重要的，以备不测之需，应对意外情况的发生。

场地准备 在跑步过程中，由于双脚和地面的持续撞击，膝关节和脚踝承受了身体本身的重量和地面的冲击力。特别是在较硬的地面上，这种冲击力更为明显。老年人由于骨质疏松、关节磨损以及力量不足等因素，对地面的要求较高。首选塑胶跑道，其次是沥青路面；最好避免选择水泥地面。在天气不佳的情况下，可选择在室内使用跑步机进行锻炼。若有条件，最好选择距离医院较近的场地，以便在意外情况下能够迅速获得医疗救助。

第二，跑步计划

跑前热身 老年人在跑步前应进行 5～10 分钟的热身运动，以降低运动损伤风险。这个过程可以包括简单的拉伸动作和原地跑，以迅速使身体进入运动准备状态。在进行原地跑时，建议高抬腿，使双脚离地 20 厘米以上，足尖着地。同时，保持抬头、挺胸、收腹的姿势，呼吸顺其自然，确保心率不超过 100 次 / 分钟，使身体微微出汗但避免气喘。

跑步时间 国内外多位学者的研究表明，人体在昼夜间的生理能力状态存在明显差异。一般而言，每天的 8～12 时和 14～17 时被认为是肌肉力量和耐力相对最佳的时间段，因此，在这两个时段进行运动锻炼可能会获得更佳的效果。同时，随着季节的更替，跑步时间也应进行相应调整。例如，在夏天白天温度较高，为防止中暑，适宜选择晨跑；而随着入秋，天气逐渐变凉，晨跑的时间则不宜过早，以免温度过低导致肌肉和韧带的弹性下降，增加运动损伤的风险。对于老年人而言，建议每周进行 3 次跑步，采取跑一天休息一天的方式，即"跑一休一"。每次运动时间可控制在半个小时左右。这样的合理安排不仅有助于达到锻炼的目的，还能有效预防关节磨损和疲劳性损伤。

跑步强度 由于每个人的跑步水平存在差异，简单以配速为标准来衡量跑步强度并不合适。目前，多数跑者倾向于以心率来评估跑步强度。对于老年人而言，建议在半小时的运动中保持在"靶心率"范围内。靶心率的计算方法为最大心率的 65%～75%，最大心率可通过"（220－年龄）次/分钟"来估算。以一位 60 岁的跑者为例，其靶心率为（220－60）×（65%～75%）=104～120 次/分钟。为了监测心率，建议佩戴运动手表、手环或心率带。

跑步节奏　老年人跑步运动对呼吸的节奏要求相对较高，呼吸一定要平稳，呼吸的节奏和步伐最好保持一致。可以采用两步一吸、两步一呼。用鼻子吸气，用口呼气，这种方式能够有效地避免吸气不足的状态，也会避免出现"运动型短暂腹痛"，即通常所说的"岔气"。同时，保持头与肩的稳定，头要正对前方，肩部适当放松，避免含胸。摆臂应是以肩为轴的前后动作，左右动作幅度不超过身体正中线，配合步伐摆臂。当跑步结束时不要马上停下来，可以缓慢地步行或原地踏步，使各器官从运动状态逐步恢复到平静状态。

▼ 第三，跑后恢复

老年人在运动后，通过科学的饮食搭配和充足的休息，能够更好地促进身体的恢复。在饮食方面，建议适量增加富含优质蛋白质的食物摄入，以支持肌肉的修复和再生。此外，充足的睡眠是确保身体从疲劳中快速恢复的至关重要的手段。需要特别注意的是，过度的运动量未得到足够的休息可能导致身体过度疲劳，从而增加受伤的风险。

如果出现以下症状，可能表明身体已经过度疲劳。

- 明显感到疲倦和乏力。
- 运动后肌肉酸痛，休息后难以缓解。
- 早晨安静时心率明显高于平时。
- 夜晚难以入睡或睡眠质量差。
- 运动后食欲减退。

若出现上述情况的一种或多种，切忌强行坚持运动，应立即进行充分休息。等待症状好转后，可以适度降低运动强度，如

> **医师跑者智慧小贴士**
>
> 老年人跑步，最重要的是要记住一个字，那就是"养"，而不是"比"。记住自己不是十几年前那种轻盈矫健的状态，无论曾经跑出过多好的成绩，获得过多少奖，那些辉煌都要抛诸脑后。现在，需要从头做起。

减缓跑步速度或缩短跑步时间。若身体感觉良好，可以逐步增加运动强度。这些建议旨在确保老年人在运动中获得益处的同时，最大限度地减少潜在的风险。

第3节 大体重人群如何开始跑步

随着生活水平的提高，我们身边的大体重者越来越多，而超重带来的健康问题似乎也越来越严重，如高血压、糖尿病、脂肪肝、心脑血管疾病等。因此，越来越多的大体重者主动或者被动选择了跑步这项运动，试图在培养一项运动爱好的同时能够达到强身健体的目的。跑步对于大体重人群的心肺功能、肌肉力量、关节负荷等比常人要求更高，因此，需要谨慎、严格地制订相应的跑步计划。

▼ 大体重人群知多少

	体重过低	体重正常	超重	肥胖 一级	肥胖 二级	肥胖 三级
BMI	＜18.5	18.5～24.99	25～29.99	30～34.99	35～39.99	≥40

上表是世界卫生组织（WHO）关于体重指数的标准。目前，医学界普遍认为，二、三级肥胖者需要进行医疗介入，并且不适合较为剧烈的运动，因为这类人群肥胖因素相对比较复杂，贸然进行跑步运动容易出现突发状况。因此，并不建议 BMI 大于 35 的人群进行跑步运动，这一部分人群可以选择游泳、骑车。

第一，跑前准备

大体重人群参加跑步等体育运动，具有一些相似的生理特点，如心肺功能差，膝、踝等关节磨损严重，承受压力大等。因此，跑前准备工作也类似于老年人群，提前进行体检，选择一些鞋码合适、软底透气、安全防滑、减震效果好的跑步鞋，可以佩戴护膝、护腕、护踝等保护装备，选择塑胶跑道等更为友好的场地等。同时，大体重人群也具有自身的特殊性，需提前做好如下准备工作。

备好补给 大体重人群跑步过程中会消耗更多的能量，同时会流失更多的水及电解质，从而容易导致能量缺失、脱水及电解质紊乱，严重的可能会导致低血糖、抽筋等后果。因此，跑前可以提前准备好能量胶、香蕉、小面包、电解质水、盐丸等补给，跑步时若感到不适要及时补充。即使没有不适，跑完也要及时补充水及电解质。

注重细节 例如，大体重跑者跑步时，皮肤的摩擦会更多，更需要保护，可以在跑步前在容易摩擦的部位涂抹凡士林，或者准备乳贴等防磨贴，以防皮肤伤痕累累，造成"血案现场"。

第二，跑步计划

超重人群（BMI：25～29.99）

超重人群刚开始跑步，可以进行有氧慢跑。
- **跑步节奏**：何为慢跑？举个例子，可以一边跑步一边交谈，或者唱歌，通常符合"慢跑"的广义概念。而初跑者进行慢跑的时候，最难控制的就是稳定性，可能跑着跑着就忽快忽慢了。根据笔者的经验，目前有些跑步软件具有"节拍器"的功能，可以根据"节拍器"的节奏来控制自身跑步的节奏，逐步保持匀速，渐进式地适应强度，一定要在自己觉得舒适的运动强度中保持相对稳定的节奏感。

- **跑步强度**：可以根据自身情况逐步开展每次 15 分钟 - 20 分钟 - 30 分钟 - 45 分钟为节点标准的"慢跑"。当我们完成上一个时间节点"不吃力"的情况下，可以进行增量训练。频率控制在"跑二休一"（跑两天、休一天）或"跑一休一"（跑一天、休一天），让身体得到充分的恢复，避免疲劳导致受伤。

一级肥胖人群（BMI：30～34.99）

肥胖人群刚开始运动时，可以选择健步走作为有效的锻炼方式。相对于正常体重的人群，肥胖者在同样速度下进行健步走，由于其较大的体重基数，燃烧的热量也相应增加。在进行健步走时，采用小步伐、高频率的方式有助于提高代谢脂肪的能力。相较于大步伐的健步走，这种方式约能提高 4.6% 的代谢脂肪效果。同时，小步伐有效减少了对关节的压力，降低了关节损伤的风险。

当健步走没有太大压力时，可以选择"跑走结合"的方法，逐步由"少跑多走"过渡到"多跑少走"。

以下是一个适用于肥胖者的健步走与跑步结合的 10 周锻炼计划，供参考。

- 第 1 周：跑步 2 分钟，健步走 4 分钟。重复 5 次。
- 第 2～3 周：跑步 3 分钟，健步走 3 分钟。重复 5 次。
- 第 4～5 周：跑步 5 分钟，健步走 3 分钟。重复 4 次。
- 第 6～8 周：跑步 8 分钟，健步走 2 分钟。重复 2 次。
- 第 9～10 周：跑步 12 分钟，健步走 3 分钟。重复 2 次。

建议每天进行 60 分钟左右的运动，采用"跑二休一"或"跑一休一"的方式，中间可适度穿插进行力量训练。这一锻炼计划旨在帮助肥胖人群逐步适应运动，并在减小关节负担的同时促进身体的健康。

▼ 第三，跑后恢复

注意身体的反应 在跑步过程中，脚着地时产生的冲击力会传递到膝盖周围，甚至影响到肌腱和韧带，可能导致疼痛和不适。如果在跑步中或跑步结束后感觉膝盖或脚踝不适，如酸胀或疼痛，建议立即暂停跑步，给身体足够的时间来休息和恢复。此外，可以考虑穿插进行其他训练，重点锻炼核心力量。这样的调整有助于减轻对关节的冲击，降低运动引起的不适。

注意合理的膳食　在跑步过程中，重要的营养物质主要包括糖分、水和电解质。对于大体重的跑者而言，可能存在减重的需求，因此并不需要大量补充糖分，而应更注重科学的营养补充。除非感到头晕、乏力等不适，跑步后通常不需要额外补充糖分，适度的水分和电解质足够应对。平时的饮食应以蛋白质为主，并搭配低热量的蔬菜，避免摄入过多的甜食和高脂肪食物。限制饮料和水果的摄入，特别是要注意减少零食（如巧克力、奶油和冰淇淋等）的摄入。由于大体重跑者的皮脂厚度和代谢特点，身体水分和电解质流失较多，因此相较于一般跑者，大体重跑者更需要充足的水分补充。近年来，市场上涌现出各种品牌的电解质饮料，提供了多样选择。

在开始跑步之前，大体重人群需要特别注意循序渐进和科学合理的训练。选择适合自己的跑步计划，结合医生的建议和专业教练的指导，循序渐进地增加运动强度。通过合理的膳食控制和饮食习惯的培养，搭配科学的休息方式，将跑步融入生活中，使之成为一种享受而非负担。

最终，跑步不仅是一种锻炼方式，更是一种生活态度。在迈出初步的跑步步伐后，随着身体逐渐适应，你将发现自己拥有更多的体能和活力。跑步是一场与自己的对话，一次挑战极限的过程。在这个过程中，你将感受到身体和心灵的变化，不断超越自己的极限。

无论你是为了减重、保持健康，还是寻找生活中的新鲜感和激情，跑步都是一条通往目标的道路。收获的不仅是身体的活力，更有心灵的宁静。因此，带着坚定的信念，踏上跑步的旅程，享受每一步带来的快乐和成就感。无论前方的路有多远，你都可以迈得更坚定，因为你已经迎来了新生活的第一步。

> 医师跑者智慧小贴士
>
> 减重并不仅仅是简单地减少体重数字，它更像是一场身体内部的调整与改造。在这个过程中，身体不断地燃烧脂肪储备，将其转化为能量，以满足身体的需求。这样，身体的脂肪含量逐渐减少，体重也随之下降。同时，肌肉可能变得更加紧实，水分平衡也得到了改善。

第4步 糖尿病人群如何开始跑步

随着人口老龄化和生活方式的演变,糖尿病已从稀有的疾病变成了"流行"病。据统计,我国目前约1.3亿人患有糖尿病,患病率高达12.8%,我国成为糖尿病的高发国家。在这庞大的患者群体中,是不是每个人都需要依赖胰岛素注射或口服药物来控制血糖呢?答案是否定的。在笔者多年的临床经验中,我们见到了一些"糖人裸跑者"。

"糖人裸跑者"是指一些糖尿病患者,他们选择摒弃胰岛素注射或口服药物,而仅通过跑步来维持血糖水平。这种独立管理的方式在实践中取得了一些显著的成效。

跑步等运动作为治疗糖尿病的辅助手段,通常是在药物治疗和饮食控制之后的一种选择,它能够有效地控制糖尿病的进展,但极少能够完全治愈糖尿病。这种辅助治疗的原理主要有两个方面:首先,适当的跑步能够促进血液循环,加速糖分和脂肪的消耗,提高氧的利用率,从而减轻胰岛素抵抗;其次,适度的跑步可以加速新陈代谢,激活潜在的胰岛细胞,促使它们更快地更新和再生,进而对血糖水平进行控制。

在实际的临床工作中,笔者遇到的"糖人裸跑者"多数并非在确诊糖尿病后完全放弃药物治疗,而是将药物治疗与跑步相结合。这样的综合治疗方式有助于维持血糖水平的稳定,然后逐渐减少药物的使用,最终达到即使不用药物也能保持正常血糖水平的目标。

对于"糖友"们参加跑步运动,需要考虑的注意事项如下。

▼ 第一,药物治疗与饮食治疗是关键

药物治疗:切记不能迷信跑步能降血糖而擅自停用降糖药物,务必遵循医生的建议,按时规律地服药。即便通过跑步等运动有助于糖尿病的控

制，药物治疗仍然是必不可少的一环，不能因为运动效果而忽略药物的重要性。

饮食治疗：合理控制饮食同样至关重要。要避免高糖饮食，采用少食多餐的方式，合理搭配食物，控制总热量的摄入。保持良好的饮食习惯有助于更好地控制血糖水平，与药物治疗相辅相成。

在任何情况下，这两方面的措施都是控制血糖的关键。通过合理的药物治疗、规律的运动和科学的饮食管理，可以更好地掌握糖尿病的治疗进程，提高生活质量。

▼ 第二，跑步时间与跑步强度要科学

美国运动医学院（ACSM）在其最新发布的《2022年糖尿病人运动指南》中提出，建议每周进行4～5天持续45分钟以上的中等强度有氧运动（这种运动强度下可轻松与他人交谈），有助于有效降低餐后血糖水平。而《中国2型糖尿病防治指南（2020年版）》则建议成年2型糖尿病患者每周至少需要进行150分钟中等强度的有氧运动。此外，《中国成人糖尿病前期干预的专家共识》中推荐每周至少3次有氧运动，每次持续运动20～60分钟或不少于30分钟，中等运动强度。

因此，对于"糖友"而言，科学的运动频率建议每周安排3～5次跑步，每次持续30～50分钟，总计3小时左右。跑步的速度应以轻松自如、可与他人聊天为准则。这种有氧运动量既有助于维持血糖水平稳定，又能提升身体代谢活力。在开始新的运动计划之前，建议咨询医生的建议，确保运动计划的安全性和适应性。

▼ 第三，跑步时机要把握好

也许有人会疑惑，毕竟都是跑步，时间上有什么区别呢？实际上，合理把握跑步的时机可以事半功倍，这其中有很多科学之处。

根据相关研究报道，餐后 20 分钟进行运动对降糖效果影响较小，30 分钟后效果一般，而餐后 40 分钟左右开始运动则具有较好的降糖效果。此外，这个时间点还有助于促进胃排空。因此，餐后不要急于进行跑步，最好选择在餐后 40 分钟至 1 小时左右开始。

避免在空腹和降糖药效作用高峰时进行跑步，因为在这个时候跑步容易导致低血糖，甚至可能引发头晕、摔倒等严重后果。关于降糖药效作用高峰的具体时间，建议"糖友"向主治医生咨询。此外，建议携带糖果，类似心脏病患者携带速效救心丸一样，以有效预防低血糖引起的头晕症状。在跑步前后也要及时检测血糖水平。

第四，有氧无氧要结合

除了有氧运动，每周最好进行 2~3 次无氧运动，如抗阻运动，以有效锻炼肌肉力量和耐力。抗阻运动的训练部位应涵盖上肢、下肢、躯干等主要肌肉群，训练强度宜为中等水平。将抗阻运动与有氧运动结合进行，可以更全面地促进代谢改善。

常见的抗阻运动包括以下几种。

- 举哑铃：可以使用矿泉水瓶代替。通过手臂提拉哑铃，强化局部肌肉锻炼，每组进行 50 次，建议 2~3 组。
- 立式俯卧撑：在墙前站好，离墙一臂距离，双手按在墙上，身体倾斜，推墙时肘关节接近 90°，每组进行 20 次，建议 3~4 组。
- 仰卧起坐：平躺，双腿弯曲，两个小腿形成 45° 夹角，双手放在耳朵两侧，起身时双手触及膝盖，每组进行 30 次，建议 2~3 组。

医师跑者智慧小贴士

再次强调给糖尿病跑友的提醒：一定要按时用药，定期监测血糖水平。在确保血糖控制稳定的基础上，通过循序渐进的跑步及其他运动来调整用药。这样的持之以恒和有序调整，有望让他们成为安全的"糖人裸跑者"。

▼ 第五，跑步装备要舒适

糖尿病足是糖尿病患者常见且严重的并发症之一，其后果严重且治疗较为困难。在面对糖尿病足时，强调"预防胜于治疗"是至关重要的原则。因此，在选择跑鞋和跑道时，糖尿病患者需要格外谨慎，确保舒适性和支撑性。

对于"糖友"而言，在挑选跑鞋时应优先选择透气性好、稳定性强的跑鞋。在穿鞋之前，要检查鞋内是否有异物，并避免穿过紧或带有毛边的袜子。鞋带的系法也要适当宽松，以确保不会影响血液循环。

第5步 孕妇可以跑步吗

在怀孕初期，许多孕妇将"养胎"视为首要任务。一旦确认怀孕，她们通常选择"宅"在家里，保持安静，生怕做出任何可能影响胎儿安全的小动作。然而，近年来，一些女性也开始注重"长胎不长肉"，追求"健康的瘦"，这也成为一种时尚标杆。

研究表明，孕妇在怀孕期间进行适度的跑步可以增强肌肉力量、减轻关节水肿，并为分娩提供体力储备，从而促进顺利分娩并增加成功顺产的概率。此外，运动有助于舒缓情绪，减少妊娠期及产后抑郁的发生。在医生的指导下进行适当运动，还有助于预防孕期体重过度增长，从而降低妊娠期糖尿病、子痫前期等并发症的风险。

总的来说，孕妇适当的运动不仅不会对胎儿产生不良影响，还能改善胎儿预后，确保母婴安全和健康。因此，孕期跑步是完全可行的选择。

▼ 所有孕妇都适合跑步吗

孕期是否能够进行跑步，取决于个人的运动习惯和孕期的身体状况。如果在怀孕之前就有运动习惯，并且孕期没有出现不良情况，适度的跑步是被允许的。而如果之前没有跑步的习惯，但孕期没有运动上的禁忌，逐渐开始进行跑步也是可以考虑的。然而，由于孕早期容易出现下腹痛、阴道流血等先兆流产的症状，如果出现这些情况，通常不建议进行跑步，尤其是在孕前三个月。如果这些症状消失，孕中期可以根据个人情况适当开始安排跑步。

那么，哪些孕妇绝对不适合在孕期进行跑步呢？我们可以听听中国妇幼保健协会和中华医学会妇产科学分会的专家们是如何看待这个问题的。

存在以下妊娠运动禁忌证的孕妇，绝对不建议进行跑步运动。
- 严重心脏或呼吸系统疾病。
- 重度子痫前期或子痫。
- 甲状腺疾病。
- 1型糖尿病。
- 宫颈机能不全。
- 持续阴道出血。

跑步中的孕妇

- 先兆早产。
- 前置胎盘。
- 胎膜早破。
- 重度贫血。
- 胎儿生长受限。
- 多胎妊娠（三胎及以上）。

除了以上列出的情况外，如果孕前存在以下情况，则需要全面评估后综合考虑是否能够进行跑步。
- 复发性流产史。
- 早产史。
- 轻至中度心脏或呼吸系统疾病。
- 重度肥胖。
- 营养不良或极低体重（BMI < 12）。
- 双胎妊娠。
- 癫痫（症状控制不佳时）。

建议存在以上情况的孕妇在开始计划跑步前一定到医院进行全面、详细的检查化验，充分权衡跑步为孕妇及胎儿带来的利弊，同专科医生商讨是否适宜跑步，并在专业教练指导下对跑步的频率、强度等进行个体化选择。

最后，如果跑步时出现以下情况，一定立即停止跑步，必要时尽快就医。
- 阴道出血。
- 下腹痛（尤其是规律并有痛觉的宫缩）。
- 胎膜早破（表现为阴道流液）。
- 呼吸困难。
- 头晕、头痛。
- 胸痛。
- 肌肉无力。

孕妇跑步的频率和持续时间

中华医学会推荐没有以上运动禁忌证的孕妇，怀孕期间跑步频率可保持 5 天 / 周。其他各国推荐的孕妇跑步频率详见下表。

国　家	推荐的跑步频率
日　本	2～3 天 / 周
美　国	4～7 天 / 周
加拿大	3～7 天 / 周
丹　麦	7 天 / 周
挪　威	7 天 / 周

中华医学会推荐没有运动禁忌证的孕妇，怀孕期间每次跑步持续 30 分钟即可。其他各国推荐的跑步持续时间详见下表。

国　家	推荐的跑步持续时间
日　本	60 分钟
美　国	20～30 分钟
加拿大	每周至少 150 分钟（至少 3 天）
丹　麦	30 分钟
挪　威	30 分钟

孕期跑步的运动强度

中华医学会及以上各国协会均推荐孕妇进行中等强度的锻炼。如何测量自己是否为中等强度的运动呢？在这跟大家介绍两种方法。

心率法

如果运动时有佩戴运动手环或运动手表的习惯，这个方法再合适不过了。

孕妇：医生，孕期跑步，我的心率达到多少就是有效又不过量的运动呢？
医生：您跑步时增加的心率达到储备心率的 40%～59%。
孕妇：这听起来很专业，我不会算啊。
医生：别着急，这就教您怎么计算自己的储备心率。

首先跟大家介绍一下三个概念：最大心率、静息心率和储备心率。我们人体在进行运动负荷时，随着运动量的增加，耗氧量和心率也会增加。

概　念	意　义	计　算　公　式
最大心率	最大负荷强度时，耗氧量和心率不能继续增加时心率达到的最高水平	220-年龄
静息心率	在清醒、不活动的安静状态下，每分钟心跳的次数	60～100 次/分钟，受到年龄、精神、环境等因素影响
储备心率	人在运动或工作时心率可能增加的一个潜在能力	最大心率-静息心率

举个例子：一位 30 岁健康女士，静息心率是 65 次/分钟，最大心率为 190 次/分钟，她的储备心率就是 125 次/分钟，跑步时推荐的心率范围为 115～139 次/分钟。

下表列出的是 2019 年加拿大孕期锻炼临床实践指南给出的参考范围。

孕妇在不同锻炼强度时的目标心率范围

孕妇年龄（岁）	锻炼强度[a]	心率（次/分钟）
<29	轻度	102～124
	中度	125～146
	剧烈[b]	147～169
≥30	轻度	101～120
	中度	121～141
	剧烈[b]	142～162

注：[a] 中等强度锻炼：增加的心率为储备心率的 40%～59%；剧烈强度锻炼：增加的心率为储备心率的 60%～80%。

[b] 剧烈强度（或超过该强度）下进行锻炼的孕妇应咨询专科医生。

感知运动强度法

感知运动强度法是通过个人感受来制定我们的个人强度。例如，我们轻度强度的跑步时，呼吸相对平稳，谈话自由；中等强度的跑步时，我们呼吸比平时加快，心率增加，但仍然可以说话；而高强度的跑步时，我们呼吸非常急促，甚至感觉喘不上气来，无法交谈。如果平时没有穿戴设备不方便监测心率时，大家也可以选择基于BORG感知运动强度量表的自觉劳累分级，它也被称为主观疲劳感知评估量表。这个量表是通过我们自己主观感受来衡量身体疲劳程度的一种方法，需要我们在数字0～20之中选择一个数字代表我们目前的感受，数字越大，表示感到的疲劳程度越严重。其中，11及以下是相对轻松的程度，12～15为相对困难，16及以上就是非常困难的程度了。在这里，我们推荐孕妇达到中等强度运动的主观感知运动强度评分为13～14分，跑步时不会觉得很轻松，当然也不会感到非常剧烈。详细标准请见下表。

BORG 感知运动强度量表

评 分	自觉劳累分级
6 7	非常非常轻松
8 9	非常轻松
10 11	比较轻松
12 13	有点困难
14 15	困难
16 17	非常困难
18 19 20	非常非常困难

不同运动习惯的人怀孕后如何安排跑步训练

2019年，一条关于马拉松的新闻登上热搜，2019年上海马拉松比赛全程马拉松比赛完赛者名单中，有一位女选手，是身怀8个月胎儿的准妈妈，以5小时17分30秒抵达终点。而她在孕早期和孕中期也参加了其他两场马拉松比赛。

近年来，随着国民健康意识的增长及日常运动的锻炼增加，跑步这样一项包容性强和可及性高的运动越来越受到大家的喜爱，而马拉松比赛自然受到各位跑友的推崇。诸如上述"××孕妇完赛马拉松"的新闻题目也更吸睛，很多孕期女性也跟风开始跑起来。但需要言明的是，马拉松组委会明确表示，孕妇并不适宜跑马拉松！当然，这位选手在赛后也公开回应，她平时就有跑步锻炼的习惯，也有一定的训练量和训练方法，而这次上海马拉松已经是她人生中第62个全程马拉松，赛前及赛后也有专业教练进行指导。

那么，不同运动习惯的孕妇应该如何安排自己的跑步计划呢？

- **孕前从不锻炼或锻炼少的女性**：在排除运动禁忌证的前提下，鼓励在发现怀孕后就开始锻炼，可以从快走开始，每天持续15～20分钟，活动时注意摆臂、保持平衡，到微微出汗即可，持续1周能够适应该强度后，循序渐进，逐渐将活动量增加至中等强度（储备心率的40%～59%或感知运动强度评分为13～14分），持续时间为30分钟，保证每周5天的跑步频率。
- **孕前已有规律跑步习惯的孕妇（业余跑者）**：如无运动禁忌证，在妊娠期间即可继续规律跑步，但注意运动强度达到中等即可（储备心率的40%～59%或感知运动强度评分为13～14分）。
- **专业或半专业跑者（曾经参与马拉松或半程马拉松）**：孕期需要持续训练的专业跑者应接受专科医生的指导、评估，并在专业教练的监督下进行跑步。国际奥委会已发布了一系列建议，专门指导运动员在孕期及产后的体育锻炼。非工作需要的孕妇孕期不建议进行明显超过推荐强度的跑步；如仍有剧烈强度及以上跑步需求的孕妇，需重新严格评估后，在专业人员的指导下进行。
- **糖尿病孕妇**：①未使用胰岛素治疗者，由于运动对胰岛素敏感性的改善及葡萄糖被动摄取作用仅能维持48小时，故该类孕妇跑步间隔时间不建议超过2天。②使用胰岛素治疗者，需警惕跑步后引起低血糖（尤其在孕早期）产生的一系列不良影响，跑步锻炼需在专业医生及教练指导下进行。
- **孕前肥胖孕妇**：孕期应从短持续时间的低强度运动开始，例如每日快走15分钟，然后逐渐加强。相比孕中期开始进行跑步运动的孕前肥胖孕妇，孕早期开始跑步对孕妇及胎儿更有好处。

孕妇跑步期间注意事项

- 保持充足的水分供给。
- 穿着运动专用的服装。运动专用的服装往往具有吸汗散热的功能，可避免不吸汗材质为皮肤带来的不适，有弹性的运动服装也有利于身体的活动及伸展。
- 避免在高温和高湿度环境中跑步。
- 跑步前务必做好热身运动。孕妇由于激素的变化，肌肉、关节较为松弛，若没有做好暖身运动，很容易在运动过程中造成肌肉、关节的拉伤。
- 跑步结束需要安排舒缓放松环节。
- 除跑步外，仍建议每天进行盆底肌肉训练（即凯格尔运动），降低尿失禁风险。

> **医师跑者智慧小贴士**
>
> 在此也提醒各位准妈妈，马拉松长跑对业余选手来说是一项高风险运动。虽然现在赛道上的医疗保障很到位，也有很多我们的医师跑者全程保障，但终归抢救措施及仪器有限，防患于未然才是避免灾难发生的最优选择。

第6步 0~17岁的人群什么时候开始跑步

0～17岁人群包括了儿童。说起儿童什么时候可以开始跑步，其实，家长们有没有注意到：小孩子在一岁半左右就开始展现出了进行跑步活动的能力。男孩通常稍晚一些，在两岁左右。然而，这个时候小朋友的身体控制能力仍在逐渐增强，跑步的姿势与成年人相比存在明显的不同。他们尝试性地进行跑步，为了保护自己免于摔倒，他们会高高举起手臂，向外展开，大致与肩平，脚掌同时着地，步子小而频率快，很少见到膝盖弯曲，脚底一直贴近地面。此时，他们的跑步动作是在探索自己的身体能力和练习站立、移动技能的同时，呈现出一种尚未成熟的跑步姿势。

到了两岁半左右，小朋友的平衡感逐渐增强，摔跤的可能性减少，这时候他们对自我保护的意识降低，手臂位置比以前低一些，大致在腰部位置。步子相比之前大了一些，可以观察到膝盖明显弯曲，腿在跑步时能够更好地伸展，尽管身体仍然是直立的。

到了三岁半左右（女孩可能会稍晚一些），小朋友的跑步姿势显著提高，接近成年人的姿势——身体前倾、脚尖着地、腿部抬高。虽然他们不再依赖手臂来维持平衡，学会了手臂反向摆动，但这个时候他们还未掌握用手臂摆动助力，肘关节几乎是完全伸展的。细心的家长可能会发现，幼儿园开始组织"10米折返跑"等活动，小朋友需要学习一些技巧性的动作，如起跑、停止、转弯、加速和减速。

随着时间的推移，小家伙们逐渐学会了跑步这项运动。跑步时，手臂与腿反方向摆动，肘关节微屈，摆动有力，脚尖着地。他们在快跑的时候重复前脚掌先着地、后脚跟再着地，步子也明显大了许多。

学龄前儿童跑步期间的注意事项

- 根据儿童的身体状况、年龄以及天气等因素，选择适宜的跑步类型和场所。
- 提醒儿童在跑步时要注重"步子大些，落地轻些"，培养正确的跑步姿势。
- 跑步前，幼儿应做好充分的身体准备，特别是需要活动一下腿部与脚部的关节、韧带和肌肉，以防受伤。
- 注意控制幼儿进行快跑活动的时间和强度，避免让他们过于疲劳或进入无氧代谢状态。
- 在幼儿完成快跑活动后，应安排一些活动量较小的游戏活动或进行一些有助于放松的整理活动，以促进幼儿心率的恢复和心脏的健康。
- 指导并教会儿童在跑步过程中使用鼻子吸气、用嘴巴呼气的方法，逐渐培养自然而有节奏感的呼吸。

给学龄前儿童的跑步建议

运动时间建议

各国对学龄前儿童每日运动时间的建议略有差异，但普遍认同学龄前儿童每天应累计至少1小时以上中等强度的运动。根据世界卫生组织（WHO）的推荐，0～4岁的儿童每天应至少花费3小时进行运动，其中包括至少1小时中等强度以上的活动。美国（3～5岁）和日本（3～6岁）建议每天至少1小时的运动时间。

在英国（0～5岁）、芬兰（0～8岁）、加拿大（3～4岁）、澳大利亚（3～5岁）等国的建议中，每天的运动时间更为充裕，推荐不少于3个小时，其中加拿大和澳大利亚建议每天应至少有1小时的活跃玩耍。

我国的建议是，学龄前儿童每天累计运动时间应至少达到3小时，其中至少包括2小时的户外运动（当空气质量良好且温度适宜时）。这有助于促进儿童的身体健康与全面发展。

运动强度评估

学龄前儿童的运动强度评估与成人存在一些不同。由于幼儿心率反应往往不够及时,同时受到儿童情绪变化较大的影响,在评估学龄前儿童的运动强度时不推荐使用心率法。相反,更建议使用问卷法进行评估,通过向学龄前儿童详细说明后进行评估。

例如,北京大学在2019年设计的幼儿体育活动强度自评量表采用了问卷法,将运动后的感受分为6个级别。这种方法更符合学龄前儿童的特点,能够更准确地了解他们在运动中的体验与感受,为设计合适的运动计划提供参考。

跑步形式的建议

跑步对学龄前儿童的发展具有积极的影响,可以提升他们的平衡、协调和耐力能力,使其更加灵活、速度更快,同时培养他们对周围环境迅速作出反应的能力。此外,跑步还有助于增强腿部肌肉力量,促进心肺功能的提升。

针对不同年龄阶段的学龄前儿童,可以设计不同类型的跑步训练。在小班阶段,可以组织小朋友进行团队跑步,或由家长带领,通过听指令跑向指定方向,也可以在家长的陪同下进行100米慢跑或快走交替,以锻炼幼儿的上下肢协调性,增加蹬地动作的幅度,使跑步更加自然轻松。随着年龄的增长,中班的学龄前儿童已经掌握了正确的跑步姿势,可以增加一些难度,如20米快跑、障碍跑,或沿着规定路线进行200米慢跑或快走交替,甚至尝试接力跑。这些训练不仅能进一步增强小朋友的蹬地力量,提高跑步节奏感和步幅,还有助于培养对速度的认识和控制速度的能力,同时提升方位感。到了大班阶段,坚持跑步的小朋友已经具备较好的跑步水平,可以尝试听指令变速跑或改变前进方向。快跑的距离可以再增加至25米,慢跑或快走交替的距离也可增至300米。这些训练将进一步挑战学龄前儿童的跑步技能,促使他们在跑步过程中继续取得进步。

▼ 给6~17岁儿童青少年的跑步建议

研究数据表明,男孩在13~17岁、女孩在12~15岁的年龄段是提高耐力的黄金时期。在这个心肺耐力的敏感发展期内,有针对性地加强耐力训练,不仅能事半功倍，还对青少年的身体素质和习惯养成产生深远的影响。

对中小学生而言，跑步是一种极为合适的有氧锻炼方式。跑步对场地和装备的要求相对较低，简便易行，容易长期坚持。这种有氧运动不仅好氧量大、运动量大，而且有助于增强心肺功能、提高抵抗力、促进减肥健身，同时对改善皮肤状态也有积极作用。更为重要的是，跑步成为学生时期难得的减压利器。

《中国儿童青少年指南（2017）》和《中国人群身体活动指南（2021）》均建议，青少年每天至少需要进行1小时中等强度的运动，尤其提倡以户外运动为主，与跑步的时间和场地规划相契合。

在对青少年跑步运动强度进行评估时，可以选择心率法和感知运动强度法。这种科学的锻炼有助于培养青少年良好的运动习惯，促进身心健康的全面发展。

▼ 青少年跑步时的注意事项

在开始跑步前，应当进行2～3分钟的步行热身；而在跑步结束后，再进行2～3分钟的步行作为整理运动。

在进行跑步前，务必确认所选择的跑步场所是安全的。确保跑步环境的安全性是保障个体健康的重要一环。

对于是否选择户外活动，建议根据空气质量指数进行决定。在空气质量指数轻度到中度污染的情况下，建议减少户外活动的时间；而在空气质量指数达到重度到严重污染水平时，建议避免户外活动，以保护呼吸系统健康。

对于缺乏运动的青少年而言，推荐采用渐进式的方法，逐步增加活动量和强度。这

医师跑者智慧小贴士

小朋友的个体发育情况各不相同，因此在进行运动前最好进行个性化评估。这意味着需要考虑每个孩子的身体状况、运动能力和发育水平，以确定适合他们的运动方式和强度。不能简单地跟随他人或从众，而是要根据他们的特点和需求来选择合适的运动方式，保证运动的安全性和有效性。

有助于身体适应运动的过程，避免因过度运动而带来的不适和潜在的风险。通过科学合理的运动方式，可以培养青少年的运动习惯，促进身心的全面发展。

第7节 新冠病毒感染康复之后如何开始跑步

新冠病毒感染确实给很多人的健康带来了不同的影响。新冠病毒会侵入人的呼吸道，引发发热、咳嗽甚至肺炎等症状，而康复后的个体情况却千差万别。一些人通过媒体和周围亲朋好友看到，很多"新冠"患者康复后，如果急于运动，就会出现"新冠复发"，严重者可导致"白肺"，甚至死亡。

由此，很多人对跑步产生了疑虑，加上家人的劝说阻拦，一部分人停止了跑步锻炼。而另一些经验丰富、跑龄长的跑友则渴望快速恢复体质，继续运动，但又不知道如何去做？

面对这样的情况时，盲目采取某种方式和持有消极的思想都是不可取的，需要根据个体的具体情况进行综合分析，来判断是否可以继续跑步，以及什么时候跑步更合适。

▼ "新冠"康复后要谨慎运动

对于感染过新冠病毒并康复的个体，尤其是出现过肺炎等症状的人，需要谨慎恢复运动。肺部受损可能导致气短和疲劳，这时候需要给身体充足的恢复时间。在专业医生的建议下，可以逐步开始轻度的有氧活动，但要避免过度劳累，保持良好的休息和科学的饮水、饮食习惯。

▼ "新冠"康复后的跑友需量力而行

对于"新冠"康复后经验丰富的跑友,虽然有急于恢复运动的冲动,但同样需要量力而行。即使之前有较高的跑步水平,康复阶段也需要注意,运动强度要遵守循序渐进的方式,避免由急于投入运动而导致的反复感染或其他健康问题。而实际上,感染后过早跑步会加重病情恶化;另一方面,停跑时间太长,也会延缓身体功能的恢复。

那么,如何判断真正的"阳康"呢?所谓"阳康",通常是指新冠病毒核酸检测或者抗原检测已转阴,发热、咳嗽等不良症状均已消失。

每个人都应该对照自己的身体情况,找到适合自己的运动时机、加量方式,以及停止运动的危险信号。下面介绍一下笔者的跑步计划,在执行计划的过程中,笔者随时倾听自己身体的声音,如出现不适,立即停止跑步。

笔者的跑步计划是:恢复运动训练坚持循序渐进的原则,以有氧训练为主;训练时,重点关注心率;心率区间严格控制在"180-年龄"以下。同时,注意:不进行强度训练,每天增加1小时睡眠,以消除身体的疲劳,加快身体恢复。

- 第一周:跑步时间40分钟,一周3次。
- 第二周:跑步时间增加到50分钟,一周3次。
- 第三周:跑步时间增加到60分钟,一周3~4次。
- 第四周:继续有氧心率训练,不进行强度训练,直至心率和配速数据达到新冠病毒感染前的水平。身体状态良好,再增加强度训练。

通过图中运动手表的记录可以看到,"阳康"前后,体能数据发生了如下变化。

- **心率和配速**:"阳康"后恢复跑步,相同心率条件下,配速从最开始时的7分3秒,慢慢升到一个月后的6分7秒,基本达到新冠病毒感染之前的跑步水平。
- **最大摄氧量**:感染新冠病毒前,最大摄氧量在每分钟50 mL/kg以上;"阳康"后,最低到了每分钟45 mL/kg。跑步后,逐渐升高,最后升至每分钟49 mL/kg。

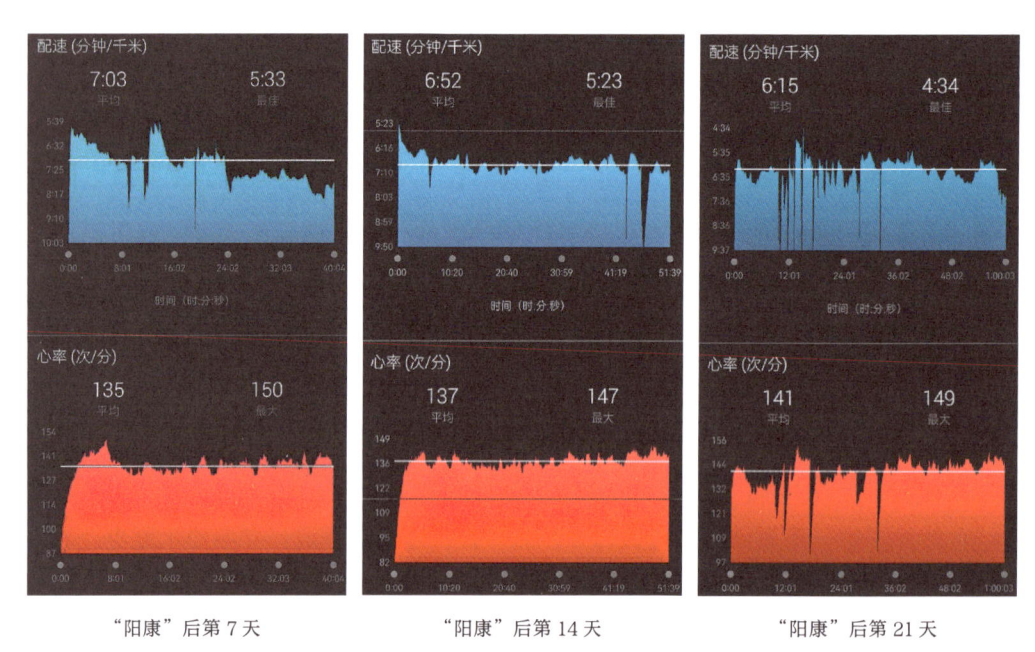

"阳康"后第 7 天　　　　　　　　"阳康"后第 14 天　　　　　　　　"阳康"后第 21 天

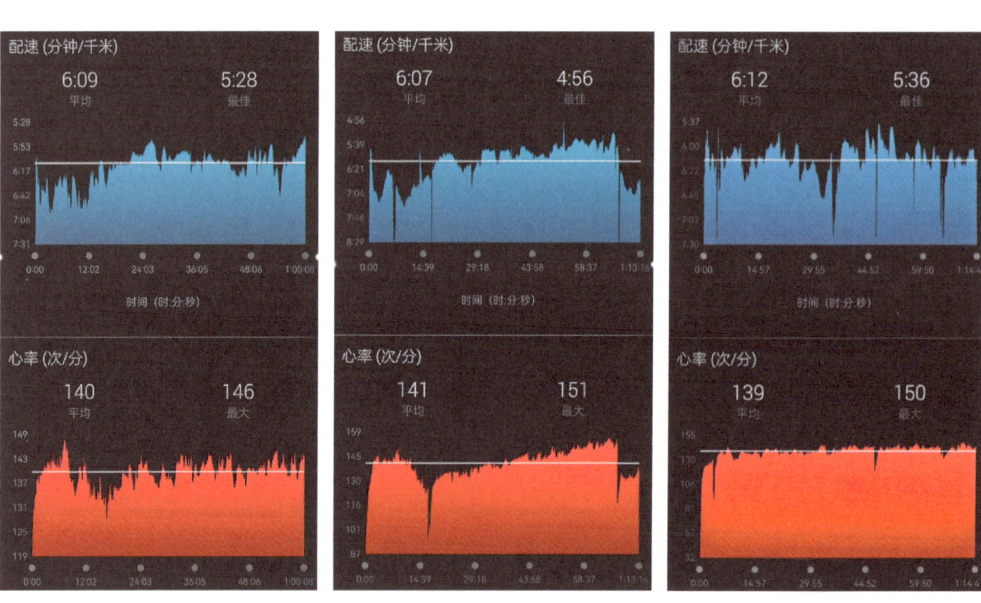

"阳康"后第 28 天　　　　　　　　"阳康"后第 35 天　　　　　　　　新冠病毒感染前

"阳康"后第 7、14、21、28、35 天和新冠病毒感染前的心率及配速图

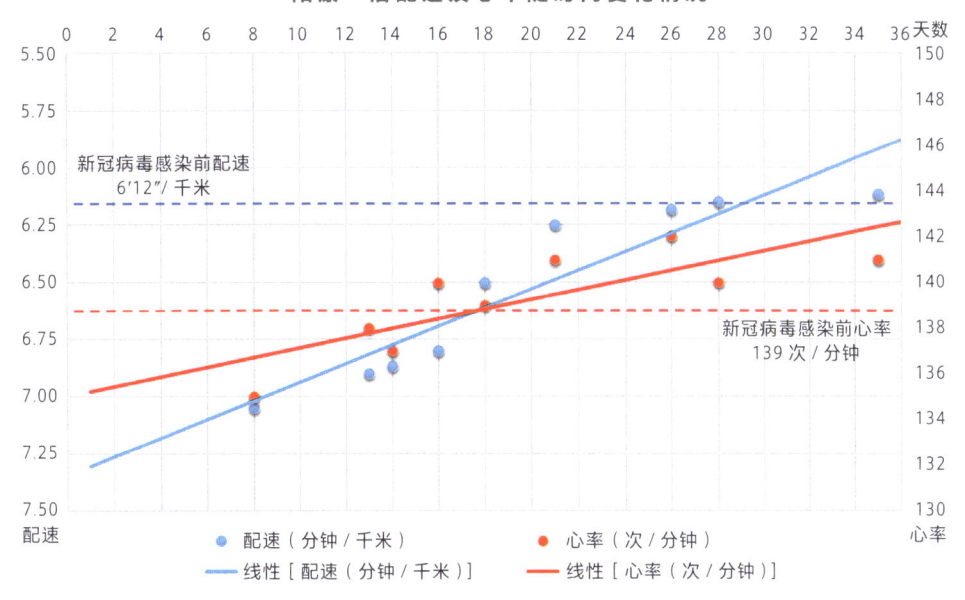

"阳康"后配速及心率变化趋势与新冠病毒感染前配速及心率的对比图

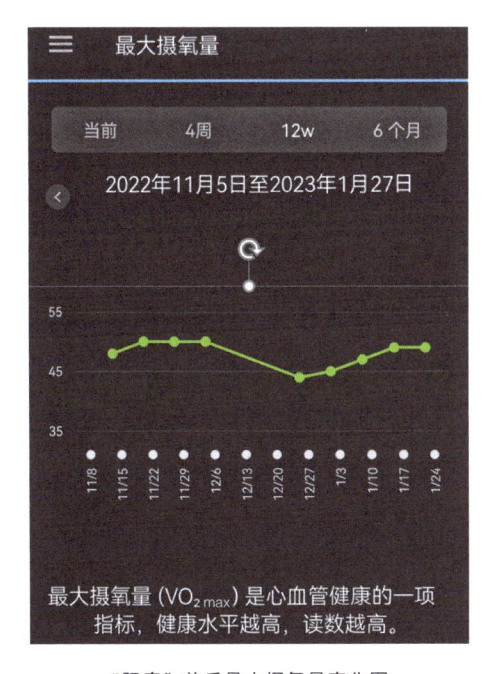

"阳康"前后最大摄氧量变化图

第3章 特殊人群如何开始跑步　　097

所以，通过分析"阳康"后5周的训练数据，发现笔者本人的跑步恢复期需要4~5周。数据证明，这种循序渐进、短时间和低心率的有氧跑法，可以减少"心肌炎"的发生概率。通过5周的亲身记录研究，总结得出：人体被新冠病毒感染后，全身的免疫系统会受到攻击，使自己的跑步水平下降。这个时候，切勿急于将自己的跑步配速恢复到新冠病毒感染前的水平。要有足够的耐心，锻炼时一定要盯着心率变化，以及最大摄氧量的变化，随时倾听自己身体的"声音"。如果累了，或者身体不适，应立即停止跑步，千万不要争强好胜。"阳康"后，前四周绝对不能进行强度训练，否则会严重影响身体的恢复时间，还可能出现"新冠复发"，甚至心脏出现问题，遗憾终生。

留得青山在，不怕没柴烧。要想尽快彻底恢复到以前的运动水平，就需要有耐心，训练时，看着心率和运动时间慢慢恢复，不要让自己身体有疲劳感。

> **医师跑者智慧小贴士**
>
> 新冠病毒感染"阳康"后运动一定要谨慎，要循序渐进，逐步展开。锻炼时，一定要时刻关注自己的心率和血氧的变化，根据自身体质的恢复情况，有计划地开展恢复训练。千万不要操之过急，以免造成突发事件和身体伤害。

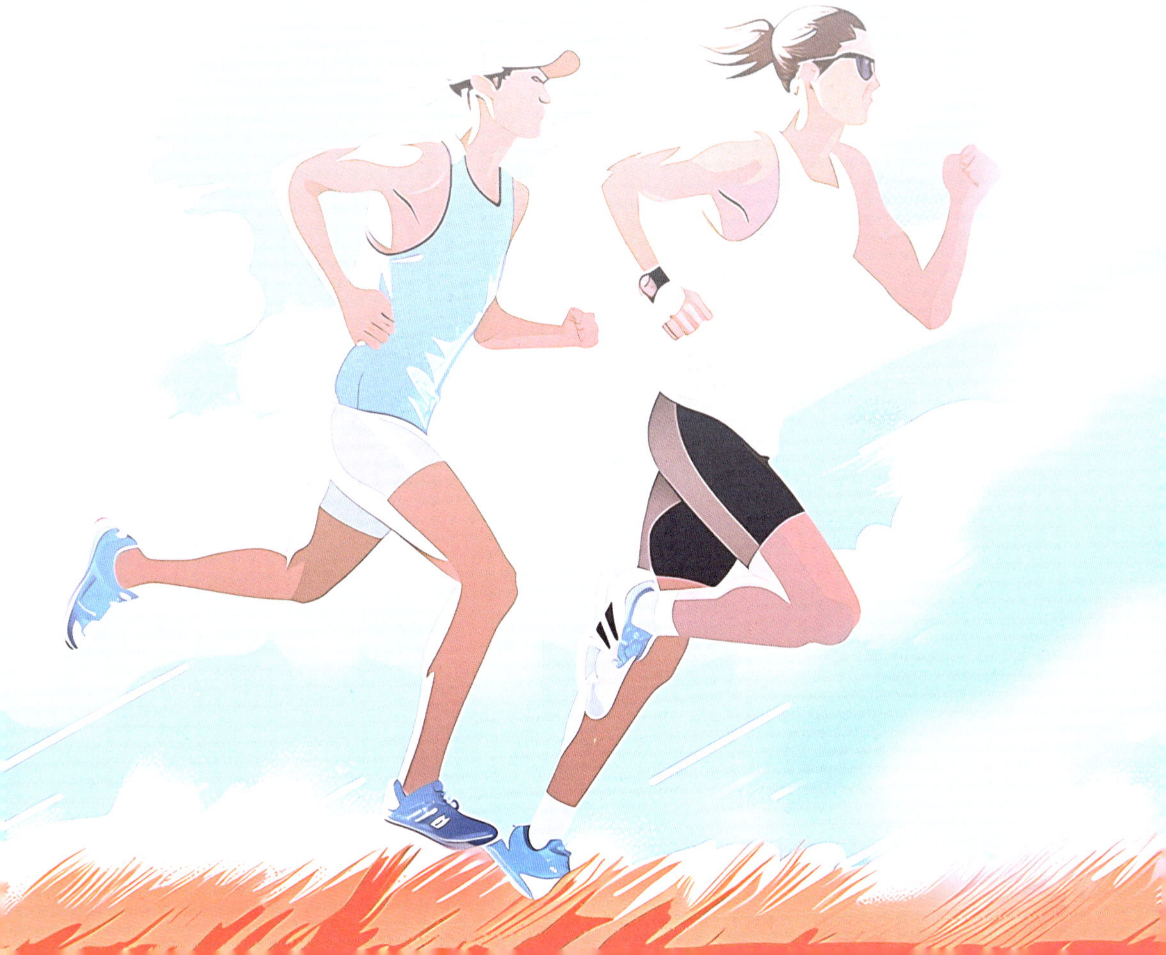

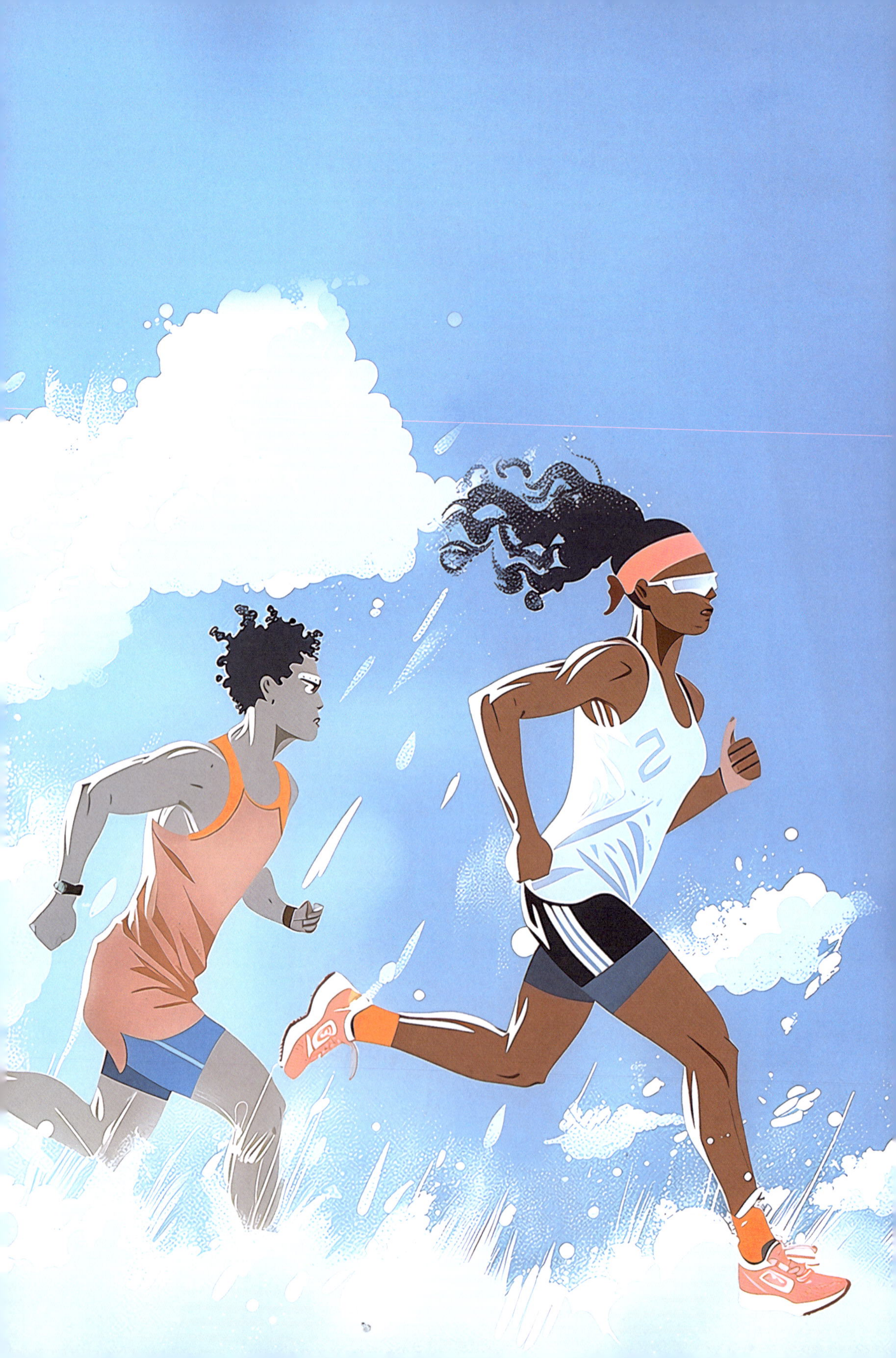

第4章 关于跑步的错误认知

第1节　跑得快就是跑得好吗　　　102
第2节　跑得越多就越好吗　　　　103
第3节　跑步与年龄有关系吗　　　105
第4节　跑步会损伤膝盖吗　　　　108
第5节　跑步会影响口腔健康吗　　112
第6节　解惑祛魅：跑步中常见的身体
　　　 变化　　　　　　　　　　117

第1节 跑得快就是跑得好吗

跑得快并不一定意味着跑得好。就像火箭速度很快，但并不一定适合每个人乘坐。

尽管能够跑得快表明具备一定的跑步能力，但一些人错误地认为只有进行高强度的快速跑步才能有效锻炼身体。实际上，每次都全力以赴地跑步是不科学且不健康的，还容易增加受伤的风险。

过快的速度容易导致摔倒、肌肉和韧带拉伤等伤害，运动强度越大，受伤的可能性就越高。持续进行高强度的快速跑步，甚至超过最大运动心率，会增加肌肉、韧带和关节受伤的风险，并且长时间的高心率跑步会使心脏承受过度负荷，可能导致心肌损伤，甚至猝死。

近年来的马拉松比赛猝死案例中，很多发生在最后冲刺阶段，为了取得好成绩而拼尽全力，结果发生意外。长时间保持高心率状态是非常危险的，因此，我们建议无论是训练还是比赛都要控制跑步速度，时刻关注身体状态，学会调节速度。

高强度、高心率的跑步适合那些具有良好运动基础、能够清晰感知身体状态的人。他们可以通过进行马拉松配速跑、间歇跑等高强度训练来提升跑步成绩。然而，高强度训练只应占整个训练计划的一小部分，大部分训练应以有氧慢跑为主。

对普通跑步者来说，适度的慢跑和有规律的有氧运动同样对健康和健身有益。因此，科学合理的跑步配速应根据个体的年龄、身体状况和目标来确定。不同年龄段、身体条件的人适合的配速也会有所不同。

根据跑步时心率，我们将跑步的速度分为三种：舒适跑（低强度）、耐力跑（中等强度）、速度跑（高强度）。舒适跑是用来打好跑步基础的，例如锻炼心脏、心肺和肌肉等；耐力跑则是将舒适跑的效果进一步强化；而速度跑则可以促使训练有质的提升。

- 舒适跑的强度区间为最大心率的 60%～70%，通常被描述为 60% 的费力程度。
- 耐力跑的强度区间为最大心率的 70%～85%，通常被描述为 70%～80% 的费力程度。
- 速度跑的强度区间为最大心率的 85%～99%，通常被描述为 90% 的费力程度。

对于大众跑者而言，我们推荐采用 80/10/10 的训练模式，即 80% 的时间用于舒适跑，10% 的时间用于耐力跑，另外 10% 的时间用于速度跑。

我们不应该过于追求速度，长期坚持慢速、低强度的舒适跑实际上能带来更多的好处。

- 舒适跑可以有效增强心肺功能，有助于塑造健康的心肌。
- 舒适跑可以高效燃烧脂肪，提高脂肪利用率，是一种优秀的减肥方式。
- 舒适跑可以调节紧张情绪，缓解焦虑和抑郁，有益于骨关节的健康。
- 舒适跑可以提升有氧耐力，为将来提高跑步成绩打下坚实基础。

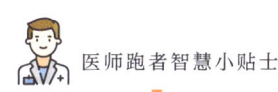

> 医师跑者智慧小贴士
>
> 跑步就像驾驶汽车一样，过快的速度容易导致失控。无论是新手还是老手，跑步关键在于时刻保持警惕，根据自身状况灵活调整，谨慎规划配速等。

第 2 节　跑得越多就越好吗

现在许多跑友以晒跑量为荣，包括很多资深跑者也以拼跑量提升成绩为目标。那么跑量真的是越多越好吗？

当然不是，这是跑步的一个误区，很多跑友的跑量看似很高，但实则属于"垃圾跑量"。跑量到了一定程度，不仅不能提升成绩，不能减重，还有可能因为跑量过度，增加身体负荷，不仅不能为跑者带来健康和成绩的提升，反而会导致疲劳，甚至引起伤病。

▼ 月跑量多少才合适

月跑量是因人而异的，没有固定的标准，只有找到符合自己能力水平、身体状况的月跑量，才是科学合理的。

以下将根据跑者能力分为五类，供大家参考。

- 第一类：初跑者。刚刚开始参加跑步，由于每个身体素质不一样，运动能力也不同，一般建议初跑者每周进行 2~3 次跑步即可，每次 30 分钟以上，以小步慢跑或者走跑结合开始。
- 第二类：大众健康跑者。以健康跑为主要目标，一周跑 3 次左右，每次 5~10 公里，平均配速在每公里 6 分 30 秒左右，甚至更慢，月跑量基本在 50 公里左右。
- 第三类：初中级跑者。这类跑者逐渐爱上了跑步，他们有一定的跑步能力。每周 3~4 次，每次 8~10 公里，平时也会增加力量训练，平均配速在每公里 5 分~6 分 30 秒，月跑量大概是 80~150 公里。
- 第四类：精英跑者。这类跑者在业余里已经非常出色，而他们的月跑量是和自己想要的成绩相关的。他们每周跑步 4~5 次，每次 10 公里起步，除此之外，还会增加一些力量训练。精英跑者的配速一般在每公里 4~5 分钟左右，月跑量在 200~300 公里。
- 第五类：专业跑者。对专业跑者来说，他们的配速在每公里 3 分钟多一点，月跑量大多是 300~500 公里，甚至更多。

跑量与成绩关系

跑量与跑步成绩之间存在一定的关系，但并非绝对。跑量指的是跑步的总量，通常以每周或每月的跑步里程或时间来衡量。跑步成绩则是指完成一定距离的跑步所用的时间或速度。

一般来说，适度的跑量可以帮助提高跑步的耐力和心肺功能，从而在一定程度上提升跑步成绩。通过持续训练和逐渐增加跑量，跑者可以改善自己的身体适应能力和跑步效率，从而在训练或比赛中取得更好的表现。

然而，跑量并不是唯一影响跑步成绩的因素。跑步的质量、训练的科学性、休息和恢复等因素同样非常重要。盲目地追求跑量而忽视训练的质量和身体的需求，可能会增加受伤的风险，甚至适得其反，影响跑步表现。

因此，要想提高跑步成绩，除了增加适度的跑量外，还需要注重训练的科学性、合理安排休息和恢复、改善跑步技术等方面。综合考虑这些因素，才能更好地提升跑步成绩。

> **医师跑者智慧小贴士**
>
> 跑步过量可能会导致各种运动相关病症，如髂胫束综合征、跟腱炎、肌肉拉伤等。因此，合理的训练量和充分的休息同样至关重要。在制订训练计划时，需要考虑个体的身体状况、训练目标以及逐渐增加负荷的原则，以避免过度训练导致的不良后果。坚持适度的跑步量，并结合适当的休息和康复，才能更有效地提升跑步成绩，同时保护身体健康。

第 3 步 跑步与年龄有关系吗

"饭后百步走，能活九十九。"这个虽然是片面的说法，但是也一定程度上说明了运动与健康的关系。活到九十九，吃完饭走"百"步就可以了，说明老年人运动不宜过量，要有一个清晰的自我认知。

笔者身边就有很多上了年纪的跑友，他们会关心跑步速度，更会关心跑量，相较于年轻人，也更注重跑步的安全性。

前几年笔者爬山时认识一位大龄朋友，她是一名事业单位的财务工作者，那一年她也将要退休。她向笔者描述了自己退休时想要给自己一个礼物，就是完成"北京二环跑"（二环跑，顾名思义是围绕北京二环跑一圈，距离大约 33 千米）。但是，她已经五十多岁了，当年才开始跑步、爬山等运动，担心自己不能完成"生日礼物"。

随着年龄的增加，对跑步的敬畏之心也会随之增加，这是许多年轻人所欠缺的。

年龄对于跑步的影响因个体差异而异，但总体来说，无论是年轻人还是年龄较大的人，都可以通过跑步来保持健康和活力。然而，对年龄较大的人来说，跑步需要更加注意一些事项。

年轻人通常具有更好的身体机能和恢复能力，因此可以更自由地进行高强度的跑步训练。相比之下，年龄较大的人则需要更加谨慎地选择适合自己的跑步方式和训练强度。他们可能需要更多的时间来进行热身和恢复，避免过度训练导致受伤或疲劳。

此外，随着年龄增长，身体的某些部位可能出现退化或者慢性问题，例如关节疼痛、肌肉僵硬等。因此，年龄较大的跑友在跑步时需要特别关注身体的反应，及时调整训练计划，并根据个人情况选择合适的跑鞋和跑步路线，以减少对身体的不良影响。

笔者这位朋友跑步之前，先去医院做了全面的体检，没有发现不宜跑步的疾病。

接下来，她开始规律跑步。半年之后，在笔者和其他朋友们的陪伴下完成了第一个"北京二环跑"。

下面，笔者用耳熟能详的几位高龄跑者跑步的例子告诉大家：跑步并不是年轻人的专属，年龄大的朋友只要合理地评估身体状况，也可以在跑步中获益。

- 南京医科大学康复医学院院长、美国国家医学院外籍院士励建安 64 岁开始跑步，在 70 岁时 7 天跑了 7 个全程马拉松，至今仍精神矍铄地奔跑在健康的路上。
- 1959 年第一届全国运动会上，23 岁的钟南山打破了男子 400 米栏的全国纪录，此后他一直坚持跑步，87 岁依然身体健硕。
- 2022 年北京马拉松最后一名完赛选手张顺已经 86 岁，依然在健康地跑步。笔者在北京玉渊潭公园、复兴路附近跑步时，经常看到老人家不畏严冬酷暑去跑步的身影。

笔者还发现，一些年龄大的人不只是在跑步，还是跑马拉松的主要人群。国内外的数据和研究支持这样的结论。

2014 年，一支西班牙的研究团队为了探究马拉松运动员的最佳年龄段，对 45 000 名参加纽约马拉松的选手成绩进行了详细分析。他们的研究结果显示，男性马拉松选手的黄金年龄大约是在 27 岁，而女性则略高，大约是 29 岁。

然而，更加惊人的是，研究还揭示了一个有趣的发现：18 岁和 60 岁的马拉松选手的成绩几乎持平。进一步的研究表明，马拉松运动员在耐力、最大摄氧量等身体条件的提升，以及意志品质、经验和技术的积累都需要时间。这些优势需要经过多年系统的训练才能达到一定的成熟度。

因此，就像基普乔格在 38 岁时打破世界纪录一样，通过合理的训练和恰当的准备，35 岁可能是一个马拉松运动员跑步生涯的巅峰时期。

根据中国田径协会发布的《2019 中国马拉松大数据分析报告》，在马拉松项目上，45~49 岁的参赛者最多。而在 2024 年建发厦门马拉松赛后的大数据公布中，平均年龄为 45 岁的马拉松参赛者中，60 岁以上完赛的人数为 1 527 人，占比 6.6%。

通过上述真实的跑步案例和国内外官方的马拉松数据，我们可以得知，无论是年轻人还是年龄较大的人，都可以参与跑步，甚至马拉松活动。

然而，我们不能一味地强调跑步能够超越年龄的限制，达到延缓衰老、预防疾病的效果。这样的观念存在危险，可能会导致人们不顾自身情况而盲目跑步，从而损害身体健康，甚至引发心脑血管意外等不良后果。

医学已经证实，随着年龄的增长，身体器官会出现退化和衰老。因此，年龄较大的人跑步存在更多的风险，例如运动后免疫力下降感染、关节肌肉损伤、心源性猝死等。

建议在开始规律跑步前，要合理评估身体状态，尤其是年龄较大的人，应循序渐进，根据身体反应调整跑步强度。如果在跑步过程中或者跑步后出现身体不适，应立即停止跑步，并积极咨询运动康复相关医生，找出原因并解决问题。

> 医师跑者智慧小贴士
>
> 对跑步运动而言，我们不能简单地奉行"唯年龄论"。不论年龄如何，适度的跑步都可以成为改善心血管健康、增强肌肉力量和改善心理健康的有效方式。

第4节 跑步会损伤膝盖吗

跑步会损伤膝盖吗？没有一个准确的答案，因为存在个体差异。换一个问题：不跑步，膝盖会损伤吗？答案是会。因为就算不跑步，随着年龄的增长，膝盖也会出现衰退老化的现象。如果单纯把膝盖的损伤归结于跑步，确实有点像欲加之罪。不过，随着科学的发展，有数据表明：科学地跑步不仅不会伤膝，而且还有助于膝盖的健康。

美国《骨科与运动物理治疗杂志》刊登的一篇文章指出："竞技跑步者的关节炎发生率为13.3%，久坐不动人群的关节炎发生率为10.2%，而健身跑步者的关节炎发生率仅为3.5%。由此可见，高强度和过量的跑步确实会引发关节问题，但对普通健身跑步的人来说，跑步则是有利于关节健康的。"

我们可以打个比方：你新买回来一件衣服，如果一直不穿它，这件新衣服同样会和空气中的物质产生反应，会损耗，降低其作为新衣服的属性价值。膝盖也是如此，如果不经常运动，膝盖周围的肌肉组织就会逐渐失去活性。

最后，膝盖的伤病就会找上门来。就像机器一样，只有经常使用，才会知道机器哪里会出问题，哪里需要润滑油，使用多久需要维修。

膝盖也是如此，健康科学的运动，可以让关节组织得到激活，新陈代谢加快，关节之间的润滑液才会正常流动，保护膝盖。

▼ 跑步膝存在吗

科学规律的跑步对膝盖具有一定的保护作用，但确实存在"跑步膝"问题。这个问题在英文中被称为"runner's knee"，翻译成中文就是"髂胫束综合征"（ITB综合征）。跑步膝主要表现为以下三种症状。

- **髂胫束摩擦疼痛**：在跑步时，髂胫束可能会因为过度摩擦而引发疼痛。髂胫束是连接髂腰肌和胫骨外侧的组织，如果它在跑步中反复摩擦，就会引发骨外侧髁区域的滑囊发炎，导致疼痛。
- **髌骨问题**：跑步膝还可能表现为膝盖前部的疼痛，这与髌骨及其周围肌肉韧带损伤有关。长期不正确的跑步姿势或过度训练可能导致髌骨软骨损伤和髌腱炎症，引发膝前疼痛。
- **鹅足腱滑囊炎**：另一种跑步膝的表现是膝关节内侧的疼痛，这可能是鹅足腱滑囊炎引起的。鹅足腱是与膝关节内侧有关的结构，如果在跑步中过度受力，就会引发炎症和疼痛。

跑步比赛中的关节疼痛

跑步可能对膝盖产生影响，而且会存在个体差异的问题。一些人可能对跑步更敏感，而另一些人可能在适当的训练和预防措施下不会受到太大影响。

下面尝试举几个身边跑者的例子，旨在说明跑步对膝盖的影响是真实存在的，但也需要注意个体差异以及正确的跑步技巧和预防措施。

- **过度训练导致膝盖问题**：朋友 A 热衷于长跑。他曾经连续几个月每天都进行长时间的高强度跑步训练。然而，由于没有适当的休息和恢复，他逐渐感到膝盖疼痛，并被诊断为跑步膝（髂胫束综合征）。经过适当的治疗和调整训练计划，他的膝盖问题得到了改善。
- **骨髓水肿引发膝关节问题**：朋友 B 平时积极锻炼。然而，他突然开始感到膝盖疼痛，尤其在跑步后。经过医学检查，发现他患有骨髓水肿，这是一种在骨髓内引发水肿和炎症的情况。这导致他在跑步时膝盖承受更大的压力，从而引发了问题。
- **不正确的跑步姿势引发损伤**：朋友 C 是一名热爱跑步的初级跑者，但他并没有接受过专业的跑步指导。他的跑步姿势不正确，导致跑步时膝盖受到额外的压力。随着时间的推移，他开始感到膝盖疼痛。经过专业指导，他改进了跑步姿势，并逐渐恢复了膝盖的健康。

综合上面三个例子，可以了解到，正确的跑步姿势和适当的训练计划对膝盖健康至关重要。跑步者应该在出现任何不适或疼痛时，及早寻求医学专业人士的建议，以便得到适当的诊断和治疗。

什么样的跑者容易引发跑步膝

跑步膝的产生和下肢力量不足有很大关系，但是这不单单是下肢力量不足就可以解释透彻的。问题更多地存在于跑步之前不会自查，跑步中姿势不正确，以及跑后拉伸姿势不正确。尤其是以下三类人群需要重点注意和自查。

- 第一类，之前有过下肢损伤的，例如膝关节半月板损伤、膝关节韧带损伤等，旧伤未痊愈的跑者。
- 第二类，大体重人群。大体重人群跑步时对膝盖要求较高，负担较重。大体重人群建议先减重，提高心肺功能，适当做一些上半身的无氧运动，强化下肢和核心肌群，让整个身体活动起来。
- 第三类，跑步不科学的普通跑者。

引发跑步膝的原因也有很多，例如热身不足，跑姿不正确，下肢核心力量不足，缺乏保护膝盖的装备等。

对易出现跑步膝的跑友的一些建议

第一，**监控身体信号**。在跑步过程中，务必留意身体的信号。如果出现疼痛、不适或肿胀等不良感觉，应立即停下来，休息，切勿强行继续。

第二，**进行适当的热身和冷却**。在开始跑步之前，务必进行充分的热身活动，为肌肉和关节做好准备。跑步后，进行适当的冷却和拉伸，有助于预防肌肉紧张和膝关节问题。

第三，**要逐渐增加运动强度**。对那些新手或之前未进行过长时间跑步的人来说，逐渐增加跑步的时间和强度是关键。给予身体足够的适应时间，避免过快增加运动负荷。

第四，**注意正确的跑步姿势**。正确的跑步姿势非常重要，避免过度跨步以及脚后跟率先着地。保持躯干稳定，让双臂自然摆动，有助于减少对膝盖的冲击。

第五，**选择适当的鞋子**。选购适合自身足部特点的跑鞋，有助于减轻脚和膝盖所承受的冲击。最好在专业店进行鉴定和购买。

第六，**交替跑步和休息**。不应每天都进行高强度的跑步训练，要合理地安排跑步和休息，给肌肉和关节充分的恢复时间。

医师跑者智慧小贴士

适度的跑步通常不会引发膝盖疼痛，反而有助于增强膝关节周围的肌肉和韧带，提高稳定性和保护性。然而，当跑步频次和跑量增加时，可能会增加膝盖疾病的风险，如髂胫束综合征、滑膜炎等。

第七，加强膝盖肌肉锻炼。特别是髂腰肌等周围肌肉的锻炼，可以帮助稳定膝盖，减少跑步膝的风险。

第5节 跑步会影响口腔健康吗

你可能曾经经历过"跑步后牙疼"的情况，或对此感到困惑。难道跑步真的会对牙齿造成损害吗？身为一名跑步爱好者，同时也是一名口腔医生，笔者想说，跑步确实会对口腔健康产生影响。针对运动员进行的流行病学调查也得出了相同的结论。

在2012年的一项针对302名运动员的调查中发现，超过55%的人患有龋齿，44.6%的运动员牙齿表面出现腐蚀，而76%的运动员出现了牙龈炎症状，有15%的人患有牙周炎。另一项针对铁人三项运动员口腔健康状况的调查于2014年展开，结果显示，他们的患龋率和牙周炎患病率明显高于同龄同性别的普通人群，而且这种情况与他们的训练时长呈正相关。2015年的研究也得出了类似的结论，即长跑运动员的牙齿更容易受到腐蚀，而且训练程度越高，患龋率也越高。

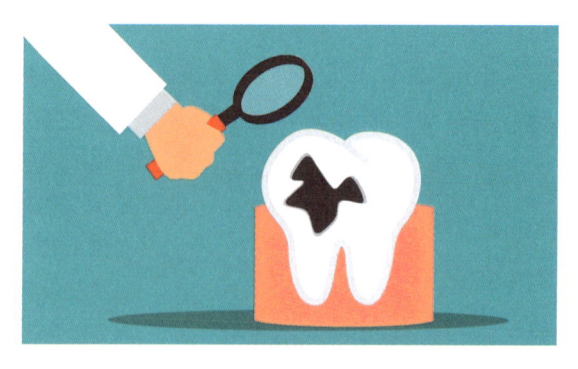

跑步后牙疼

这些调查结果表明，跑步对口腔健康的影响是真实存在的。因此，作为跑步爱好者，我们需要注意口腔卫生，并及时寻求口腔医生的建议和治疗，以保持牙齿的健康。

▼ 跑步为什么会影响口腔健康

龋病，俗称蛀牙或虫牙，是口腔中常见的一种疾病，其发生是由细菌、饮食等多种因素使得牙齿硬组织脱矿所致。龋病的发生必须具备致病细菌、易产酸的食物、薄弱的牙齿以及足够的作用时间这四大因素。简言之，当这四个要素齐备时，我们便成为龋病的易感人群。那么，跑步又是如何促进牙齿龋坏的呢？

来源：运动补给

随着跑步人群的不断增加，人们对于运动补水也有了一定的认识和需求。跑步结束后，很多人会选择购买运动饮料来补充水分。在大众的认知中，碳酸饮料被认为不健康，容易导致肥胖并腐蚀牙齿。然而，与碳酸饮料相比，运动饮料中所含的多种有机酸对牙齿的腐蚀性更强。

如果你参加过马拉松，回想一下你选择了哪些补给？是水、运动饮料、香蕉、能量胶，还是小面包？这些赛道上的常规补给可以帮助我们补充运动

运动中水分补给

第4章 关于跑步的错误认知　　113

中流失的水分和营养物质，缓解饥饿感，避免抽筋和脱力等情况。然而，这些运动补给中含有大量的糖分，属于膳食糖中的游离糖，也就是"添加糖"。游离糖是一种纯能量食物，也被称为"空热量食物"，摄入过多会破坏膳食平衡，增加牙齿腐蚀的风险。

严肃的跑者朋友A分享了他在比赛中的"妙招"：从不在补给站停留，而是拿起能量棒继续前进，让其在嘴里慢慢溶解。然而，这种做法不被推荐，因为它会使牙齿长时间暴露在高糖环境中，增加腐蚀的风险。

难道运动补给就是毁掉牙齿的罪魁祸首吗？其实并非如此，还有一个加速牙齿腐蚀的"催化剂"，那就是口呼吸。

口呼吸的原理

在跑步过程中，很难完全依靠鼻腔呼吸来满足身体对氧气的需求，因此我们经常需要配合使用嘴巴呼吸。然而，长时间的口呼吸会导致口干舌燥，唾液变得稀少而黏稠。正常情况下，口腔中的唾液应该是湿润流动的，它不仅具有润滑和清洁作用，还能调节口腔的酸碱度，稀释刺激性物质的浓度，保护口腔组织。此外，唾液中含有溶菌酶和分泌性免疫球蛋白，具有杀菌抗菌的作用。

如果在口干舌燥的情况下再喝一瓶运动饮料来解渴，那么牙齿就会被覆盖上一层糖霜。由于缺乏充足的唾液冲刷，对牙齿来说无疑是雪上加霜。

长时间的加持影响

高糖的运动补给和缺乏唾液的情况确实可以导致龋齿，但根据龋病的四要素，时间因素也是至关重要的。口腔医生在临床实践中除了治疗口腔疾病，

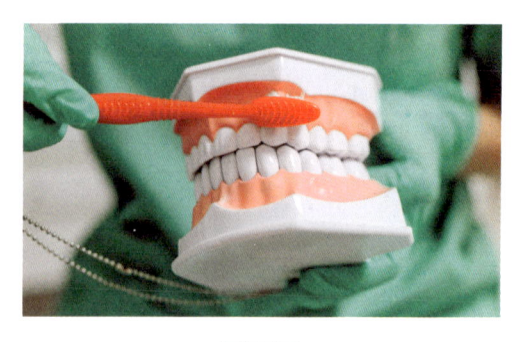

好好刷牙

还必须教导患者正确刷牙。

对于马拉松跑者而言，至少要在赛道上跑上3小时，甚至越野跑者可能会连续几天几夜在山地中奔跑，这样的情况下很难保持良好的口腔卫生习惯，更别说好好刷牙了。这为口腔内细菌的繁殖和高糖补给腐蚀牙齿提供了充足的时间，它们得以在口腔内肆无忌惮地造成破坏。

因此，越是严肃的跑步者，就越难以保持口腔健康。而对于初次尝试跑步的人而言，可能会经历一跑步就牙疼或者跑完步后无法张开嘴的情况。

跑步后牙疼，张不开嘴

笔者有一位朋友，最近下定决心要开始跑步健身。连续跑了三天后找笔者哭诉："跑了三天，腿部肌肉好酸痛。这两天不知怎么的，牙齿也开始作妖了，还有点张不开嘴，哎，真是祸不单行啊！你说这要不要紧？"

笔者跟他说："你这牙疼和张不开嘴，可能是你跑步引起的。"他非常惊讶地睁大了眼睛。

跑步过程中，有些跑者会感到牙齿疼痛，这可能源于以下原因。

- **冷刺激痛**：在寒冷的秋冬季节，跑步时呼吸加快，体温上升，吸入的冷空气容易刺激牙齿神经，导致冷刺激痛。若跑者本身有口腔疾病，如龋齿、牙髓炎等，口内温度变化会更加明显，加剧牙疼症状。
- **血压升高**：跑步时血液循环加快，血管扩张充血，导致牙髓腔内血管扩张，牙髓组织压力增大，压迫牙齿神经引起疼痛。这与高血压患者牙疼的原理相似。

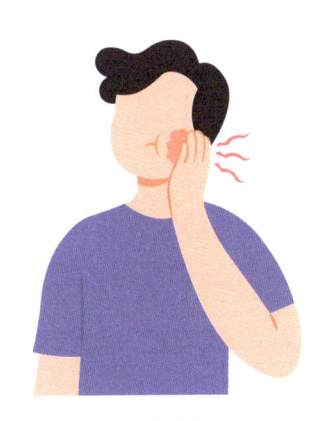

跑步可能引起牙疼

需要特别警惕的是，运动后牙齿疼痛，特别是左侧无法定位的牙痛，可能是心肌缺血、缺氧等心血管疾病不典型症状的表现。具有心血管疾病危险因素的人群，如高血压、血脂异常、糖尿病等，在跑步后出现牙疼症状应及时就医。

对颞下颌关节的影响

跑步可能不仅影响膝关节，还可能影响口腔颌面部的颞下颌关节。

在跑步过程中，我们常不自觉地紧咬牙齿，导致颌面部咀嚼肌群持续收缩。长时间紧咬牙齿可能引起咀嚼肌疲劳、僵硬，甚至导致颞下颌关节紊乱病。此外，长期紧咬牙齿还可能引起咀嚼肌膨隆，甚至面部不对称。

跑步对口腔健康影响巨大，但为了口腔健康，我们不必放弃跑步。需注意减轻口腔疼痛的方法，并警惕跑步可能导致的口腔问题，如有必要，及时就医进行检查和治疗。

如何做到既要跑步，又要口腔健康

想要保持口腔健康，首要且最关键的就是维护良好的口腔卫生，破除不良口腔习惯。以下是口腔医生的小贴士。

第一，每天坚持使用正确的刷牙方法。遵守"三三"原则，彻底清洁牙齿的三个面，建议每日三餐后刷牙，每次刷牙至少持续3分钟。

第二，在跑步过程中，少量多次地喝水。避免长时间连续饮用运动饮料，应该在喝一口运动饮料后接着喝一口水。

第三，选择低黏性的能量胶、香蕉等补给品。避免选择易黏附在牙齿上的能量棒、小面包等食物。

第四，长距离跑步前后要仔细清洁口腔。如果没有条件立即刷牙或使用牙线，可以用

> **医师跑者智慧小贴士**
>
> 智齿是人类演化过程中的残留结构。早期人类祖先的颌骨大小需适应不同的食物，满足各种咀嚼需求。然而，随着人类进化，颌骨逐渐缩小，导致智齿在现代人类中不再具备明确的功能。因此，智齿通常会引发一系列问题，如疼痛、拥挤、感染等，需要进行拔除或治疗。

清水多次漱口。

第五，调整跑步姿势。放松肩颈及颜面部肌肉，避免长时间紧咬牙齿。

第六，定期进行口腔检查。发现问题及时就医。

牙疼是一种让人难以忍受的疼痛，但许多患者等到无法忍受疼痛才会就医，这往往会延误治疗。如果能坚持良好的口腔卫生习惯，并定期进行口腔检查，许多口腔疾病是可以预防的。相比治疗口腔疾病所需的时间和经济成本，购置优质的跑步装备和口腔清洁用品实在是更值得的投资。

让我们共同努力，既享受跑步的乐趣，又保持口腔健康，成为一个"口腔健康、全身健康"的跑者吧！

第6步 解惑祛魅：跑步中常见的身体变化

一些跑步爱好者通过跑步成功减重，有些人则通过跑步摆脱了"三高"（即高血压、高血脂、高血糖），但也有些人在跑步后出现了一系列细微的身体变化，这些变化非常令人困扰，例如脚底生茧、腿部变粗、脚趾甲淤血脱落、心率加快等。

那么，这些身体变化是否正常？为什么会出现这些变化？又应该如何处理或预防呢？针对这些问题，笔者将逐一为大家解惑。

▼ 脚底生茧

笔者：最近怎么没见你跑步打卡呢？

朋友A：别提了，脚受了伤，养好了才能继续跑步。

笔者：具体什么情况？

朋友A：哎，就是为了马拉松比赛新买了一双跑鞋，这不快比赛了嘛，想跑前突击

第4章 关于跑步的错误认知

增加下跑量。结果，最近就发现脚底出现了一层厚皮，也就是"茧"，总是觉得不舒服，就用剪刀自己修理了下，不小心剪破流血了，也没在意。后来就发现剪破的伤口红肿化脓了，一跑就疼，最后就去医院处理包扎了，你说冤不冤。

笔者：原来是这样啊。脚底生茧本来是一种正常的保护反应，当更换新鞋时更容易摩擦，此时增加跑量很容易刺激脚底生茧，如果处理不恰当，的确很容易出现新的创伤、皮肤软组织感染等继发情况。

朋友 A：吃一堑、长一智，下一次换新鞋的时候可不再盲目增加跑量了，要逐渐适应跑鞋。一旦出现脚底生茧这种情况，要学会接受这种变化。如果需要处理的话，我就去医院更科学地处理。

什么是"茧"

《汉语大词典》把"茧"解释为：手掌或脚掌等部位因摩擦而生成的硬皮。

跑步的时候，跑者的姿势不科学导致本应均匀受力的部位承受了太多压力，身体为了适应这种情况，皮肤长出一些可以承受压力的硬皮来抵抗这些过度的摩擦，称为"茧"。

为什么会出现"茧"

大家首先要正确理解脚底生茧。脚底生茧是一种正常的生理现象，是身体的一种保护机制。如果茧不会引起疼痛或改变你的跑步姿势，就不必过于在意它们的存在。

然而，有些脚底生茧是由于不合适的原因造成的，而这些原因是可以改变或缓解的。

- 跑鞋和跑步袜不合适，导致在跑步时脚底受到磨损产生茧，这时需要选择合适的跑鞋和跑步袜。
- 跑步姿势不正确，需要通过纠正跑姿来解决这个问题。

脚底生茧怎么办

对于脚底生茧的跑者，笔者有一些建议。

- 如果存在跑鞋、跑步袜不合适或者跑步姿势不合理，那要做的就是选择合适的跑鞋、跑步袜，改变不合理的跑步姿势。
- 对于脚底茧，有些小妙招可以尝试。例如，使用海盐搓脚去除角质，或者洗完澡以后，脚底的死皮和老茧被泡软后再打磨。

- 当遇到简单打磨都不能解决的老茧时，不要贸然选择刀具切割皮肤，否则可能像笔者上述的朋友 A 一样，存在进一步受伤和感染的风险。激进的处理方式可能带来更严重的伤痛，而暴露的伤口在脚部非常容易感染。这时，建议寻找经验丰富的医生选择局部用药的方式安全地解决它，能够不出现伤口就是最好的处理方式。

腿部变粗

腿部变粗其实不是跑步的必然结果。实际上，长期的跑步会消耗腿部的脂肪组织，使肌肉含量增加，从而出现腿部变紧实的现象，能够练出"完美"的线条。

为什么会腿部变粗

跑步腿粗大部分的原因是开始跑步前不热身，跑步结束后拉伸不充分。跑步过程中，腿部肌肉长时间反复收缩为跑步提供动力；跑步结束后，如果腿部肌肉不拉伸，腿部肌肉会持续紧张，久而久之自然会导致腿部变粗。

怎么改善腿部变粗

关于改善腿部变粗的建议很简单，就是科学地跑步。跑前热身、跑后拉伸、慢跑为主，这些做到了，跑步也可以不引起腿部变粗。

脚趾甲淤血脱落

跑步后脚趾甲淤血，通常是由于跑步后脚趾甲受到外力作用，导致甲下血管破裂产生淤血，即甲下出血。

脚趾甲容易淤血脱落的原因有哪些

- 跑步前准备不当可导致脚趾甲淤血。跑步前准备不当主要包括：脚趾甲未修剪、过长，易折断；跑鞋准备不合适，脚趾甲易受力；跑步场地选择不合适，外伤风险增高。

- 脚趾外伤可导致脚趾甲淤血。如果是脚趾外伤造成的脚趾甲淤血脱落，可能是跑步时踢到重物或运动强度过大，导致脚趾甲受到外界较强的作用力，可能会直接损伤脚趾甲下的神经、血管等，引起脚趾甲淤血，甚至可能导致骨或软组织损伤。这种情况下主要表现为局部疼痛、肿胀，且压痛明显，足部活动受限。

越野跑者人群更容易出现脚趾甲外伤的情况。因为越野跑下坡时，由于自身重力向下的冲击作用，部分力量集中于脚趾部，频繁地撞击为保护跑者脚趾而设计的硬质鞋头，更容易出现脚趾甲外伤的情况。

怎么预防和处理脚趾甲淤血脱落

第一，对于跑步前准备不当造成的脚趾甲淤血，应该从加强跑步前准备入手。开始跑步前，首先打理好自己的身体，尤其是修剪过长的脚趾甲，这样就"消灭"了脚趾甲淤血脱落的萌芽。其次，选择一双合适的跑鞋，合适的跑鞋不仅要尺码合适，更要柔软、舒适，为跑步提供一定的缓震和支撑功能。最后，出门前选择适合跑步的场地，尽量避免路况较差的路段。

第二，对于脚趾外伤造成的脚趾甲淤血脱落，**我们需要做的是避免外伤的发生**。例如，尽量选择平坦的道路，跑步时精力集中，避开可能会伤害自己的障碍物，降低足外伤的发生风险。

对于越野跑者，笔者有以下三点建议。

- 越野鞋尺码选择可以略大半码以上，或者选择宽鞋楦设计的越野鞋，这样鞋头会留有更大的空间。
- 越野鞋系带时，采用更紧、更牢固的系带方式，可以避免越野跑运动中双脚在鞋内产生更大的位移。
- 越野跑下坡时，跑者可以选择下坡角度更缓和的路段，采用更稳定的足底落地方式进行，以减少脚趾的外伤风险。

第三，如果跑步已经出现脚趾甲淤血，医生建议减少活动，制动休息，同时可予以冷敷处理，进一步缓解疼痛症状。如果症状较重，建议及时前往医院就诊，以免在脚趾甲淤血的基础上继发感染等不良情况。

心率起伏变大

从医学角度来看，人在跑步时出现心率加快是一种正常的生理反应。跑步过程中，身体需要消耗大量的能量、氧气和营养物质。为了满足这些需求，身体的交感神经会兴奋性增加，释放出儿茶酚胺等物质，传达给心脏和肺脏等器官，从而引发呼吸加快、心跳加快等代偿性表现。跑步结束后，身体的能量需求减少，交感神经的兴奋性也会降低，心率和呼吸逐渐恢复平稳，完成一次运动前后的生理性心率起伏。

笔者建议跑步爱好者要正确理解跑步后心率的变化。适度的心率增加是身体对跑步需求做出的正常反应，但如果心率增加超过一定程度，跑者可能会感到心慌、胸闷等不适症状，这是一种危险的信号，需要及时放慢步伐，并在医疗机构接受正确的评估和咨询后再继续运动。此外，跑步爱好者可以通过佩戴心率带或心率监测手表来监测心率的变化。需要注意的是，如果跑步中心率持续过高，常常提示跑步对心脏负荷过大，应降低运动强度，以避免心脏不良事件的发生。

医师跑者智慧小贴士

人体存在于两个截然不同的环境中：一个是外部环境，随时都在变化；另一个是内部环境，相对较为稳定。尽管外部环境不断变化，但人体依然能够维持良好的生存状态。

内部环境的稳定被称为稳态，它是维持人体正常生理活动的必要条件。人体被视为一个有序的整体，拥有完善的调节和控制系统。这些系统不仅能够有效地调节和控制各种生理功能，还能及时地对外部环境的变化做出适应性反应，以适应环境的改变。

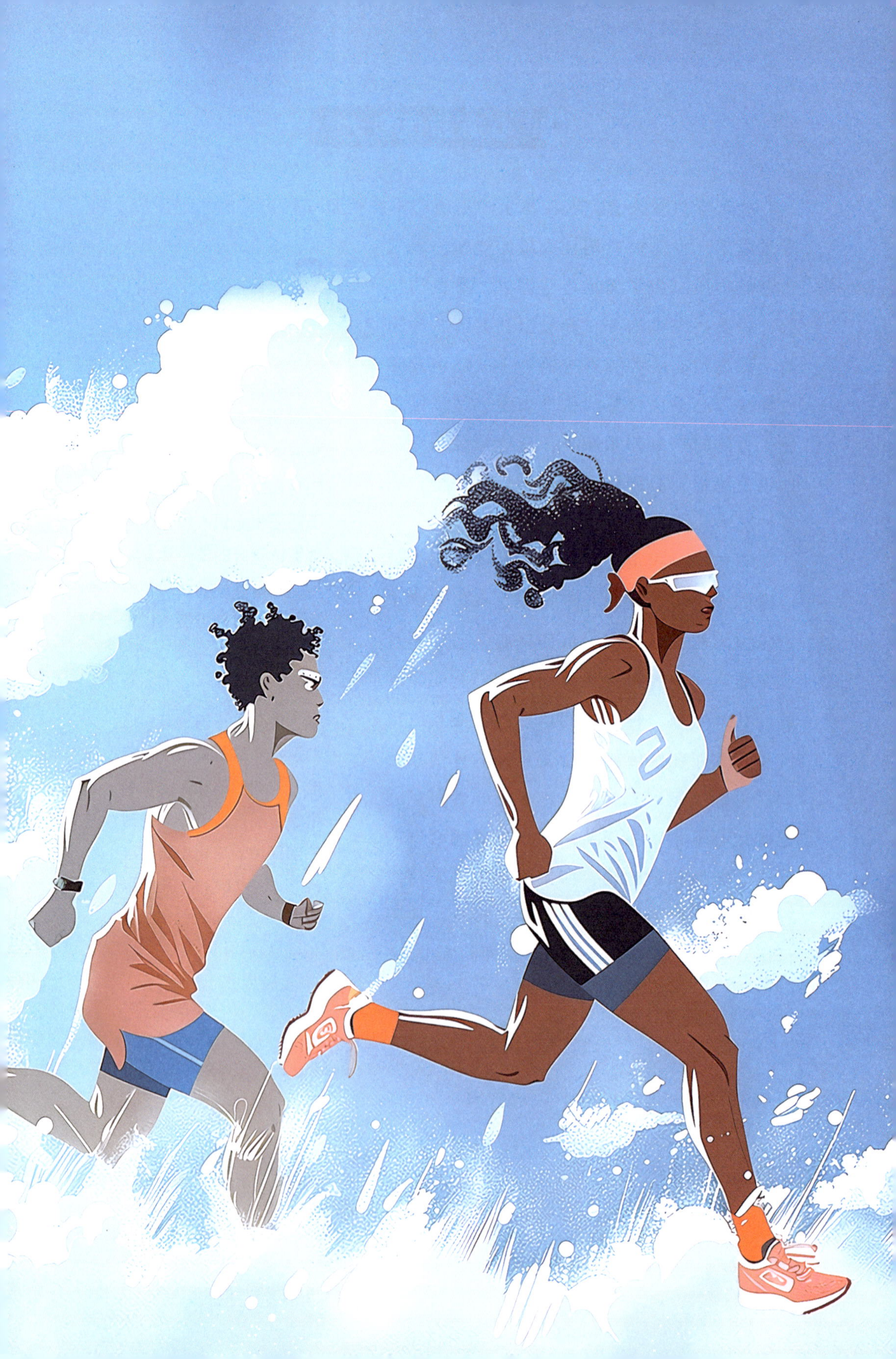

第5章 时令与天气：跑步如何适时而动

第1节	在春天如何跑步	124
第2节	在夏天如何跑步	126
第3节	在秋天如何跑步	133
第4节	在冬天如何跑步	135
第5节	在雨雪天如何跑步	139
第6节	在沙尘雾霾天如何跑步	142

第1节 在春天如何跑步

经历了冬日的寂寥,春天悄然而至,运动的激情也在此刻蠢蠢欲动。

常言道:"一年之计在于春。"春天是大地复苏的季节,万物生机勃发,而长时间冬眠的身体也迫切需要焕发出蓬勃的活力。借着春风拂面、迎着阳光开始运动是否能更好地激发精气神的恢复呢?春天标志着一年的新开始。在这个季节为自己设定目标,努力追求,实际上是为整个一年做好充足的准备。良好的开端是成功的一半。

春秋季气温适宜,是锻炼身体的好时节。在春季跑步有一些事项需要注意。

▼ 谨防"倒春寒",春跑要选好时间

很多跑友一看春天来了,温度上升了,就开始脱掉厚厚的冬衣,像脱缰的野马一样,开始无所顾忌地奔跑了——其实这样是很危险的。应树立这样的正确认知:初春时节,保暖不足很容易受春寒影响,进而引发疾病,千万不要过早减少衣物。

▼ 循序渐进,不要盲目加量

运动是一个长期的过程,不能仅仅因为春天温度适宜就盲目加大运动量,这样很容易导致身体出现意外。

在开始春季跑步时,要注意以下几点。

第一,**渐进增加跑步距离**。不要急于一时增加跑步的距离,在以往基础上渐进式地逐步增加,给身体以足够的适应时间。

第二,**控制运动强度**。避免在短时间内过度加大跑步强度,尤其是对于冬季跑步量少、长期处于休眠状态的身体。适度的运动强度更有助于身体的适应和锻炼效果。

留意身体信号

注意身体的反馈，包括关节是否有不适感、是否有过度疲劳等，及时调整运动计划。

在春季跑步应该始终保持循序渐进的原则，合理安排训练计划，逐步提高运动强度，随时关注天气变化，使身体更好地适应春天的运动环境。

还有需要提醒一下：多元化的运动方式也是提高全面体能的有效途径。可以加入一些交叉训练，如骑自行车、游泳或瑜伽，以强化不同的肌群和提高身体的协调性。

防寒保暖，两层穿衣法

为了防寒保暖，在跑步前务必留意天气预报，谨记"春捂秋冻"。

在春秋季跑步一般可采用两层穿衣法，根据气温适当选择薄厚。在户外锻炼时，产生较多热量的阶段是运动的中段，而运动开始和结束时更容易受到外界温度的影响。因此，在春秋季户外运动时，最好一开始穿件外套，待身体发热后再适时脱下外套。

运动结束后，身体会迅速冷却，所以要及时穿上衣服，避免穿着汗湿的衣物，导致感冒。

在挑选运动服装材质时，速干面料的衣物更为合适。常见的速干面料包括聚丙烯纤维、聚酯纤维等。所选衣物材质应具备良好的透气性和导湿性，能够快速吸收和排出人体汗液，紧贴皮肤穿着时可保持皮肤干燥，有助于在运动中保持舒适和干爽。

一双合适的鞋子很重要

比起服装，鞋子在运动中显得更为重要。选择适合长时间运动的跑步鞋至关重要，最好选择具备良好稳定性、缓冲性和包裹性的跑鞋。

如果要在柏油马路上跑步，就必须选择一双垫有厚海绵垫的鞋作为跑鞋。

每一步所承受的地面反作用力对脚底的冲击是极大的，而海绵的缓冲作用能够使剩余的冲击力均匀地分布在脚底上，避免集中在某一点造成损伤。因此，选择具有一定缓冲力的海绵垫跑鞋能减轻脚疼的情况，而长期穿硬底鞋在硬路面上跑步则容易导致脚痛，甚至产生水泡或者磨破皮肤。

除此之外，还需根据个人的脚型和体重选择适合自己的鞋子。正常脚型者可根据体重选择鞋子，标准体重的人对鞋子要求不高，可以选择轻便竞速系列鞋子，但不建议选择鞋底偏薄的运动鞋；体重偏大的正常脚型者最好选择缓冲型鞋子，即鞋底相对较厚、较软的款式。

> **医师跑者智慧小贴士**
>
> 在春天跑步时，需要注意保护皮肤免受紫外线的伤害，因此建议涂抹防晒霜。此外，春季也是蚊虫活动频繁的季节，因此可以考虑使用防蚊液以避免叮咬。根据天气情况，如果气温较低或风力较大，也可以使用保湿霜或防风霜，以保护皮肤不受外界环境的侵害。

根据不同的脚型和体重选择不同类型的跑鞋。内翻脚型者应选择缓冲系列跑鞋，而外翻脚型者则适合选择稳定系列跑鞋。

此外，根据跑步的地形选择跑鞋也很重要。在土地、林间等地形跑步时，最好选择越野类跑鞋，这类鞋具有较深、较厚的沟槽，抓地力强，不容易打滑摔倒。

总的来说，不建议在长距离跑步时穿新鞋，因为新鞋的鞋楦可能不完全贴合个人脚型，需要多磨合几次才能确保鞋子真正适合自己。

第 2 节　在夏天如何跑步

提起夏天，我们首先想到就是高温高湿，所以很多跑友在夏天跑步会避开白天，选择在早晨或者傍晚跑步。这是对跑步这项运动的敬畏，也是对身体健康的负责。

高温高湿的环境下进行剧烈运动容易引发中暑、脱水等健康问题，因此选择在早晨或傍晚气温相对较低的时候进行跑步是明智的选择。

跑步是一项需要持续性、高强度的有氧运动，而在高温高湿的环境下，身体容易过度消耗水分，导致脱水和电解质紊乱，进而引发中暑等严重后果。此外，高温还会增加心脏和肺部的负担，增加运动中出现不适的可能性。因此，选择在气温较低的时段进行跑步，有助于降低运动风险，保护身体健康。

▼ 在夏天跑步的好处

尽管在夏天跑步可能会感到有些炎热，但它也带来了诸多好处。

- 在夏天跑步有助于补钙。由于夏季身体的较大部分暴露在外，阳光中的紫外线能促进维生素 D_3 的合成，进而促进钙的吸收，有助于预防骨质疏松症。但是，我们也要注意避免长时间暴露在正午时分的阳光下，以免面部皮肤受损，应适当采取遮阳措施和涂抹防晒霜。
- 在夏天跑步可以促进新陈代谢。由于夏季出汗量增加，机体能够通过排汗将体内废物排出，改善基础代谢。然而，大量的汗液排出后应及时更换湿透的衣物，保持身体干爽，避免着凉感冒。
- 在夏天跑步有助于增加最大摄氧量，提高运动耐力，锻炼心肺功能。

在夏天跑步时注意防暑降温

第5章 时令与天气：跑步如何适时而动

总的来说，在夏天跑步虽然有一些不便之处，但在合理安排和注意防护措施下，仍然能够享受到其带来的健康益处。下面，笔者就来具体阐述一下在夏天跑步时需要注意的事项。

监测心率须谨记

当我们跑步时，肌肉组织和心、肺都需要大量的氧气供给，氧气经过口鼻吸入肺中，再通过肺泡弥散到血液中，通过心脏的跳动使得血液在全身循环，从而将血液中红细胞携带的氧传输到肌肉。

心脏跳动加快，就有更多的氧气进入肌肉里。氧供多，跑起来就不那么吃力。

在夏天跑步心率快，主要和以下几个方面因素有关。

- 夏天空气中含氧量低，主要由高温天气压低、温度高、湿度大导致。
- 夏天皮肤散热多，一部分血氧分流给皮肤散热。

在夏天跑步，心率会比冬天上涨20%～40%左右，但是心肺功能较好的人，心率高升幅度就没有那么大。夏天空气里的含氧量会比秋天和冬天低很多。在夏天跑步心率快，除了气压，还有温度、湿度等都会影响空气含氧量。

夏天的气压低，空气中含氧量低，在夏天跑步呼吸时每一口吸入的氧气量较少，需要通过心脏的快速跳动来促使血液输送氧气，满足运动时机体对氧气的需求。夏天训练要达到增加摄氧能力的效果，我们就要练习心率150次/分钟以下的有氧跑。

在夏天跑步时，皮肤需要更好地散热，这也导致身体血液流速加快。

除了跑步速度会在夏天下降，耐力同样会有显著的下降。

心率太快时，每次心跳从心脏射出的血液就会明显减少。这就相当于在无氧地区跑步，我们的能量耗费会特别快，并且以糖分为主。所以此时跑步，耐力会下降特别大。总的来说，当心率低于120次/分钟时，心脏输送血液的能力会下降；当心率超过150次/分钟时，心脏输送血液的能力也会开始降低；而当心率达到180次/分钟时，心脏的血液输送能力将急剧下降，甚至进入无氧状态。不论心率过快还是过慢，都会影响心脏的血液输送能力。

如果没有心率监测设备，仍然希望将心率控制在150次/分钟以下，有一个简单的方法可以参考：与一位跑友一起跑步，如果你们能够全程不断地交谈而不感到气喘，那么你的心率至少在155次/分钟以下，否则你可能无法全程与他人交谈。如果想更准确地监测自己的心率，就需要借助专业的心率带或运动手表来监测。

在夏天跑步时务必监测心率！心率过慢会影响到预期的锻炼效果，而长期心率过快对身体极为不利，可能会导致肥厚性心肌病，甚至引发猝死。心率在140~150次/分钟时，心脏的血液输送能力最强，即血液供氧最充足，有助于预防猝死事件的发生。

▼ 在夏天跑步的其他注意事项

除了需要监测心率，在夏天跑步，还有些事项需要注意。

第一，选择清晨或傍晚跑步。

在上午10点至下午5点期间，由于紫外线较强和温度较高，建议避免进行户外运动锻炼。更为适宜的运动时间为清晨或傍晚时分。遇到发布高温预警的日子，应尽量减少户外体育活动。夜间进行跑步时，避免选择余热仍旧较高的水泥地面，即便白日跑步亦应寻找树荫处。根据个人体能，逐步调整跑步时长，以逐渐适应不同的环境条件。

夏日室内外的温差显著，尤其是从空调环境转至炎热室外时，应让身体缓慢适应外界气候，切勿立即开始剧烈运动。完成跑步后，应注意避免直接暴露于空调冷风之下，建议在进行拉伸运动的同时，让身体缓慢降温，之后再洗浴更衣。

第二，及时补充电解质和水分。

夏天高温条件下，人体易于失去较多体液，因此在运动前、中、后均需积极补水。建议在运动前30~60分钟，补充200~500毫升水分；在运动过程中应采取少量多次的方式补水，每15~20分钟补充200毫升水分。若运动时间不超过 1 小时，补充清水即可。应避免在感到口渴时才想起补水，因为此时已可能出现轻度脱水状况。对于超过 1 小时的运动，应补充含电解质的饮料或口服盐丸以补充水分。剧烈运动后，可依据体重减少情况进行补水，每减少 1 公斤体重，应补充 1 500 毫升运动饮料。应避免因口渴过度而饮用大量水分，例如，初次参加马拉松时由于缺乏经验，在 10 公里处首次补水时因极度口渴而一次性饮用过多冷水，可导致胃部不适。同时，不应因担心上厕所而长时间忍耐口渴不喝水。

在高温天气跑步时，应注意少量多次地补充水分和电解质，避免因口渴导致的过量饮水，以免引发腹胀、胃痛等不适症状。

第三，注意避免热痉挛。

热痉挛是在运动中或运动后由缺水和电解质不足，以及肌肉内乳酸积累不断增加导致的肌肉痉挛。小腿的腓肠肌或大腿的股四头肌是最容易出现疼痛和痉挛的部位，腹部也常见此类情况。为预防热痉挛，跑者应在训练前、中、后补充水分或摄取运动饮料。若发生热痉挛，应立即停止跑步，补充水分，并对痉挛部位进行按摩。

肌肉痉挛缓解后，可先尝试步行，若感觉良好则可继续跑步，但需降低速度。合理利用冰水海绵也是防暑降温的有效方法，不仅可以通过挤压放到头部降温，还可将冰水海绵放置于腋下、颈后及大腿根等大血管部位，以更有效地降低体温。

第四，减少阳光带来的热辐射。

在户外运动时，一些跑步者为了感觉凉爽，可能会选择穿背心或者赤裸上身，但这在艳阳天没有阴凉的时候是不可取的。赤膊或露背只有在皮肤温度高于环境温度时，才能通过增加皮肤的散热起到降温的作用。然而，在酷暑之日，气温常常接近或超过 37℃，此时皮肤无法散热，反而会吸收外界的热量，因此在夏季赤膊或露背会感到更加炎热。此外，在太阳下露背活动还会直接受到强烈紫外线的照射，长时间暴露可能导致皮肤疾病。建议选择略宽松、浅色的衣服，因为衣服能够抵挡阳光中的有害射线，并在衣服和皮肤之间形成一层空气层，有效隔绝热空气，阻挡强烈阳光对皮肤的直接损伤，保持身体凉爽。另外，应选择速干衣而不是纯棉衣服。

同时，戴遮阳帽和太阳镜不仅可以增加造型，还能保护眼睛；使用防水防汗的防晒霜可以预防皮肤被晒伤；围脖不仅可以防止颈部晒伤，还能吸汗。如果皮肤晒伤，应及时进行冰敷或冷水浸泡，然后可以涂抹芦荟胶。应尽量避免再次暴露在阳光下，后续的运动锻炼也需要适当调整。

第五，注意预防中暑。

在夏天进行体育活动时，人们易受中暑之苦，其典型表现为体温急剧上升，且无法通过排汗降温，伴随着头痛、头晕和精神不集中等症状。特别是在湿度较高的环境下，中暑的风险进一步增加，专业上称为热射病。因此，在夏天进行运动时，必须以较低的运动量开始，并逐渐增加运动时间，让身体逐步适应高温环境。避免在炎热的阳光下长时间运动，并应及时补充水分。运动后，适量饮用冰水可以帮助体温降低。

在跑步过程中，如果出现头晕、恶心、心慌等中暑的迹象，应立即停止运动，并迅速采取措施降低体温，尽快补充电解质饮料或水分，必要时应寻求医疗援助。

第六，选择合适的鞋袜。

除防晒装备之外，跑者常忽略的一个细节是袜子。在夏季跑步时，由于汗水或降温喷淋，袜子容易湿透。因此，赛前可尝试穿湿透的袜子进行预跑，检验在此情况下袜子与跑鞋的适配性，以减少比赛中脚部起泡的风险。许多人会为重要比赛购置新装备，但不宜在比赛中首次使用。

参赛时，选择具有防滑功能的跑步袜较为理想。然而，不推荐穿着全新的鞋子和袜子参赛。一些袜子与鞋垫间的摩擦系数较低，可能导致脚部在鞋内滑动。初期可能未感觉异常，但经过42公里、4～5小时的长跑，脚部极易受伤，后果严重。

▼ 在夏天适合跑马拉松吗

在夏天跑步需要特别注意许多细节，有些跑者可能会误以为在夏天跑步风险很高，再加上夏天的马拉松赛事较少，因此是否在夏天不适合运动呢？

实际上，并非如此。只要我们平时进行适当的训练，让身体具备对高温环境下长跑的适应能力，并注意在夏季运动的细节，是可以尝试参加比赛的。在高温条件下跑马，最关键的是补充水分和电解质。可以采取少量多次的补水方法，例如每跑1~2公里就喝2~3口水，这样可以有效避免因大量流汗而导致的电解质紊乱。跑者在经过水站时可以拿着半瓶水边喝边跑，而不是像平时跑步时喝两口水就把杯子扔掉，因为可能接下来几公里都没有补给点，特别是在长距离训练时，建议交替饮用水和运动饮料。在跑马过程中应该及时监测运动心率，并根据心率调整配速。跑马结束后不要立即停下来，应该慢跑或者慢走一段距离，让心率慢慢降下来。同时，不要立即喝冰饮料，也不要立即进入温差大的环境，例如空调房间，也不要立即冲凉水澡，因为这些都可能对心血管系统造成一定的损害。

如果在跑步过程中出现头晕、恶心、发冷或停止出汗等情况，应立即停下来，并找到凉爽的背阴处，进行降温、补水和补充电解质。如果情况没有好转，应立即寻求帮助。

在夏天跑步后注意事项

在夏天，跑前、跑中很重要，其实跑后更重要。跑后注意事项，有以下四点供大家参考。

第一，跑步后的科学降温方法非常重要。

在运动时，肌体表面的血管会扩张，体温升高，毛孔也会扩张，导致排汗增多。运动后，全身各组织器官的新陈代谢增加，皮肤中的毛细血管也会大量扩张，促进余热的散发。如果运动后立即进入冷气很足的空调房间，突然的冷刺激会导致毛细血管收缩和汗腺关闭，容易引发体温调节等生理功能失调，诱发感冒、发烧等症状。因此，科学的做法是在运动后，先进行拉伸按摩放松，然后选择温水进行淋浴清洁。

长距离跑步后，可以考虑使用冰桶浸泡双腿，以减少运动后的疼痛，促进恢复。跑步后不要立即进入空调房间降温。

第二，跑步后不要蹲坐休息。

经常可以看到有人在跑步结束后，尤其是在跑全马后，蹲下或坐下休息，这是错误的做法。因为立即蹲坐会阻碍下肢血液回流，影响血液循环，加重肌体疲劳。严重时可能会产生重力性休克。运动结束后应调整呼吸节奏，步行甩臂，并做一些放松、调整的活动，促使四肢血液回流入心脏，有利于还清"氧债"，加快恢复体能、消除疲劳。

第三，不要贪吃冷饮。

大量运动后，人体消耗了大量水分，尤其是在夏天，容易口干舌燥、急需喝水。然而，此时消化系统仍处于抑制状态，功能低下。贪吃过多的冷饮可能引起内外温度失衡，导致胃肠痉挛、腹痛、腹泻等不适。运动后最好少量多次地补充电解质水，或者喝温淡糖盐水。

第四，跑步后不要吸烟。

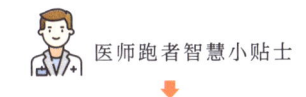

吸烟会导致大量有害物质进入血液循环，对健康造成伤害，与跑步的健康理念相悖。

> **医师跑者智慧小贴士**
>
> 在夏天跑步推荐使用导汗带。导汗带在跑步中的作用是吸收额头和面部的汗水，防止汗水流入眼睛，影响视线和跑步体验。它能有效地将汗水吸收并集中在头带上，避免汗水刺激眼睛，提高跑步时的舒适度和视野清晰度。另外，导汗带还有助于保持面部干燥，减少汗水滴落到其他部位，保持身体的干爽和清洁。

第3步 在秋天如何跑步

秋天是一个适宜跑步的季节，与春天相似，气温宜人，适合锻炼身体。但相对于春天，秋天的空气较为干燥，因此需要特别注意以下几点。

第一，稳步提升，避免过快。

秋天气候凉爽，很容易让人感觉跑步轻松愉快，但不要因此盲目提升速度，尤其是在没有充分训练的情况下，过快的跑步容易导致受伤。建议保持稳定的节奏，避免过度追求速度。

第二，选择合适的时间和地点。

秋天早晚温差较大，夜晚变得较长，这需要我们调整跑步时间和地点。建议选择在白天气温较暖和的时间进行跑步，尽量避免在夜晚或寒冷的清晨进行户外跑步。同时，选择跑道或治安良好的公园等安全场所进行跑步，避免在有落叶等滑倒风险的地方跑步。

第三，注意及时补水。

秋天空气干燥，容易引起脱水，因此在跑步前要注意充分补水。建议在跑步前30分钟饮用适量水分，同时在跑步过程中也要随时补充水分，以保持体内水平衡。

第四，充分热身和拉伸。

在秋天跑步前的热身比在夏天更为重要，需要花费更多的时间进行充分热身。建议进行低速有氧慢跑和核心肌群的热身运动，以预防运动损伤。同时，跑步后也要进行适当的拉伸放松，帮助恢复肌肉状态。

第五，科学穿搭。

在秋天，尽管天气寒冷有些凉意，但跑步时产生的汗水并不会减少。如果一开始穿着厚重的外套，不仅会增加跑步的负担，脱下来也不方便，甚至可能导致着凉。因此，采用多层穿搭是解决这个问题的有效方法。对大多数跑步爱好者来说，选择两层或三层衣物几乎可以满足秋天跑步的保暖和便利需求。具体穿几层应根据当时的温度和个人的体感来决定。

- 第一层：选择排汗速干的运动服装，确保能迅速吸收皮肤上的汗水并排出。对于裤子的选择，为了避免凉气侵袭膝关节等部位导致炎症，以及避免小腿肌肉因低温刺激而出现僵硬、痉挛等情况，可以选择七分或九分长度的压缩裤或专门的跑步裤。
- 第二层：选择排汗保暖的衣物，例如专业的运动衣或羊毛材质的毛衣，确保能够将第一层衣物排出的汗水吸收并迅速挥发，同时不让身体热量过快散失。
- 第三层：选择外套，重点考虑防风、防雨和御寒功能。根据所处地区的气候情况，调整穿衣数量，采取多层穿搭方式御寒。在跑步开始后，随时可以逐渐脱掉多余的衣物，以保持身体处于良好的温度状态。对于北方地区的跑步爱好者而言,在气温约为10℃时开始跑步,一般只需穿两层衣物。当天气更冷时,可以在内层选择长袖的压缩衣,外层则选择压缩易携带的速干皮肤衣。

在秋天跑步时,汗水凉后很容易让身体感到寒冷。因此,在跑步时最好随身携带一块擦汗的毛巾,或备有一套干净的衣物以备更换。对于那些不喜欢携带过多装备的跑步者而言,最好尽快穿上或脱下衣物,并在跑步后进行拉伸,尽快回到室内环境。

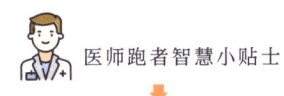

医师跑者智慧小贴士

在秋天刮风的日子里跑步时,确实需要注意呼吸的节奏和深度。特别是在寒冷的气候下,冷风可能刺激咽喉和气管,导致不适或咳嗽。因此,建议尽量避免用嘴呼吸,而是通过鼻子呼吸。这样做有助于将吸入的空气加热和湿润,减少对呼吸道的刺激,从而降低不适的风险。

第4节 在冬天如何跑步

俗话说:"冬练三九,夏练三伏。"那么,在寒冬季节是否适合跑步运动?会不会更容易感冒?在冬天跑步有哪些需要特别注意的?

跑步锻炼应该是常年的一个习惯,不同的季节有不同的注意事项。一般来说,冬天气温低,人的新陈代谢比较缓慢,穿的衣服厚重,自然不爱运动,故冬天更容易存储脂肪。因此,在冬天跑步很有必要。

运动本身不会引起感冒,是跑步之前没做好准备工作,跑步时穿得比较少,或者运动后出汗没有及时擦干,没有及时更换干爽衣物,才容易导致着凉感冒。

冬天因为气温低,所以跑步具体事项显得特别重要。

第一，跑前热身尤其重要。

通常，在跑步之前需要进行热身，而在冬天气温较低的情况下，四肢容易变得僵硬，皮肤的弹性也会减弱。因此，在冬天进行跑步前，必须充分进行热身，并且热身时间应该适当延长一些，通常建议进行约 10 分钟的热身练习。

热身的目的是让身体各部位的肌肉，胸、背、腹、腰，以及四肢关节等得到充分的活动，从轻微开始逐渐加大，直到全身微热、微微出汗，并且感觉轻快、灵活。这样可以让上肢、下肢的关节和肌肉都得到放松，具备一定的弹性，为进行跑步运动做好准备。

在冬天跑步时，如果室外的温度较低，或者室内外温差较大，建议在室内先进行几分钟的热身，直到身体微微出汗，稍微有些气喘的感觉后再出门。或者，开始时穿上一件保暖的外套，在跑了 1~2 公里感到身体已经变热时，可以脱掉外套，完成跑步后立即穿上外套并进行拉伸。

第二，合理的饮食必不可少。

在冬天跑步前，最好摄入一些食物以提供能量。选择高热能、易于消化的食品是明智的选择，例如牛奶、鸡蛋、面包、馒头、包子等。但是，要避免过度饱食，以免引起胃肠不适。最好在跑步前约 1 小时进食，这样可以确保食物充分消化。

此外，由于跑步时身体的新陈代谢加快，热量消耗较大，出汗也较多。因此，在跑步过程中适当补充温热的电解质饮品和碳水化合物是必要的，以

在冬天跑步时注意保暖

保持体力和水分平衡。

第三，冬天跑步时如何进行补水是一个重要问题。

由于冬天气温较低，人体出汗相对较少，因此在户外运动时并不建议饮用过凉的水。一般情况下，进行1小时内的跑步可以不必补充水分。但是，如果进行长距离跑步，最好选择温热的电解质水进行补水。如果条件允许，可以自备水壶将温水放在腰包里携带，在跑步过程中即使时间较长，水温也不会太低。如果没有条件饮用温水，可以将凉水含在口中稍作保温后再慢慢咽下去，但千万不要喝得太多太快，以免引起胃部不适。总的来说，在冬天跑步时最好选择温水，小口小口地喝，使水分缓慢地被咽下去。

第四，选择合适的外套对于冬天跑步至关重要。

在冬天进行跑步时，穿衣需要注意保暖、排汗和防风性，不能简单地套上一件羽绒服就出发。在冬天户外运动的穿着通常分为三层：贴身层、中间层和最外层。贴身层建议选择速干材质的衣物，能够迅速排出汗液，保持皮肤干爽。中间层主要起到保暖作用，抓绒衣是不错的选择，它既保暖又能够排湿，不会将汗水困在皮肤上。冬天的寒冷主要是由于风的作用，因此抗风性非常重要。软壳冲锋衣具有防风甚至防雨的功能，而且重量轻便，是不错的选择。在跑步过程中如果感觉热了，可以适当脱掉外层的防风衣。对于越野或者山区跑步而言，既不怕被树枝或凸起的山石挂住，又具有防风防雨功能的硬壳冲锋衣，是明智之选。

第五，选择的内衣应具备良好的透气性。

在冬天跑步时，内衣的选择尤为重要。建议选择技术含量高的聚酯纤维制成的内衣，因为它能够迅速将汗水排出体外。这类产品的主要功能是防止跑步时汗水过多地积聚在身体周围，而如果选择棉质内衣，很容易发生这种情况。当汗水在身体周围过多积聚时，在气温下降和风速增大的情况下，一旦放慢速度或开始步行，就会感到非常湿冷。因此，选择具有良好透气性的内衣可以帮助保持身体干燥和舒适，使得跑步时更加愉快和舒适。

第六，选择防滑鞋是跑步的关键。

在冬天跑步时，选择合适的跑鞋至关重要。这时的跑鞋更注重防水和保暖性能。特别是在寒冷的北方地区，应该选择保暖性能较高的跑鞋，以防止脚部受冻。

此外，选择稍厚一些的跑步袜也是保暖的好方法。袜子的长度尤其重要，应该盖住脚踝，甚至有些运动袜子能够包裹住小腿，确保双脚保持温暖。

另外，冬天地面容易变得湿滑，因此在选择跑鞋时应注意底部材质。建议选择软橡胶底的跑鞋，其鞋底花纹应该宽且深，以确保良好的防滑性能。过于硬的橡胶底在寒冷的空气中会变得更加硬，这会导致跑步时脚部失去控制，增加发生意外和危险的可能性。

因此，在冬季跑步时，选择适合的防滑鞋至关重要，可以保证你的跑步安全和舒适。

第七，关键小装备不可或缺。

首先，在冬季户外跑步中，护肤是至关重要的。冬季的寒冷天气和干燥空气容易导致肌肤水分流失，因此必须做好肌肤的保护工作。

其次，在运动过程中，大部分热量都是通过头部散发的。因此，在冬天跑步时戴上帽子来保暖头部是必要的，这不仅可以减少冷空气对头部的刺激，还有助于减少感冒的发生。需要注意的是，选择的帽子不宜过厚，以免出汗过多，脱掉帽子后受风后反而更容易感冒。选购跑步帽子时，要优先考虑能够保护耳朵的设计。

另外，戴一双透气的手套也是十分明智的选择。不建议选择皮质手套，因为出汗后不易蒸发，导致手部湿气过重。特别是在寒冷的地方，选择带有护腕设计的手套可以有效阻止冷空气从袖口和手腕缝隙侵入体内，保持手部的温暖感觉。这些关键的小装备在跑步过程中发挥着重要作用，能够确保跑步运动的安全和健康。

第八，呼吸技巧。

在寒冷的冬天跑步，特别是逆风跑时，呼吸时应尽量通过鼻子进行吸气。通常长跑时采用口鼻共同呼吸，但在冬天，尤其是面对逆风时，不要张大嘴巴呼吸，而是尽量通过鼻子吸气。因为鼻腔可以对冷空气进行加温加湿，从而减少对呼吸道的刺激。根据个人的配速和肺活量，可以采取"两步一呼吸"或者"三步一呼吸"的呼吸节奏。

第九，增加反光装备以提高安全性。

从安全的角度考虑，跑步时应该身上配备越多反光装备越好，最好在身体的躯干、四肢、头部和脚部都装备反光条。尤其是在夜间跑步时，这一点显得尤为重要。配备反光装备可以有效提高能见度，确保跑步过程中的安全。

第十，跑后及时除寒。

跑步结束后，应尽快更换干燥温暖的衣物，避免潮湿的衣物增加热量消耗。同时，在跑步过程中应随时留意自身的身体状况，如有不适应立即调整速度或者中断跑步，切勿勉强支撑。另外，在跑步后可以用热水泡脚来驱除寒意并消除疲劳。在冬天跑步时要注意穿着合适的衣物和防滑鞋，并且跑步结束后要及时除寒，保持舒适。

春种夏长，秋收冬藏。在冬天，许多动物选择冬眠以应对严寒，而我们作为自然界的一部分，也应当审慎选择是否进行运动。在开始新的一天活动之前，我们需要认真评估个人状态和周围环境，确保身体处于最佳状态。只有在天气宜人、环境适宜的情况下，我们才能在健康的身体状态下开展运动，迎接新的一天。

> **医师跑者智慧小贴士**
>
> 在冬天跑步时，天气干燥容易导致皮肤摩擦，特别是对男生来说，乳头摩擦可能会引起不适甚至疼痛。因此，男生在冬天跑步时，可以考虑使用乳贴来保护乳头免受摩擦的刺激。这样可以减少不适感，提高跑步的舒适度，确保跑步过程中的愉悦体验。

第 5 节　在雨雪天如何跑步

说到下雨天和下雪天，很多人是非常喜欢的。"天街小雨润如酥，草色遥看近却无""晚来天欲雪，能饮一杯无"……但是对跑者来说，下雨和下雪，

第 5 章　时令与天气：跑步如何适时而动

多数时候意味着跑休，为了避免感冒或受伤，选择适当休整，以待晴好天气。

但是，如果遇上梅雨季节，连续多天雨水不断，又该如何呢？在下雨天到底能不能跑步呢？

在雨天如何跑步

首先可以肯定地说，在小雨天，如果路面不是特别湿滑，是可以跑步的。如果是大雨或者下暴雨，推荐室内跑。

细雨中慢跑，别有一番情趣。细雨初降时所产生的大量负氧离子，享有"空气维生素"的美誉，能舒缓烦躁的情绪，令人心旷神怡。

细雨中锻炼还有利于消除阴雨天气带给人们的郁结与烦闷。享受雨中乐趣，霏霏细雨犹如一种天然的冷水浴，对颜面和头部的肌肤起到按摩作用，会令人神清气爽，耳目一新，疲劳和愁烦顿消。长期如此还可增强机体对外界环境变化的适应能力，减少感冒的发病率。

如果是有经验的跑友，雨战马拉松早已司空见惯，需要提前为雨中跑步做一些准备。

对跑者来说，跑步很重要，但是安全更重要，尽量选择车辆稀少或封闭的跑道跑步。

细雨中跑步有诸多好处，但是需要注意以下这些情况。

第一，**注意防滑**。路面在雨水的浸润下可能变得湿滑，特别是在路面上有积水的情况下更容易滑倒。因此，选择有良好排水系统的路段或封闭跑道进行跑步，避免出现意外。

第二，**保持温暖**。下雨天气温较低，跑步时需注意保持身体温暖。选择透气又防水的运动服装，避免穿着过少导致着凉感冒。

第三，**保护眼睛**。雨水中携带着杂质，可能会影响视线，尤其是在较大的雨滴或强降雨的情况下。带上合适的跑步眼镜或帽檐，保护眼睛不受雨水刺激。

第四，**及时更换衣物**。跑步结束后，及时更换干燥的衣物，避免身体受凉。尤其要注意保持脚部干燥，避免因湿鞋导致脚部感染或起水泡。

第五，合理调整速度和强度。下雨天路面湿滑，跑步时要注意调整速度和强度，避免过快、过急，以免摔倒或受伤。

第六，及时补水。虽然在雨中跑步容易忽略水分的摄入，但身体在运动中仍然需要足够的水分来保持正常功能。因此，跑步过程中及时补充水分是非常重要的，可以选择携带水壶或穿戴水袋以便在需要时补水。

▼ 在雪天如何跑步

雪天和雨天不尽相同，跑步注意事项也要区分对待。

冬日的寒冷气候为热爱跑步的人们带来了新的挑战。雪后的道路结冰，但这并不意味着我们不能继续跑步。除了之前提到的冬季跑步注意事项外，以下是在雪天跑步时需要注意的事项，让我们能够在雪天安全且愉快地享受跑步带来的乐趣。

第一，在雪天跑步时，要尽量选择安全的地点。避免在山区、悬崖边或其他不稳定的地方活动，以免发生意外。最好选择空旷的场地，如操场、熟悉的公园或车流量较少的道路。同时，随时留意周围环境和行人、车辆的情况，避免滑倒或与他人碰撞，确保自身安全。

第二，要穿着适当保暖的衣物，确保在跑步时不会受到寒冷侵袭。建议采用三层穿衣法：贴身穿着透气速干的长袖 T 恤，中间穿着保暖且具有导湿性能的抓绒衣，最外层则可选择防风衣。在跑步过程中，如感到过热，可适当脱掉外层防风衣。此外，戴上围巾保护耳部和面部，带上帽子和手套也是必不可少的。

第三，选择合适的跑步时间至关重要。雪后的下午或傍晚是较为适宜的跑步时段，此时路面结冰较少，相对较为安全。应避免选择清晨或夜晚跑步，因为地面结冰的可能性较大，容易导致滑倒受伤。

第四，要注意控制速度。在雪天跑步时，由于道路湿滑，可能会比平时跑步更加困难。因此，选择一双有纹路、舒适且防滑的鞋子非常重要。此外，在陡峭的斜坡上尤其要小心谨慎，控制好速度，以免发生意外。

第五，**最好佩戴滑雪镜**。因为雪后的环境，视线会产生疲劳，而且白茫茫的雪地会使光线产生折射，增强紫外线的强度。因此，戴上防紫外线的墨镜或滑雪镜能够保护眼睛免受光线和紫外线的伤害。

第六，**要注意补充热量**。在雪天跑步前和跑步过程中，可以多喝热饮使自身感到温暖，同时适当补充碳水化合物，以保证身体的能量供给。

> 医师跑者智慧小贴士
>
> 在雨雪天气里跑步时，地面容易变得湿滑，视线也可能受到阻碍，稍有不慎就容易发生意外。因此，提醒跑友们一定要保持高度警惕，打起十二分精神，注意脚下的路面状况，避免滑倒或扭伤。同时，选择合适的路线和适当减缓速度也是非常重要的，确保跑步过程安全稳健。

总之，准备充分是在雪天跑步的关键。只有在确保安全的前提下，我们才能够享受在雪天跑步带来的愉悦。因此，运动重要，但安全健康更为重要。在雨雪天跑步时，务必谨慎选择路线，建议采用三层穿衣法以保暖防寒。

第6步 在沙尘雾霾天如何跑步

当遭遇沙尘暴或雾霾等极端天气时，特别是在我国北方及西北地区，这种天气的出现频率较高，对跑步爱好者而言，需要额外注意。以下是一些应对这种情况的合理建议。

第一，**监测空气质量**。时刻留意天气预报中的空气质量指数（AQI）。如果预报显示空气质量较差，尤其是沙尘暴警报或中、重度污染时，最好避免户外跑步。

第二，**维护视觉安全**。如果必须外出跑步，请戴上护目镜以保护视力。

沙尘或雾霾可能会影响视野，增加跑步中的风险。

第三，佩戴口罩。在大量悬浮颗粒物的情况下，戴上口罩可以减少呼吸道对尘埃的直接接触，降低对身体的不良影响。此外，戴上帽子、头巾或围巾等也能减少皮肤与空气接触。

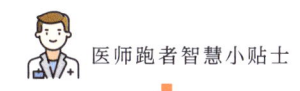

> 医师跑者智慧小贴士
>
> 在沙尘暴或雾霾天气下，应尽量选择室内运动，患有肺部基础疾病者更应避免在此时户外跑步。

第四，选择室内运动。如果户外环境不适宜跑步，可以考虑在室内进行运动，例如使用跑步机或进行健身操等，以避免暴露在有害颗粒物中。如果非要户外运动，则选择公园等相对空气清新的地点。

第五，保持充足的水分摄入。沙尘暴天气下，空气中尘埃颗粒增多，容易导致喉咙不适。保持足够的水分摄入有助于缓解不适感。

第六，控制运动时间。在雾霾天气下跑步，不宜时间过长，一般控制在30分钟左右为宜。

第七，清洁后注意卫生。锻炼后应立即进行清洁，包括洗脸、洗手、漱口和清洗鼻孔等，同时更换干净的衣物。

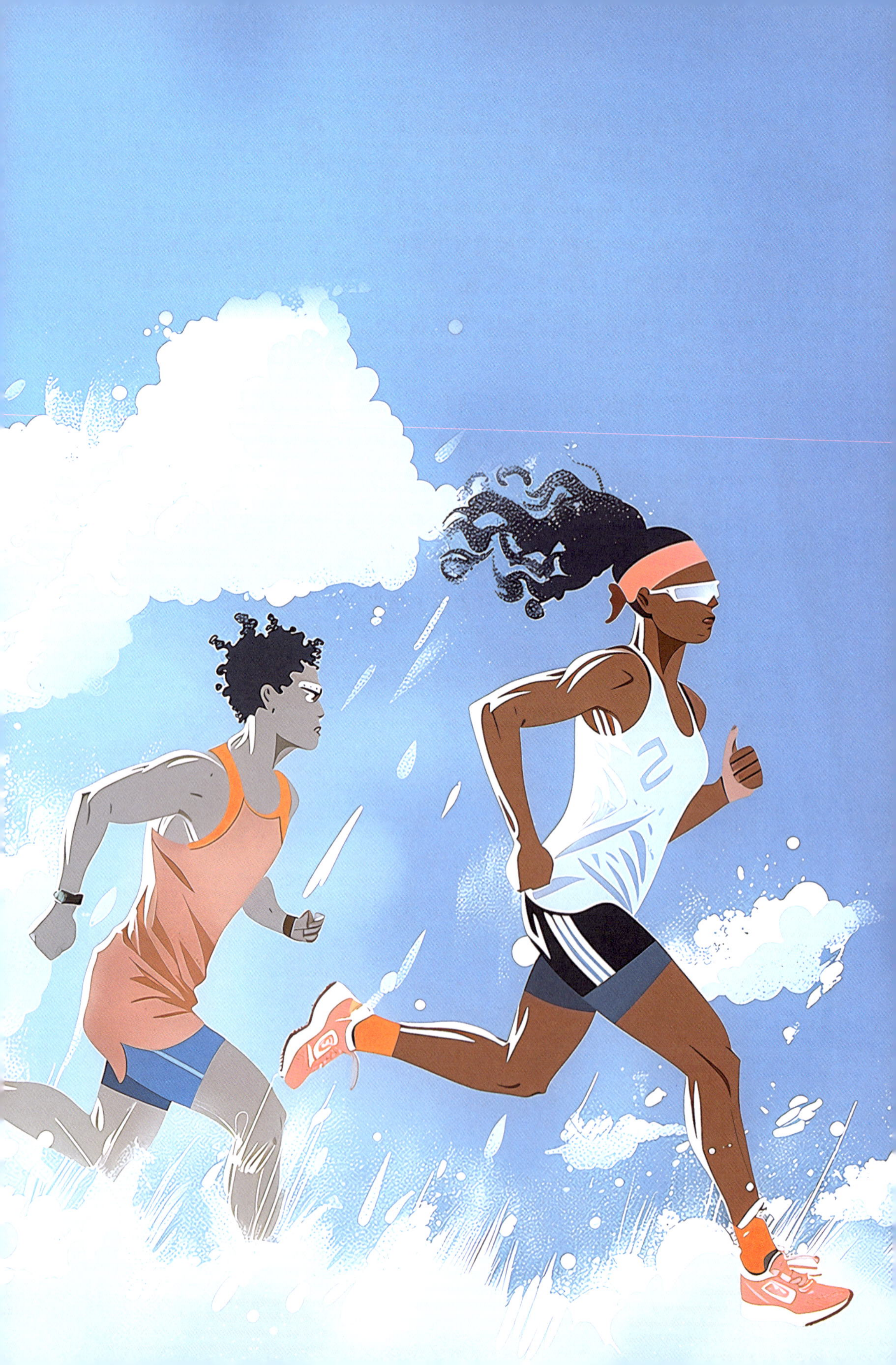

第6章 跑步训练计划如何制订

第 1 节　跑步如何进行正确的热身和冷却　146
第 2 节　长跑训练知多少　157
第 3 节　胯训练和交叉训练　162
第 4 节　匀速跑：保持稳定节奏的跑步技巧　165
第 5 节　变速跑：以"变"应对"不变"的跑步技巧　169
第 6 节　间歇跑：向爆发力致敬的跑步技巧　172
第 7 节　训练时如何恢复和休息　174

第 1 节 跑步如何进行正确的热身和冷却

经过前期的运动前评估，确认我们没有明显的跑步禁忌，就可以从轻度到中度的运动强度开始锻炼了。然而，很多人在开始跑步时并未进行适当的热身，直接开始奔跑，也没有进行跑后的拉伸。然而，他们可能不知道，这样做会给身体带来健康隐患。

热身和冷却是运动不可或缺的环节

热身就好比开车时的启动速度，需要一个缓冲和调整的过程，让身体提前适应更强的运动节奏和路况。而冷却则好比刹车之后，需要逐渐降低速度，需要一个平稳的过渡过程。这些都需要引起我们的注意，我们不会看到汽车在马路上速度从零瞬间加速到时速一百公里。因此，我们需要做好运动前的准备工作，以确保运动健康、有效的进行。

运动前动态拉伸和运动后静态拉伸是我们一直强调的重要步骤。无论进行何种类型的运动，热身和拉伸都是不可或缺的环节，对缓解身体肌肉的紧张状态、预防肌肉拉伤都具有显著的效果。然而，在现实生活中，很多人在出门或到达健身房时急于开始锻炼，往往忽视了这些关键的环节。

要想进行一次非常健康的跑步训练，就必须做到三个方面：第一是进行跑前热身，第二是开始正式的跑步训练，第三是进行跑步之后的拉伸，这三者缺一不可。

运动前热身

为什么说运动前热身是一个关键环节呢？因为它能给我们的运动过程带来以下诸多好处，使健身过程更加安全、高效。

- 运动前热身可以增加肌肉的活性，让身体快速投入运动。
- 运动前热身可以增加肌肉的延展性，减少运动中的拉伤和撕裂。
- 运动前热身可以增加关节的活动范围，提高动作的质量。
- 运动前热身可以增加柔韧度，缓解肌肉酸痛。

如果长期没有进行运动前的热身，身体会逐渐积累问题。在早期阶段（1～3个月），可能会表现出肌肉变得紧绷、弹性下降等早期劳损现象，使得动作变得笨重僵硬，关节受到更大冲击力，导致膝关节出现劳累感甚至不适。随着时间的推移（半年以上），会出现关节疼痛和明显的运动劳损性伤痛感。疼痛本身也会导致肌肉保护性痉挛，加剧紧张肌肉，形成恶性循环。有效的热身运动将使整个锻炼过程更加安全有效。

运动后拉伸

运动后的拉伸也是非常重要的，但是很多人并没有意识到这一点，他们认为运动后简单地坐下休息一会儿，喝点水就可以回家了。然而，长此以往，这种行为对身体的影响会逐渐累积，达不到健康无伤的跑步效果。运动后的拉伸有以下好处。

跑前集体热身

- 运动后的冷却拉伸可以帮助缓解运动后肌肉酸痛。由于运动后体内乳酸堆积，通常在运动后的 2~3 天会出现肌肉酸痛的现象，严重者甚至可能影响正常的步态和上下楼梯。及时进行充分的拉伸可以加速乳酸的代谢，有效改善跑步后的身体酸痛。此外，拉伸还能预防肌肉僵硬，提高身体的协调性。如果不及时进行拉伸放松，肌肉将长时间处于紧张和僵硬的状态，导致身体变得僵硬、不灵活。拉伸能够使肌肉放松，促进血液循环，加速身体的恢复，让身体更加放松。
- 运动后的拉伸有助于塑造更好的身材线条。有些女性担心跑步会导致腿部肌肉变粗，其实这主要是因为运动后没有适当的拉伸。运动后的拉伸可以拉长肌肉，使其恢复弹性。坚持进行拉伸可以使身体线条更加柔和流畅，使肌肉更加紧致，四肢更加修长。
- 运动后的拉伸还有助于快速恢复体力。运动后身体处于紧张和疲劳的状态，此时坐下不动并非最好的恢复方式，而是应该进行拉伸。拉伸可以快速输送营养物质到需要的组织，同时让身体处于休息状态，达到快速恢复体力的效果。另外，拉伸还可以加速排毒，帮助身体排出运动时产生的代谢废物。

总的来说，运动后的拉伸时间并不需要太长，大约 10 分钟即可。拉伸时要注意不要只拉伸局部肌肉，而是全身都要进行拉伸。拉伸后要及时为身体补充营养，避免身体缺乏营养而变得更加疲劳。

如何正确进行跑前热身

有一些跑步爱好者在穿上装备后往往直接开始跑步，而忽略了充分的热身运动。这种做法容易导致腿部抽筋、跟腱酸痛，甚至关节损伤等问题。我们一直强调健康无伤的跑步方式，而充分的跑前热身则是降低跑步损伤风险的关键措施之一。充足的热身运动有助于让身体从休息状态平缓过渡到运动状态，使得各个部位的关节（如肩、髋、膝、踝等）得到充分活动，同时激活全身肌肉，尤其是腿部肌肉，从而预防跑步过程中的肌肉拉伤。

进行热身训练时，应注意每个动作都要从小幅度、慢速度开始，然后逐渐增加幅度和速度。过快地进行热身容易导致肌肉拉伤。各位跑友可以根据个人情况自由组合以下热身动作，进行 5～10 分钟的热身训练。

5~10 分钟的热身训练　< 根据个人情况自由组合以下热身动作

动作名称	半蹲侧移
作用	激活臀部肌肉，提升核心温度
动作要领	一侧腿横向移动，另一侧腿跟随，并与迈出的一步保持相等距离，同时自然摆动双臂

动作名称	徒手深蹲
作用	激活臀部肌肉，提升核心温度
动作要领	双腿自然分开与肩同宽，膝盖不可超过脚尖，向下蹲时使大腿与地面平行

大腿与地面平行

动作名称	左右交叉提膝
作用	快速调整神经状态，激发肌肉和神经兴奋，为接下来的训练做好准备
动作要领	双臂快速协调摆动，躯干左右旋转，屈膝屈肘使膝盖交叉触碰

动作名称	早安式
作用	激活下腰背部和臀部，提升髋关节灵活性
动作要领	以髋关节为主导进行屈伸运动，注意膝盖不要过度伸展，保持上半身挺直

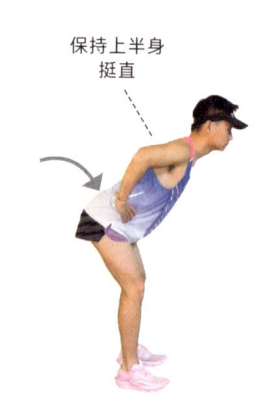

保持上半身挺直

动作名称	交替垫步
作用	激活踝关节，提升关节活动度，增强关节周围组织的弹性
动作要领	左右交替提起脚跟，使脚尖离地，同时双臂自然协调地摆动

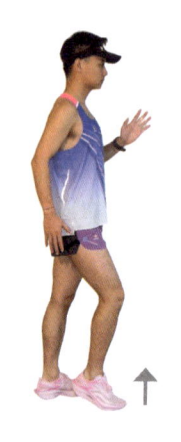

如何正确进行跑步冷却

跑步后建议进行静态拉伸。在跑步运动中，我们的核心温度会上升，心率也会增加。因此，当跑步结束后，首要任务是稳定心率。通过静态拉伸，我们的体温会逐渐降低，心率也会逐渐回归静息状态。如果突然停止跑步后直接坐下或躺下，心率和血压会迅速下降，可能导致头晕眩晕等不适情况，而进行跑后拉伸可以帮助我们避免这种情况发生。一般来说，跑步后需要拉伸的肌肉包括股四头肌、腘绳肌，以及小腿后侧的肌肉等。

跑后冷却拉伸和跑前热身一样，不需要过久，5～10分钟即可。放松拉伸有助于让身体从紧张的跑步状态平缓地过渡到休息状态。如果跑步时间超过 30 分钟，建议不要突然停止，最好先逐渐减慢速度至慢走 2～3 分钟，让身体逐渐降温、心率减慢后，再进行拉伸运动。这就像驾车一样，与其突然踩下油门或刹车，平稳地加速和刹车对车辆更为有利。

以下是一些跑后冷却拉伸练习，可以帮助身体逐渐恢复到静息状态，缓解肌肉和关节的紧张和僵硬感，恢复肌肉柔韧性和关节灵活性，预防肌肉酸痛，并为下次的跑步做好准备。

动作名称	最伟大拉伸
作用	有效激活核心部位和增强胸椎灵活性，提高身体协调性
动作要领	双手支撑，肘部尽量向下压，同时伸展转体。前腿伸直勾脚尖

动作名称	左右臂后侧拉伸
作用	增强肱三头肌的柔韧性，并帮助舒缓肩部和背部的紧张感
动作要领	保持身体挺直，左手抓住右胳膊肘向后拉伸，同时右手向相反方向施加轻微对抗，以感受肱三头肌的拉伸

动作名称	侧腰动态拉伸
作用	增强侧腰肌肉的柔韧性，促进脊柱的灵活性
动作要领	站立，双脚分开，保持核心收紧，背部挺直。身体侧屈，同时上臂上举，伸展同侧腹部。恢复原位后，换至另一侧进行

动作名称	大腿后侧/外侧拉伸
作用	拉伸大腿后侧和外侧的肌肉，增强这些肌肉的柔韧性，并有助于改善下半身的灵活性
动作要领	双脚交叉，一条腿伸直，另一条腿略微弯曲，身体重心倾向于弯曲腿的一侧

医师跑者的智慧

动作名称	小腿拉伸
作用	拉伸小腿肌肉，特别是腓肠肌和腓骨肌，有助于缓解小腿肌肉的紧张和疲劳，同时提升小腿的柔韧性
动作要领	将一条腿伸直，后侧腿膝盖弯曲，尽量使脚尖向上勾起。双手尽量触碰前脚尖，并保持该姿势

动作名称	腕屈肌群拉伸
作用	拉伸腕部屈肌群，包括前臂的屈肌，有助于缓解腕部的紧张感，增强腕部的柔韧性和灵活性
动作要领	一只手抓住另一只手的手指，将手掌向外翻，伸直手臂，然后向后拉手指，感受前臂掌的拉伸感

动作名称	手臂前置后拉
作用	拉伸手臂背侧肌肉，特别是背阔肌和三角肌，有助于缓解肩部和背部的紧张感，同时增强手臂的柔韧性和灵活性
动作要领	站立并将一只手臂伸直穿过胸部前方，另一只前臂置于交叉手臂上方并扣住。保持身体后背挺直，目视前方，确保稳固支撑及双腿对称

第6章 跑步训练计划如何制订

动作名称	侧弓步拉伸
作用	使髋关节和大腿内收肌群得到充分的伸展
动作要领	向右迈出一大步，右脚向右跨，身体重心向右腿靠拢，同时双手交叉放置于胸前。在整个过程中，保持腰背挺直，双脚脚尖朝前并紧贴地面

动作名称	盘腿下蹲
作用	提高踝、膝关节的稳定性，充分拉伸大腿内侧肌群和臀大肌，提高身体的控制能力
动作要领	下蹲至大腿与地面平行，当一侧臀部感到牵拉时停止

动作名称	直腿下压
作用	直腿下压有助于拉伸后腿大腿后侧的肌肉，如阔筋膜张肌、股二头肌等，同时增强下背部和髋部的灵活性，有助于改善身体的柔韧性
动作要领	双脚与肩同宽，保持双腿直立，背部挺直，尽量用手触碰脚尖

动作名称	抱膝提踵
作用	能有效地激活踝关节的稳定性，使臀大肌、腘绳肌以及髋关节得到充分的拉伸
动作要领	双手抱膝贴胸，支撑脚提起踵部

动作名称	股四头肌拉伸
作用	增加股四头肌的血流量，激活肌纤维，使髋关节得到充分伸展
动作要领	握住踝部，屈膝，向臀部屈曲，保持腰背挺直，同时将手上举

动作名称	勾摸脚尖
作用	有效降低腘绳肌、小腿三角肌肌肉的黏滞度，增加血流量
动作要领	一侧腿支撑，另一侧向前迈一小步，勾起脚尖，双手向前伸展，尽量触摸前脚尖，同时呼气

第6章 跑步训练计划如何制订　　155

动作名称	分腿蹲
作用	激活臀部肌肉，提高核心温度
动作要领	前侧大腿下蹲至与地面平行，后腿膝关节靠近地面但不触地

动作名称	直臂后拉
作用	激活肩关节，增加肩关节活动范围，使肩部活动更加顺畅
动作要领	双臂上抬至与地面平行，向后拉动同时伸直肘部，整个过程确保双臂紧贴躯干

动作名称	足底滚动
作用	激活踝关节，提高关节活动度，增加关节周围组织的弹性
动作要领	保持膝关节微屈，不锁死，通过踝关节发力，使足底前后滚动

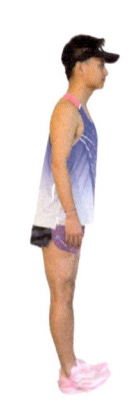

以上是全部的拉伸动作，大家可以根据自己的实际情况来选择。拉伸时感到肌肉有轻微拉伸感即可，不需要过度拉伸。如果出现肌肉明显疼痛，可能是拉伸过度或肌肉已有损伤，应适当减少强度或暂停。每个拉伸动作保持10～30秒即可，拉伸时间过长可能浪费时间，因为肌肉长度有其极限，超过一定时间不一定能够获得更多的放松效果。

医师跑者智慧小贴士

除了跑前热身和跑后拉伸外，一个不为人知但又十分重要的环节是在跑步过程中保持良好的姿势。正确的姿势不仅可以提高跑步效率，还能减少受伤风险。特别是要注意保持上身挺直、肩部放松、手臂摆动自然、脚步轻盈、脚掌着地等细节。这些看似微小的改变可能会让你的跑步体验更加舒适，也更有益于身体健康。

第 2 节　长跑训练知多少

村上春树是一代文学巨匠，同时也是一位跑步发烧友。自 1982 年开始，他每周坚持跑约 50～60 公里，无论行程多满，天气多恶劣，几乎从未间断。他将跑步视为与自己对话、寻找更强大的自己的方式，认为跑步的精髓在于挑战自我，而非战胜他人。

近年来，像村上春树一样热爱长跑的人越来越多。这是因为跑步确实给更多跑者带来了心灵愉悦感，同时拥有了强壮的体魄去迎接健康生活。

像村上春树一样，业余跑者每月跑步量达到两三百公里已经相当了不起了。然而，提到长跑，许多人下意识会觉得它很枯燥，认为跑步无论如何都很乏味。然而实际上，跑步是一种健康的社交方式，尤其是长跑。你可以约上三五好友一起跑步，在跑步的过程中偶尔聊聊天，不仅可以放松解压，还能增进彼此的友情。

什么是长跑训练

长跑训练，又称为长距离跑步，通常指的是路程在 5 000 米及以上的跑步活动。田径比赛中的长跑项目包括 5 000 米、10 000 米、半程马拉松和全程马拉松等。

对于马拉松跑者而言，长跑训练周期应根据个体情况而定。一般来说，参加半程马拉松至少需要 12 周的训练，而参加全程马拉松则需要 18 周甚至更长时间的训练，以确保身体能在一定强度运动下保持健康状态。此外，配速也因人而异，需要根据个人的身体反馈和训练目标进行调整。在训练过程中，不应盲目跟从或冒进，而是应学会倾听身体的信号，这样才能跑得更健康、更持久、更长远。

长跑训练有哪些作用

长跑训练，既耗时长，又距离长，对每位跑友来说都是一项艰巨的任务。因为跑步的距离长，所以跑友们需要将长距离分解成几段距离，并根据实际情况确定每段距离的配速。他们需要考虑如何在每一段距离中保持合适的配速，同时为接下来的跑步段落保留足够的体力。长跑不同于短跑，它不是一瞬间的抢答题，而更像是需要进行科学计算的数学题。

对每位跑步爱好者来说，长跑是一项都需要认真对待的训练。要想在比赛中尽量少"撞墙"或者"跑崩"，就需要一定的跑量作基础，通过有质量的长跑训练提高机体有氧运动能力和续航能力。

身体犹如一台极其精密和奇妙的仪器，而日积月累的跑步训练会逐渐进化这台机器，使机体适应长距离的奔跑。长跑训练是如何提高身体机能的呢？在医学领域我们发现主要有以下三个原因。

- **长跑训练可以显著增加机体毛细血管网的数量。** 肌纤维中周围毛细血管更多,能更快地为肌肉输送氧气和能量。研究发现,在以最大摄氧量的60%～75%进行跑步时,可以让毛细血管网络的增长达到峰值。
- **长跑训练可以提高肌红蛋白浓度、肌束中肌原纤维和线粒体数量。** 肌红蛋白能够储存和分配氧气,持续为肌肉提供氧气,为身体不断地产生ATP提供基础和动力。而肌原纤维中的Ⅰ型肌纤维,也称为慢缩肌纤维,在运动中持续输出动力,发挥着重要作用。
- **长跑训练对心理建设起着巨大的促进作用。** 它有效地提高了大脑分泌多巴胺、内啡肽和生长激素等激素的峰值和总量。多巴胺能够带来愉悦感;而内啡肽则有助于改变负面情绪和自我认知,是抗抑郁的有效方法;生长激素则被称为身体的"工匠大师",它有助于燃烧腹部脂肪,使肌肉纤维有序层叠,同时增大脑容量。这些激素让跑者拥有更愉悦的心情、更聪慧敏捷的大脑,以及更高的抗压能力。

通过长跑,跑者能够放空大脑、舒缓精神压力,并倾听身体的声音。他们不断挑战自我,与自己对话,从而更积极地应对困难和挫折,更清楚地认识自己的需求。

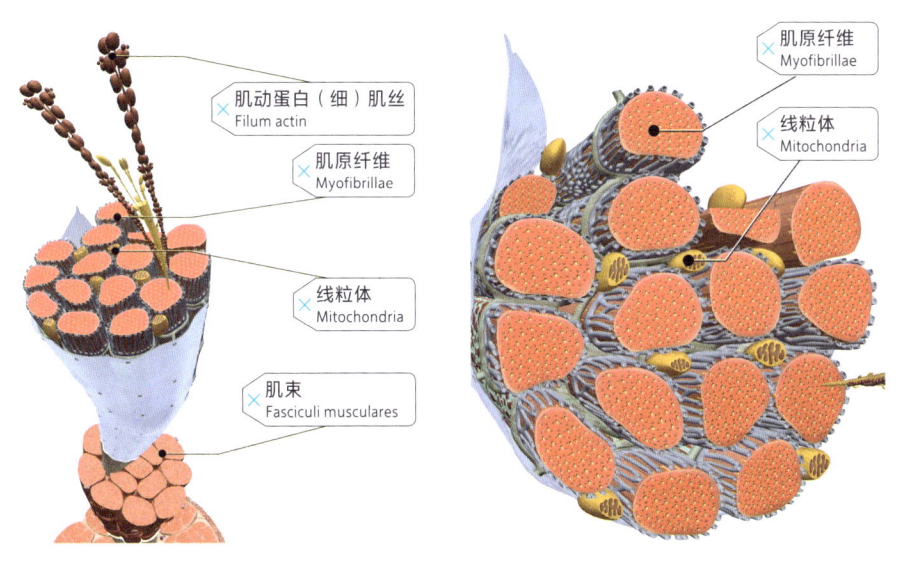

肌束解剖图

长跑训练有哪些形式

跑步的形式多种多样，按照强度的不同可以分为冲刺跑、间歇跑、抗乳酸跑、马拉松配速跑和轻松跑。在长跑训练中，可以包含以上所有形式，具体根据距离和时间长短进行安排。

长距离慢跑（long slow distance, LSD）是目前很流行的训练方式之一。然而，长跑训练并不完全等同于LSD，它们是包含关系，也就是说，LSD是长跑训练的一种形式。根据强度的不同，LSD可以分为"马拉松配速跑"和"轻松跑"。

"马拉松配速跑"是模拟马拉松比赛进行的训练。这种训练的目的包括适应比赛的强度、寻找比赛的节奏、树立信心，并根据训练状态调整预期完赛目标。由于不同的训练目标和水平，马拉松配速的速度要求各不相同。下表可以为不同水平和目标的跑者提供参考。

不同水平和目标跑者马拉松配速跑参考表

10公里成绩	半马成绩	全马成绩	马拉松配速跑
≥ 63 分钟	≥ 2 小时 21 分钟	≥ 4 小时 49 分钟	7：03
57 分钟	2 小时 04 分钟	4 小时 16 分钟	6：10
51 分钟	1 小时 50 分钟	3 小时 49 分钟	5：29
43 分钟	1 小时 36 分钟	3 小时 21 分钟	4：46
39 分钟	1 小时 27 分钟	3 小时 01 分钟	4：06

"轻松跑"的速度和强度均低于马拉松配速跑，主要目的是夯实有氧基础和增强持久耐力。许多健康跑者更偏爱这种训练方式，因为心率往往较低，难度不大，感觉轻松，且恢复速度较快。

跑者可以根据自身的身体状态和训练目标选择不同的训练方式。马拉松配速跑有助于迅速找到比赛的节奏，因此在比赛前的训练中至关重要；而有氧轻松跑则是基础，能够帮助身体快速缓解疲劳并保持状态。

长跑训练多长时间合适

每个人的体能及身体状况不一样，所对应的强度需求不尽相同。运动医学专家经过多年的研究后，制定了"一个计划"和"一个指南"。

- "一个计划"：是指《2018—2030年促进身体活动全球行动计划：加强身体活动，造就健康世界》（以下简称《行动计划》），是世界卫生组织（WHO）颁布的有关身体活动的国际政策文件，遵循全生命周期、循证实践、比例普遍性等原则，将身体活动纳入健康服务和社会发展的范畴，对于促进实现健康全覆盖有着深远的意义。
- "一个指南"：是指2020年发布的《WHO关于身体活动和久坐行为的指南》，该指南作为贯彻落实《行动计划》的技术文件，分析了各类人群的身体活动需求，针对不同人群提出了增加身体活动和减少久坐行为的活动指南，内容涉及身体活动的持续时间、频率、强度、身体活动类型、身体活动的关键和重要的健康结果，以及预防健康风险和相关的注意事项。

不同强度的运动所对应的运动时长是不同的。计划和指南中都提到："18～64岁成人在一周中可增加中等强度有氧运动至300分钟（5小时）以上，或进行150分钟（2.5小时）以上的高强度有氧运动，或同等效果的中等强度和高强度运动的组合运动，以获得额外的健康获益（有条件的推荐，中度确定性证据）。"

因此，对大多数健康跑者而言，每周进行约5小时的中等强度训练，或者2.5小时的高强度训练，就能够满足健康需求。然而，对更专业的马拉松精英跑者而言，在身体承受能力范围内，可以适当增加训练时间，个性化地制定运动强度和时长。

> 医师跑者智慧小贴士
>
> 需要注意：跑者在增加运动强度时应逐步进行，不可急于求成。对初学者而言，最好从低强度开始训练，逐渐增加运动量和强度，同时根据个人身体情况进行调整。可以向经验丰富的跑友或教练寻求帮助，制定适合自己的配速和训练时长。通过逐步改善心肺功能的适应性，可以将心血管并发症的风险降至最低。

胯训练和交叉训练

许多人误以为跑步只是腿部的运动，但实际情况并非如此。跑步是整个身体的协调运动，各个部位都参与其中。要想提高速度、改善跑姿，髋关节（即通常所说的"胯部"）就显得尤为重要。在下肢运动传导和协调方面，胯部扮演着至关重要的角色，对追求舒展和提高配速的高级跑者来说，它是必须练习的关键部位。

▼ 什么是胯

在医学上，"胯"指的是髋关节，由髋臼、股骨近端、髋关节囊、韧带以及各种肌群构成。髋关节位于腰部以下、大腿以上，具有屈曲、外旋和内收等功能。作为人体负重、直立和运动的重要支撑结构，髋关节可以沿着三个轴进行运动：沿着冠状轴进行屈伸运动，沿着矢状轴进行内收和外展运动，沿着垂直轴进行内旋和外旋运动。

跑步是一种全身性协调运动，躯干相对稳定，上肢摆臂、下肢摆腿。上肢摆臂以肩为轴心，下肢摆腿以髋为轴心。髋关节必须具有足够的灵活性和稳定性，才能够充分迈步并获得足够的步幅，这就是专业教练所说的"送髋"。同样，髋关节必须具备足够的力量，才能够实现充分的蹬伸动作以获取向前的速度，这也是专业教练所说的"后蹬"。

了解了髋关节的结构和功能，那么许多跑者关心的"送髋"到底是什么呢？

"送髋"指的是：跑步时，大腿以髋关节为轴心，向前摆出随后又落地蹬伸。髋关节的关节窝由骨盆构成，因此在跑步时，腰椎、骨盆和髋关节构成了一个复杂而微妙的联动结构。简而言之，骨盆在抬腿时会适度进行节奏性回旋运动。这种回旋运动间接增加了大腿向前运动的幅度，导致大腿向前摆动更为明显，进而产生更大的步幅以提高配速。

由于大腿运动是以髋为轴心，髋部稍微向前移动一点，就能带动大腿向前摆动。当脚着地时，腿部向前移动的距离更为可观，这就增加了步幅，配速也就自然提高了。

送髋技术需要基于高配速和大步幅；当速度较慢、步幅较小时，腾空时间会缩短，导致下肢无法完全展开就已经着地，这时送髋动作就不够明显。因此，髋关节的灵活性和柔韧性至关重要，需要髋部肌肉群具备相当程度的稳定性和弹性。

此外，由于动力链的关系，髋关节与邻近的核心部位、膝盖和踝部之间存在紧密的联系，彼此相互制约。因此，对髋关节的训练不能孤立进行，整个核心及下肢的训练都至关重要。

对于专业跑者而言，通过精细地调整动作，训练出良好的送髋技术，可以使跑步更加轻松、舒展，提高经济性和效率，进而明显提升成绩。然而，对于大多数健康跑者而言，并不需要过分强调抬腿送髋；通过快速的步频和适当的步幅，更容易掌握正确的跑步姿势，避免因不当姿势而引发的伤病。

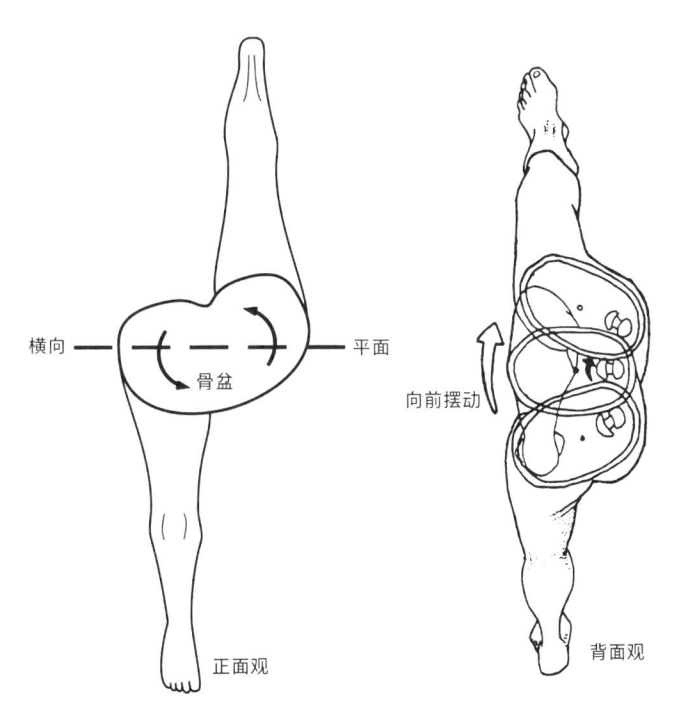

跑步时骨盆转动配合抬腿形成了送髋

什么是交叉训练

交叉训练是指除了原有的专项训练之外，还需进行其他额外的运动项目训练。例如，马拉松运动员除了跑步训练外，还会进行力量训练和柔韧性训练等。在特定的训练周期中，安排不同模式的多元化训练并交替进行。常见的交叉训练形式多种多样，可根据个人喜好选择，如游泳、骑行、瑜伽、跳绳、拳击等。

篮球史上最佳三分射手史蒂芬·库里除了篮球以外，还是一名优秀的高尔夫球手。他曾荣膺 2023 年度美国世纪锦标赛高尔夫冠军。掘金队的当家球星约基奇在篮球之外，还是一名热衷于赛马运动的运动员。他不仅获得了 NBA 总冠军，同年还夺得了赛马比赛的冠军，可谓是双料冠军。

真正的精英运动员不仅热衷于跑步，他们往往还会有其他的交叉训练。事实证明，交叉训练模式能大幅提升跑步运动表现。交叉训练的益处如下图所示。

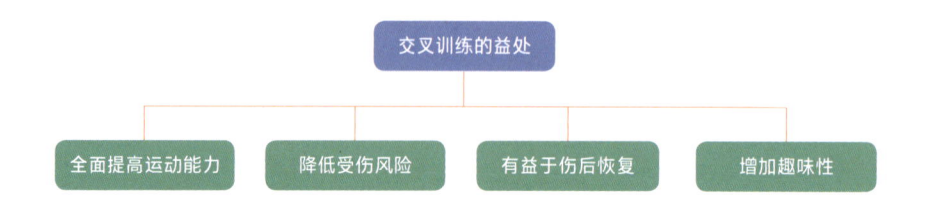

```
                  交叉训练的益处
    ┌──────────────┬──────────────┬──────────────┐
全面提高运动能力   降低受伤风险   有益于伤后恢复    增加趣味性
```

运动如同生活中的色彩，多元而丰富。在运动领域，优秀的专注力和强大的心理素质常常能让运动员在其他领域取得多方面的成功。

交叉训练能够增强各项体适能元素，从而提升专项运动的表现。此外，它还能降低受伤风险，避免长期重复进行单一动作训练所导致的疲劳性损伤。即使在专项训练受伤后，交叉训练也有助于伤后的康复并保持机体状态。最重要的是，从运动心理学的角度来看，交叉训练能够大幅增加训练的趣味性，帮助克服心理上的疲劳和倦怠。

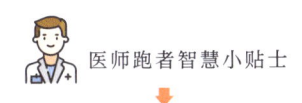

> **医师跑者智慧小贴士**
>
> 当进行胯训练时，首先要选择多样化的运动项目，如游泳、骑行、瑜伽等，以确保全面锻炼身体。合理安排训练时间，注重核心稳定性训练，同时注意正确的姿势和技术，循序渐进地增加训练强度。在训练后进行全身拉伸，定期评估进展，并根据需要调整训练计划，以确保胯训练的效果和安全性。

第4节 匀速跑：保持稳定节奏的跑步技巧

匀速运动是指速度大小和方向均保持不变的运动，或者是在任意相同时间内通过相同的位移的运动。初中物理和高中物理对匀速运动的定义略有不同，但都强调了速度保持恒定。

对跑步这项运动来说，想要匀速，就需要把配速维持在一个恒定值，这样不仅可以把握好速度，也可以让身体很好地适应这个速度的惯性。

▼ 什么是配速

配速是跑步中一个常见的概念，是英文"pace"的音译。配速，就是时间和位移的关系，在同等位移上，花费时间越短，配速也就越快。在跑步中，配速是衡量一名跑者运动能力和潜力的一个至关重要的能力指标。

举例来说，如果一位跑者跑1 000米需要6分钟时间，那么这位跑者的千米配速就是6分钟。其实千米配速对长距离选手比较常见，而对短距离选手，位移和时间相对而言会更短一些。

所谓匀速跑，即在一定距离内使用相同速度完成跑步，也就是说在跑步过程中，运动员要以预先制订好的符合本人实际情况的计划，以均匀的速度，合理分配体力。为什么要特别强调匀速？这是由马拉松项目本身的特点和规律性所决定的。因为马拉松项目距离很长，全程一般要跑 25 000 步左右，能量消耗很大，连续的激烈运动达两个多小时，在这些特定的条件下，如果没有一个符合本人实际情况的赛前计划，不按照均匀的速度去跑，在漫长的 42 195 米中是很难坚持下来的。

在类似于马拉松的长距离比赛中，配速保持恒定，最好的办法就是拆分。例如每 5 千米为一个周期，如果你计划全程马拉松的完赛时间是 4 小时 13 分钟，那么千米配速需要保持在 6 分钟左右。每 5 千米配速需要保持在 30 分钟左右，偏差值不能过大，如果偏差值过大，就会给后面的路程增加压力。配速的紊乱，很容易造成"撞墙"或"跑崩"。

▼ 短距离匀速与长距离匀速

如果 1 000 米稳定在一个时间，相信大多数跑友都是可以做到的，就算前期基础不好不能达成，后面可以通过反复科学练习，缩短完成千米距离的时间。距离延长到 5 千米，其实也是容易达成的。所以说短距离匀速虽然困难，但是通过科学训练是可以达成的。

长距离匀速相较于短距离匀速要困难得多，除了训练之外，还需要对运动补给进行分析。像马拉松这样的长距离，如果不进行补给，对大多数跑友来说是比较困难的。

选手需要在连续的几个小时内保持稳定的速度，这对体能、耐力和心理素质都提出了很高的要求。匀速跑在这里尤为重要，因为不仅需要在开始时保持合理的速度，还要在比赛的后半段保持稳定，避免因为过度消耗能量而出现耗尽的情况。

▼ 长距离匀速跑的困难

马拉松跑步中存在着"撞墙期"这一概念。撞墙期通常发生在比赛的后半程，大约是在 20 英里（约 32 千米）的位置，这是由于运动员的肌糖原（即能量来源）在此时逐渐耗尽，导致体能急剧下降。这会使跑者感到极度疲劳和虚弱，甚至可能出现头晕、肌肉痉挛等症状，导致跑步速度急剧下降，表现出类似"撞墙"的状态。

为了避免撞墙，跑者通常在比赛前会采取一些策略，包括适当的营养补充（如摄入足够的碳水化合物）、良好的水分补给、合理的配速控制等。此外，长期的训练也能提高肌肉的耐力和体能，从而延缓撞墙期的到来。

想要彻底了解匀速跑的困难，我们就先要从有氧代谢、血糖、乳酸、碱储备四个方面来进行分析。

匀速跑和有氧代谢的关系

第一，有氧代谢是跑步中主要的能量供应方式，其中糖原、葡萄糖、自由脂肪酸等被氧化产生能量，这需要足够的氧供给。氧主要通过呼吸系统吸入，然后通过血液输送到肌肉和组织器官，同时代谢产物排出。

第二，跑步中95%以上的能量供应来自有氧代谢，而无氧代谢只占5%。当组织缺氧达到70%以上时，代谢则转变为无氧代谢。而在跑步中，氧债（需氧量和实际供氧量之差）占需氧量比值低于30%，因此跑步被归类为典型的有氧代谢项目。

第三，在马拉松比赛中，由于持续时间较长，必须有足够的氧供给才能持续产生能量，否则无法完成比赛。匀速跑的特点在于能够合理地利用能量，而优秀的马拉松运动员在比赛中通常保持相对稳定的心率，这也是氧摄入最多的阶段。

匀速跑和血糖的关系

在马拉松比赛中，我们要了解血糖的重要性，以及匀速跑对于维持血糖稳定性的作用。

血液中的葡萄糖被称为血糖，而正常的血糖浓度在每100毫升血液中为80~120毫克。在马拉松比赛中，由于时间长且消耗大，肌肉、心脏和大脑都需要大量的能量，因此需要大量的血糖补充。肝脏储存的糖原能迅速转化为葡萄糖进入血液，以满足运动时的需求。

尽管肝脏、肌肉和血液中的糖贮备是有限的，但维持血糖在正常水平对比赛成绩至关重要。当血糖低于正常值时，能量供应受到影响，大脑和肌肉的工作能力也会下降，甚至可能导致运动员无法继续比赛。

匀速跑在维持血糖稳定性方面起着重要作用。在匀速跑时，血糖和能量供应处于相对稳定的消耗状态。这种情况下，氧的供应充足，使得肌糖原和血液中的葡萄糖都能被有效利用，从而避免了血糖浓度的剧烈波动。

如果在比赛中频繁加速，将加快肌糖原的消耗，并导致血糖浓度的下降，从而影响运动速度，甚至导致中途退赛。因此，在马拉松比赛中，除了通过碳水化合物来提高血糖外，匀速跑也是维持血糖稳定性的一个重要策略。

▼ 匀速跑和乳酸的关系

乳酸是在无氧情况下糖分解产生能量时的产物。在剧烈运动中，乳酸会在肌肉中积累，当积累到一定数量时，无氧分解糖的速度会减慢，导致能量供应减少，运动能力下降。

在马拉松比赛中，尽管氧的供应通常是充足的，但在运动员途中突然加速或后期疲劳时，缺氧会导致乳酸积累增加。乳酸积累不仅会导致肌肉酸痛，还会使体力下降，迫使运动员减速。

在匀速跑时，人体内环境相对稳定，氧的供应充足，这有助于乳酸转化成有用的能量或及时排出体外。因此，在训练或比赛中，为了避免乳酸突然积累影响速度发挥，匀速跑是最好的选择。

▼ 匀速跑和碱贮备的关系

碱贮备是指人体内一种维持酸碱平衡的生理机制，它包括多种生理过程和化学物质的作用。在体内，血液和细胞液中存在着一种平衡，维持其正常的pH（即酸碱平衡）。当身体受到外界或内部刺激时，会产生酸性物质，而碱贮备就是指身体利用一些化学物质来中和这些酸性物质，从而维持酸碱平衡。

碱贮备对于维持身体酸碱平衡有重要作用，特别是在运动过程中。

运动时，如果氧供应充足，糖、脂肪等物质可以完全氧化产生二氧化碳，而二氧化碳会在血液中与水结合形成碳酸，然后在肺部呼出体外。同时，运动过程中产生的其他酸性物质如乳酸、酮体等则无法直接排出，而是在组织中氧化。

当氧供应不足时，这些酸性产物会在血液中大量堆积，导致体内 pH 下降，从而影响运动员的肌肉状态，引起肌肉疼痛，并且影响酶的活性，进而影响能量供应和肌肉收缩，影响比赛节奏。

在马拉松比赛中，特别是在后程突然加速时，这些酸性物质加剧堆积，从而影响身体的酸碱平衡。当 pH 低于正常范围时，会导致人体无法维持正常的运动状态，甚至可能导致昏迷、酸中毒等严重后果。

匀速跑作为跑步运动的基本能力训练，几乎可以帮助跑者实现所有目标距离，但是也需要跑者结合自身情况进行分析，争取做到科学健康、无伤无痛完成一场赛事。

> 医师跑者智慧小贴士
>
> 匀速跑的困难可能在于维持一定的速度和节奏。尽管不需要像短跑那样的爆发力和速度，也不需要像长跑那样的持久力和耐力，但匀速跑仍然需要一定的身体控制和心肺耐力。

第 5 节 变速跑：以"变"应对"不变"的跑步技巧

如果长距离比赛，我们做不到配速不变，变也是正常的。马拉松比赛中，前半场高速、后半程低速是很常见的，跑者不要因为后半程的掉速而心生不甘。如果后半程想要高速，那和平时的训练是密切相关的。

比赛配速或目标马拉松配速是变速跑训练中需要考虑的一个指标，通常变速跑的一部分训练配速要接近或超过比赛配速。

一些职业运动员，尤其是非洲运动员，可能会采用更激进的变速跑方案，将递增、间歇和递减结合起来形成一个匀速跑和变速跑的组合训练。业余跑者也可以尝试热身跑、递增配速跑和放松跑的类似组合。

变速跑训练的实施方法

第一，逐步递增速度。

在进行变速跑训练时，应该逐步递增速度，以避免过度疲劳和受伤的风险。开始时，可以选择一个适中的速度，然后逐渐加快节奏，直到达到比赛配速或目标马拉松配速为止。

以 10 公里固定距离配速递增的变速跑训练为例，如果目标马拉松或比赛配速是每小时 12 公里，那么启动时可以采用每小时 8～10 公里的速度，每 1 公里递增每小时 0.3～0.5 公里的速度，直到训练后 1/5～1/3 的阶段达到每小时 12 公里或更快的配速。

第二，注意适应期。

变速跑训练可能需要一定的适应期，特别是对于初学者或不经常进行高强度训练的人来说。因此，在开始进行变速跑训练之前，建议先进行一段适应性训练，逐渐增加强度和速度。

第三，定期评估进展。

定期评估自己的训练进展和身体状况是非常重要的。通过监测自己的配速、心率和感觉来了解训练的效果，并根据需要进行调整。

第四，休息和恢复。

变速跑训练可能会对身体造成一定程度的负担，因此，给予足够的休息和恢复时间是必不可少的。确保在每次训练之后进行充分的拉伸和放松活动，以促进肌肉恢复和预防受伤。

跑后拉伸必不可少

第五，个性化训练计划。

变速跑训练应该根据个人的身体状况、训练目标和时间安排来制订个性化的训练计划。建议寻求专业教练或运动医学专家的指导，以确保训练计划的科学性和有效性。

▼ 变速跑训练与比赛配速的联系

跑步比赛中，突发状况比较多，长距离和长时间会放大一些损伤，而变速跑会体现在变化上，变化速度，变化距离，提前预估比赛中的复杂状况，以此来降低跑者在比赛中的风险。具体有以下几点优势，供跑者参考。

医师跑者智慧小贴士

衡量长距离耐力运动的核心指标——最大耗氧量（VO_{2max}），通常是通过在跑步机或功率自行车上进行递增配速的变速跑来进行测试的。

- **提高比赛适应性**：通过模拟比赛配速或目标马拉松配速进行变速跑训练，可以帮助跑者更好地适应比赛的速度和节奏，提高比赛表现。
- **增强耐力和速度**：变速跑训练可以有效地提高跑者的耐力和速度，增强心肺功能和肌肉力量，从而帮助他们在比赛中更持久地保持理想的配速。
- **提高心理素质**：通过挑战不同的配速和节奏，跑者可以提高自己的心理素质，增强对比赛的信心和应对能力，从而更好地面对比赛中的各种挑战和困难。
- **优化训练效果**：变速跑训练可以使训练更加多样化和趣味化，增加训练的刺激性和效果，有助于跑者在训练中保持动力和积极性。

第6步 间歇跑：向爆发力致敬的跑步技巧

间歇跑，顾名思义，就是跑步中间需要停歇的意思，从字面上看里面有一点儿短跑爆发力的感觉。

短时高效的高强度间歇训练（HIIT）与现代社会快节奏的理念紧密相连，因此受到越来越多人的关注。许多运动 App 中都能看到各种各样的 HIIT 课程，而在马拉松训练中，间歇跑也广受专业运动员和业余跑者的欢迎。然而，高强度间歇跑既是提升配速的利器，又可能成为导致运动损伤的因素。

▼ 高强度间歇跑的基本要求是什么

第一，**训练质量优先**。高强度间歇训练的关键在于训练质量，而不是训练时间或距离。重要的是确保在高强度阶段达到所需的心率和运动水平，以实现最佳的训练效果。

第二，**靶心率控制**。根据美国运动医学学院（ACSM）的建议，高强度间歇训练应使心率达到最大心率的 77%～95%。只有在这个心率区间内，训练才能达到预期的效果。

第三，时间集约性。HIIT 训练的时间通常较短，一般在 15～30 分钟。这种时间集约性使得 HIIT 成为现代快节奏生活中的理想选择，可以在短时间内获得高效的训练效果。

第四，个性化训练。每个人的身体状况和目标不同，因此间歇跑训练应该根据个体的能力和目标进行调整和个性化设计。一些人可能需要更长的休息时间，而另一些人可能能够更快地恢复并进行更多的高强度工作。

第五，风险评估。高强度间歇跑虽然可以带来许多益处，但也存在一定的风险，特别是对于心血管健康状况不佳或体能不足的人群而言。因此，在开始任何高强度间歇训练之前，最好咨询医生或健身教练的意见，并逐渐增加训练强度和频率。

间歇跑是一把双刃剑

现在，HIIT 已经发展成为一个涵盖各种运动的概念，引发了一些质疑。有些人可能会感到困惑：为什么他们每天都进行 HIIT 或高强度间歇跑，但体脂率却没有下降，比赛成绩也没有提升呢？

相较于传统建议的每天进行 30～60 分钟中等强度运动，HIIT 的时间更短，因此更受欢迎，但也容易导致一些误解。例如，七分钟训练虽然只需 15～30 分钟，但很难达到 HIIT 所需的高强度水平，因此无法实现提升耐力和减脂等目标。

间歇跑训练应从掌握基本方式开始，例如采用"400 米快、400 米慢，持续 5 组"或者"1 分钟快、1 分钟慢，持续 5 组"的方案。跑者应该在训练时达到所需的靶心率，如果在进行 5 组训练后无法达到目标配速，那么就需要立即结束间歇训练。

间歇跑应该根据跑者自身情况进行即时即地的分析，不能盲目自信而忽视了健康。

> **医师跑者智慧小贴士**
>
> 一些人认为，相较于传统的长距离耐力运动，高强度间歇运动在相同收益下，训练时长更短，因此对肌肉骨骼系统的过劳损伤可能较少。然而，有研究指出，在马拉松比赛准备期间，过多采用间歇跑的跑者更容易受伤。

第7节 训练时如何恢复和休息

"一张一弛，文武之道也。"同样，在跑步运动中，训练与休息的合理安排也是非常重要的。训练后，机体需要时间来恢复，因为在训练时会产生大量的代谢废物，肌肉结构也会受损，需要机体进行清理和修复。肌肉需要时间来恢复，以促进肌肉收缩所需的肝糖和三磷酸腺苷（ATP）的产生，同时还要从运动引起的神经疲劳中恢复。因此，我们在训练时需要根据自身机体的变化不断调整和规划。

如果在组间休息时间太短，肌肉可能没有足够的时间来清除代谢废物或为下一组训练补充能量，同时，负责启动肌肉收缩的神经系统可能会疲劳。长此以往，这种不恰当的休息安排可能会导致伤病的发生。

▼ 如何安排休息日

两次训练之间，需要一定的时间来让受损的肌肉纤维修复，并让负责激活肌肉收缩的神经系统得到充分的休息。此外，肌肉还需要时间来清除代谢废物并重新储备能量。然而，不同强度的训练需要不同的恢复时间。根据美国国家体能协会（NSCA）建议，肌耐力训练（有氧、混氧）之间的最佳恢复时间约为24~36小时，而高强度力量训练和爆发力训练（无氧）之间的建议恢复期为48~72小时。

跑步训练也是如此，每次训练后的休息时间需要根据训练强度进行调整。例如，有氧慢跑和混氧乳酸阈训练可以参照肌耐力训练的恢复时间，而两次无氧训练之间的间隔建议至少48小时。训练强度越大，所需的休息时间就越长。

从医学角度来看，不建议普通跑者每天都进行跑步训练。过度堆积跑量完全没有意义，反而会导致训练效果大打折扣，并可能导致伤病的发生。适当的休息时间是必不可少的,这样机体才能得到充分的恢复,为下一次训练做好准备。

在跑步休息期间,可以穿插进行力量训练和柔韧性训练。这样的训练组合可以有效提升体魄,使跑步者在跑步过程中更持久、更健康。

我们需要多少睡眠时间

对于个体而言,睡眠量因人而异。一种评估方法是通过跑者自然醒来确定他们需要睡眠的时间长度;另一种方法涉及确定跑者在经历不同时长睡眠后的清醒程度,如果醒来后感觉精力充沛、保持清醒,即认为清醒度正常。

美国睡眠医学会(AASM)和睡眠研究学会推荐,成年人每晚常规睡眠7个小时或更长时间以促进最佳健康状态。然而,不同个体和不同生命阶段的睡眠需求存在显著差异。美国国家睡眠基金会为此更新了关于各生命阶段每日睡眠量的推荐意见,将睡眠时长建议为"可能合适的"。如下图所示,不同个体之间存在显著差异,并给出了每个年龄组的新推荐范围。

美国国家睡眠基金会各年龄段每日睡眠量的推荐意见

睡眠不足会对神经认知功能和清醒度造成不利影响。观察性研究还显示，睡眠不足可能导致多种不良后果。急性睡眠不足可导致认知能力下降、抑郁或焦虑、呼吸肌耐力减弱、出现失神状态等；而慢性睡眠不足可能带来表现下降、增加意外事故和死亡风险，以及对身心健康造成有害影响等潜在后果。

▼ 营养的重要性有哪些

在担任医师跑者时，笔者曾经亲身经历了一场惊心动魄的事件。那是在一个3月的半程马拉松比赛中，当一位跑者冲刺到约20公里处时，突然摇摇晃晃地倒在了地上。他摔倒后挣扎着爬起来，但又立即跌倒了下去，脸部和头部明显擦伤，鲜血很快覆盖了整个脸颊。我们立即上前施救。跑者出现了低血糖症状，我们喂了他一些甜饮料，很快他就恢复了意识。后来，通过询问我们发现，他在几公里前就感觉到饥饿、出冷汗、头晕、视野模糊等症状；但由于首次参加马拉松比赛，缺乏补给经验，又邻近终点想坚持冲刺，结果导致了晕倒。幸运的是，没有造成更严重的意外，因为严重的低血糖症状可能会导致休克，甚至死亡。

中国居民平衡膳食宝塔(2022)
Chinese Food Guide Pagoda(2022)

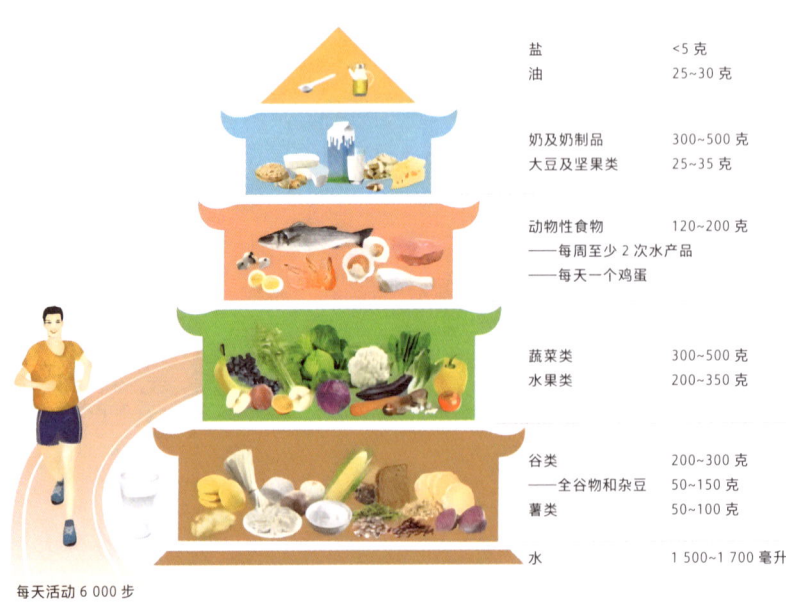

盐	<5 克
油	25~30 克
奶及奶制品	300~500 克
大豆及坚果类	25~35 克
动物性食物	120~200 克
——每周至少2次水产品	
——每天一个鸡蛋	
蔬菜类	300~500 克
水果类	200~350 克
谷类	200~300 克
——全谷物和杂豆	50~150 克
薯类	50~100 克
水	1 500~1 700 毫升

每天活动 6 000 步

充足的能量是运动的原动力，否则，机体可能会出现运动能力下降，甚至导致运动"罢工"的危险情况。如果把运动比作弓，那么营养就是箭。要想箭射得更准、更远，最佳模式就是弓箭合一。科学合理的赛前、赛中和赛后的营养补给才能为身体提供足够的能量。

运动、营养和健康之间存在着不可分割的辩证关系。合理的营养为长跑运动提供了能量基础，保障了运动过程中"不断电"，同时也有助于保持更健康的体魄，使得身体能够更高效地完成训练目标，并加速运动后的恢复。

普通人群在日常生活中可以依据《中国居民平衡膳食宝塔》制订营养方案。这份宝塔是由国家卫生健康委员会、国民营养健康指导委员会和国家食物与营养咨询会委员会共同制定的，提供了关于不同食物的专业建议。

对于我们跑者而言，运动会刺激身体各系统产生应激反应，需要身体各个系统相互协调才能产生联动。在运动过程中，身体内的各种生化反应会超常发生，导致对营养素的需求明显增加。因此，为了达到锻炼健身的目的，必须适时地供给身体所需的各种营养素。

▼ 训练前、中、后需要补充哪些营养

第一，我们需要及时补充水分和电解质。长跑耐力运动平均每小时通过汗液排出约 1 000 mL 水，同时每小时损失 1 g 钠，由此可见，补充水和电解质对维持机体电解质平衡的重要性。

第二，我们需要及时补充糖原。长跑耐力运动平均每小时燃烧 80 g 碳水化合物。运动中大量消耗机体储备的内源性糖原。富含碳水化合物的饮食（每日 8～12 g/kg）可最大程度提高这类储备。进行长时间（> 60 分钟）的高强度 [> 70%的最大耗氧量（VO_{2max}）] 有氧运动时，能量供应与补充水分和电解质同

> 医师跑者智慧小贴士
>
> 很多人跑步的初衷并不是跑得更快、更远，而是减重和健康。诚然，在运动的同时控制饮食，减重效果会更显著，但我们不建议减重的跑者过分节食，在摄入蔬菜、水果、富含低脂蛋白质和健康脂肪的饮食的同时，也需要摄入适量的精制谷物来维持机体的营养均衡。

等重要。在超过 70 分钟的高强度有氧运动中,运动者每小时应摄入 30~60 g 碳水化合物。建议每 15~30 分钟饮用 6%~8% 的碳水化合物及电解质溶液 175~350 mL。

第三,在运动前后 2 小时内摄入优质蛋白质可刺激肌肉蛋白质合成并帮助恢复。蛋白质每日摄入量应尽量达到 1.5 g/kg 以上。摄入充足的蛋白质可能有助于提高运动表现、缓解肌肉损伤、维持血糖正常,并促进糖原再合成,尤其在碳水化合物摄入不足时。

总之,训练前、中、后都需要及时补充营养,保证机体营养均衡。这样才能让我们拥有更强健的体魄、更多的精力、更好的精神面貌去迎接新的挑战!

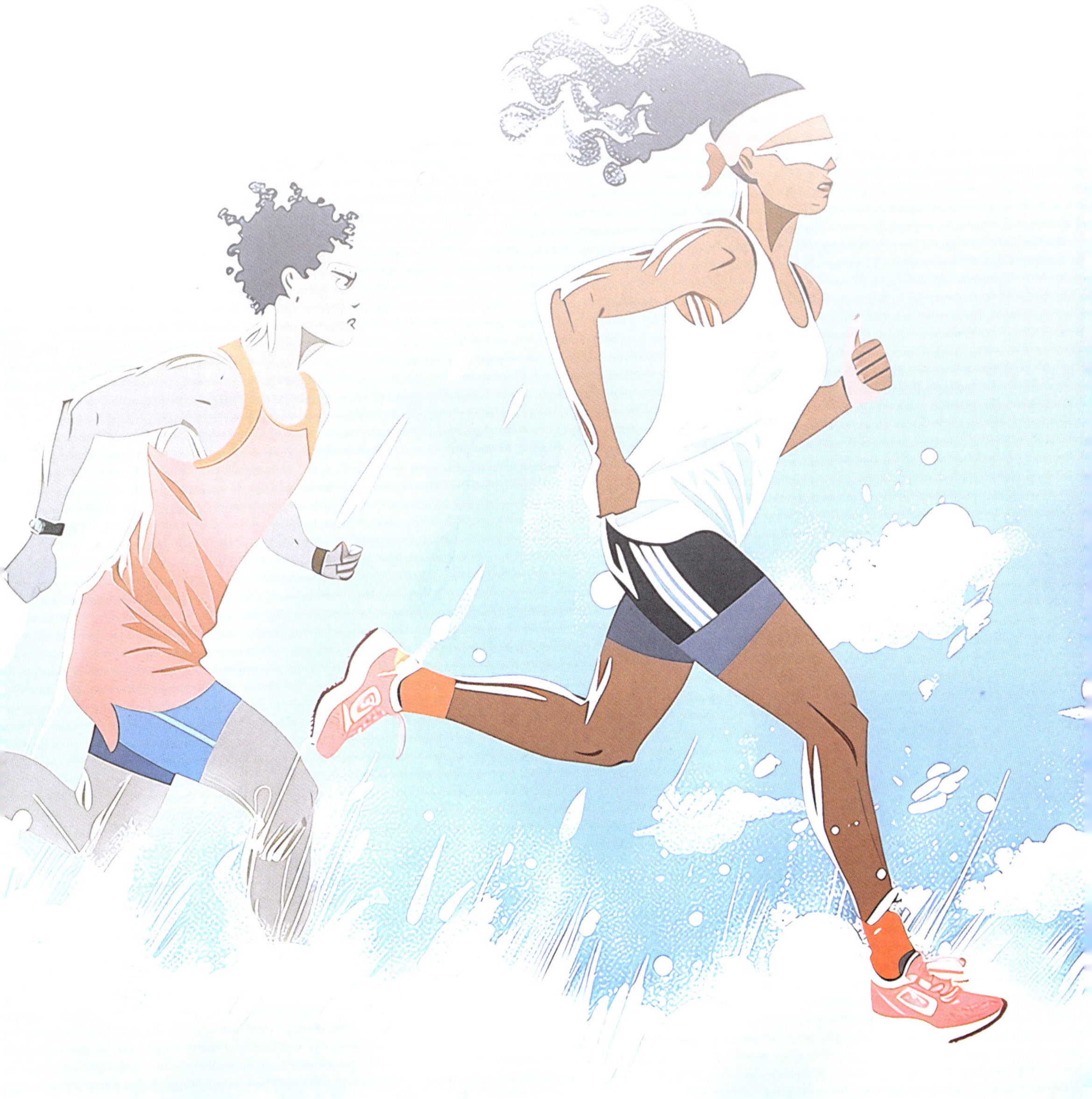

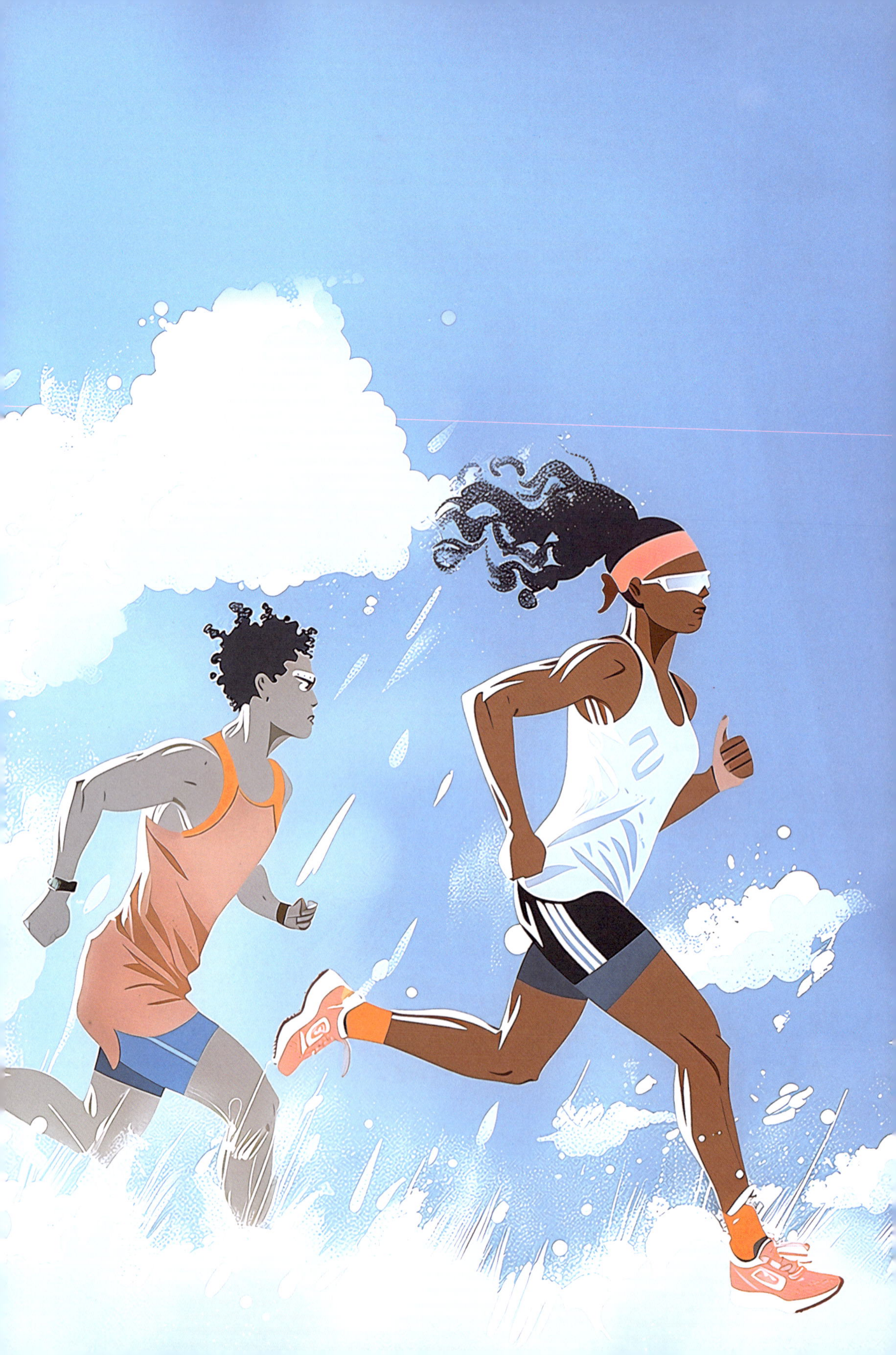

第7章 跑步与营养如何平衡配比

第1节　跑步与能量的需求　　　　　　182
第2节　营养素知识知多少　　　　　　185
第3节　跑步训练如何制订饮食计划　　188
第4节　跑步前中后的补给策略如何制订　191
第5节　应该如何摄入与补充液体　　　194

第1步 跑步与能量的需求

跑步锻炼的实质是身体内能量的改变，大家希望通过跑步，让体内多余的能量能够消耗掉，从而达到减肥或健体的目的。当体内能量摄入与消耗发生过度失衡时，会给健康带来许多负面影响。所以，探讨跑步运动中能量的消耗与补充，对了解跑步与健康的关系、制订个性化跑步处方而言都十分重要，同时对提供科学的运动建议和改善健康有着重要的意义。

▼ 能量看不见又摸不着，该如何去了解

首先，我们来了解一下基础代谢（BM）。基础代谢是指维持生命的最低能量消耗，即人体在安静和恒温条件下（一般18～25℃），禁食12小时后，静卧、放松而又清醒时的能量消耗。此时能量仅用于维持体温和呼吸、血液

跑步比赛中的补给站

循环及其他器官的生理需要。从定义中不难发现，能量是维持生命的最重要的物质。它的来源有很多，但如果能量在短时间骤降，能量的储备量不足以支撑最基本的器官的生理需求时，身体就会出现突发危险事件。马拉松是一项能量持续高强度消耗的运动，因此了解能量到达基础值时身体发出的求救信号至关重要。

如何计算每个人的基础能量代谢

基础代谢率是指人体处于基础代谢状态下，每小时每平方米体表面积（或每千克体重）的能量消耗。Harris-Benedict 提出了下列公式，可根据年龄、身长和体重估算基础能量消耗（BEE）。

男性 BEE（kcal/天）= 66 + 13.7 × 体重（kg）+ 5.0 × 身高（cm）- 6.8 × 年龄（岁）

女性 BEE（kcal/天）= 65.5 + 9.5 × 体重（kg）+ 1.8 × 身高（cm）- 4.7 × 年龄（岁）

对于儿童和青少年的基础代谢（BEE）计算，我们可以使用上述 Harris-Benedict 公式，该公式考虑了年龄、性别、体重和身高等因素。而对于 18 岁以上的人群，由于他们的身体组成和代谢率与儿童和青少年有所不同，我们可以根据所给的信息，在计算出的基础代谢率上减去 5% 来得到更准确的估计值。

举例来说，假设一个 20 岁的男性，体重 70 kg，身高 175 cm，我们使用 Harris-Benedict 公式来计算他的基础代谢率，并进行调整。根据公式，BEE（kcal/天）= 66 + 13.7 × 70 + 5.0 × 175 - 6.8 × 20 = 1 741 kcal/天。调整后的 BEE（kcal/天）= 1 741 ×（1 - 5%）= 1 654 kcal/天。因此，这个 20 岁男性的调整后的基础代谢率估计为每天 1 654 kcal。

此外，更为简单的方法是成人男性按每千克体重每小时 1 kcal（4.18 kJ）、女性按 0.95 kcal（3.97 kJ），和体重相乘直接计算，结果相对而言较为粗略。

跑步消耗的能量会在基础代谢的基础上继续增加能量的消耗，了解其能量代谢特点，是我们学会补充能量的基础。在跑步运动开始时，体内首先动用磷酸原系统来快速供能，但肌肉中全部三磷酸腺苷（ATP）和磷酸肌酸（CP）的储量，也只能维持不到 10 秒的全身剧烈运动。之后主要靠乳酸能系统由肌糖原酵解产生乳酸的过程来生成 ATP，但它的供能时间也只能维持 2 分钟左右。2 分钟以后，乳酸原供能系统在超过一定时间就会有大量的乳酸分解，造成乳酸堆积过多影响机体中的 pH，破坏机体的酸碱度，将会抑制机体内的糖的进一步分解，阻碍能量供应。这时有氧氧化系统开始供能，糖、脂肪和蛋白质将在氧供应充足的情况下，提供之后跑步的能量需要。可见，在长跑中，有氧代谢的比例较大，而且距离越长，这种比例越大。

由于跑步运动往往消耗大量的能量，营养补充就显得格外重要。在运动开始时，糖被大量动用，随着运动的继续进行，糖才缓慢而平衡地低于脂肪的利用。饮食对运动时期糖和脂肪供能比例影响很大，无论是高糖膳食、普通膳食，还是高脂膳食，在运动时，都是由糖供能逐渐转化为脂肪供能。但有实验证明，高糖膳食运动 4 小时才出现筋疲力尽，而高脂膳食仅运动 85 分钟就出现筋疲力尽。同时，随着运动中大量出汗，身体中大量的钾、钙、钠、镁等电解质、维生素和氨基酸随汗液排出，使体液尤其是血浆容量减少，容易使跑者的体力极大下降，情绪低落，运动能力大打折扣，所以在平时的膳食中合理地增加无机盐的补充也是非常必要的。因此，对于长期跑步的人而言，营养配给应以高糖饮食为主，全面补充营养素。饮食提供充足的热能，要注意考虑平衡营养及营养密度。饮食还应提供充足的蛋白质、脂肪、碳水化合物以及微量元素和维生素，从而及时恢复体能。在马拉松赛道上或者长距离训练时，能量胶通常可以作为高糖补剂，快速补充丢失的能量。

因此，在进行营养补充之前，应较准确地计算出每天能量的消耗。较为粗略的计算公式

医师跑者智慧小贴士

精准地计算跑步过程中的能量消耗，制订科学的补充计划才能跑得更远。

能量消耗不是越快越好，而是缓慢安全地下降才能达到减肥或健体的目的。

选择高效的补剂，有助于能量快速恢复，避免能量失衡。

为消耗热量（kcal）= 体重（kg）× 距离（km）。举例来说，体重 70 kg，跑步 10 km，那么消耗的热量约为 700 kcal。通过计算得出热量消耗后，按照蛋白质、脂肪、糖三者重量之比为 1∶1∶7 的比例，进行高糖膳食搭配。

第 2 节 营养素知识知多少

在了解跑步对能量的需求后，我们需要更加细致地了解跑步所需的关键营养素，这些营养素主要包括碳水化合物、蛋白质、脂肪、维生素、无机盐和水。营养素在人体内部的不同部位都起着不同寻常的作用，所以根据跑步时的身体状况进行适当的营养补充尤为重要。

碳水化合物的摄入

我们首先要重视碳水化合物的摄入，那什么是碳水化合物呢？

碳水化合物由碳、氢和氧三种元素组成，在自然界中有很多，食物中也是多种多样（如苹果、玉米、面粉、乳糖、奶制品等）。食物中的碳水化合物有两类：人体可以吸收的有效碳水化合物和人体不能吸收的无效碳水化合物。在减肥的人群中流传着断碳水化合物的说法，认为碳水化合物摄入多了会造成能量的蓄积，导致体重增加。

在跑步运动中，碳水化合物的作用到底重不重要呢？当跑步强度超出 3/4 的最大摄氧量后，身体对应的碳水化合物利用率就会快速地上升，所以必须补充足够碳水化合物以提高糖原的储备，帮助我们延长运动时间。多摄入含有丰富碳水化合物的食物，可以确保运动时间得以延长，同时又能使身体承受较大的负荷，提高对长跑的适应能力。但同时要注意高碳水化合物饮食的性别差异，有研究显示，一些地区男子耐力运动员每天摄入 9 g/kg 的碳水化合物，而女子则可降至 5.5 g/kg，我们可以此作为借鉴，以维持免疫能力和恢复糖原储备。因此，在跑步运动中需要科学地摄入碳水化合物，而不是一味地少吃。

蛋白质的摄入

其次，我们需要重视蛋白质的摄入。在跑步过程中，蛋白质最多只能提供 5% 能量的消耗，进入高强度训练时，碳水化合物耗竭，氨基酸氧化能量则会增加。有资料显示，在激烈运动及高强度训练时最佳的蛋白质摄入控制为每天 1.5～1.7 g/kg。要注意的是，一些人错误地认为轻体重与成绩优秀成正比，而蛋白质则是增加体重的物质于是将其减少，但这样最终反而会引发体重的增加。实际上，有氧训练可以尽可能减少肌肉增生上的刺激，帮助我们增加线粒体，在跑步后摄入蛋白质可以快速发挥其修复损伤肌原纤维的作用，同时又能优化线粒体与肌浆蛋白质的合成。

脂肪的摄入

再者，我们需要重视脂肪的摄入，但必须预防脂肪摄入过量。有研究显示，人体每天摄入脂肪量要占据总量的 28% 左右。长跑运动期间，我们要尽量避免饮食体积过大的食物，同时确保热量得到供应，那就要适当提高脂肪摄入量，常用的有猪油、牛油、花生、芝麻等动植物脂肪，要保证供给量不能超出 30%，否则会使身材增胖，得不偿失。

维生素的摄入

维生素的摄入也是非常重要的部分。其中，与能量代谢关系最密切的就是维生素 B。由于中跑步运动消耗能量较多，需要较多的维生素 B_1，可以从黄豆、黑豆、小米、花生、核桃、芝麻等当中摄取。持续运动的过程中，体内储备的维生素 C 也会大大减少，可以从荠菜、甘蓝菜、柚子、橙子、橘子等新鲜蔬菜瓜果中摄取。

无机盐的摄入

无机盐作为人体必需的物质，要为运动员及时补充。主要是钙的补充，其作用大，且被吸收的概率非常低，还会因为大量出汗而排出体外，所以运动员的钙摄入要适当提高。补充钙的食物为鸡蛋、牛奶、豆类。另外还有铁的摄入，中长跑运动员每日对铁的需求是 20～25 mg，食物包括鸡蛋、猪肝、瘦肉、绿叶菜等，还能有效预防出现缺铁性贫血的疾病。但运动员的补铁时间不能太长，否则会影响机体吸收锌，还会有癌症、中风或冠状动脉疾病的患病风险。

水的摄入

最后，水的摄入也是非常重要的部分。运动员在运动前后补水的需求完全不同，训练过程中主要预防脱水，在运动前可少量多次饮用 300～500 mL 水。如果饮用过多，水会通过肾脏和汗液排出而增加负担，同时还损失身体的盐分。运动以后的补水要遵循少量多次的原则，不能一次性饮用完，否则会稀释血液，加重心脏的负担。在长跑时，要科学地补充水，避免脱水带来的危害。跑步的目的是让身体更健康，而不是增加机体伤害。

> 医师跑者智慧小贴士
>
> 营养素需要适量、全面的补充，缺了谁都会引起身体的抵抗。
>
> 营养素的补充不能通过一次性的暴饮暴食，而是要放在平时的饮食计划中去完善。

跑步训练如何制订饮食计划

跑步还需要制订饮食计划吗？通过跑圈的日常交流，我们发现好多跑友往往对"该如何热身""该如何调整呼吸、步频""该如何提高配速"等这类跑步技巧或方法的话题更加感兴趣，但是跑友们在日常训练或正式比赛时往往对"该吃什么""该何时吃"的话题并不太关注。殊不知跑步训练中饮食计划的制订也是必不可少的一部分。

关于马拉松训练和比赛的营养注意事项，国际运动营养学会（ISSN）指出："马拉松运动员应通过遵循个性化和分期的计划来满足训练的热量需求，包括多样化的、食物优先的方法，运动员应有足够的时间计划和实施他们的营养计划，以便进行适应性调整以提高脂肪氧化能力。"

由此看来，合理的饮食计划对于跑步训练和正式比赛都是至关重要的。

▼ 跑前空腹或跑后猛吃能行吗

跑前空腹行不行

有跑友问："我如果空腹跑步的话，体内脂肪大量消耗，那岂不是可以达到减肥的目的？"其实不然。从心理角度而言，空腹运动会引发一种补偿心理作用，所以空腹状态下进行运动，可能会导致运动后更容易感到饥饿，从而摄入更多的食物导致减肥失败。从生理角度而言，常言道"人是铁，饭是钢"，由于跑步训练，尤其是长跑项目的训练，属于高强度、长时间的训练，即使是减脂也需要有足够的能量储备，否则"缺钢少铁"可能会引起血糖下降，从而导致头晕、心悸等症状，严重者则可能心律不齐，甚至猝死。

跑后猛吃行不行

既然能量补充如此重要，又有跑友会问："那我在一场酣畅淋漓的马拉松之后，海鲜烤肉配啤酒，再加两根大骨头，不就全都补回来了吗？"这同样不可取，长跑后暴饮暴食可能会引起胃动力不足或肠胃紊乱的情况发生，甚至影响到心脏健康。

跑步是一项对身体素质要求较高的运动，暴饮暴食或不饮不食对身体的伤害都是极大的，为了满足跑步训练的营养需求，制订合理的饮食计划至关重要。

下面举两个例子，旨在说明跑步前后的不良饮食习惯对身体健康的影响是真实存在的，需要我们引以为戒。

- 跑前空腹引发猝死：2017年曾有一篇33岁女子在健身房跑步猝死的新闻报道，该女子由于空腹跑步引起休克，尽管中途感到头晕不适时立刻暂停，但是空腹状态下的高强度有氧训练使得她直接晕倒在跑步机上，心搏骤停15分钟，最终抢救无效而亡，令人遗憾。
- 跑后猛吃引发肠炎：小刘去外地参加马拉松赛事，冲向终点后与当地多年未见的老友欢聚一堂，小刘和朋友们"大口吃肉""大碗喝酒"，然而饭局还没结束，小刘突然恶心腹痛，直冒冷汗，送去医院被诊断为急性胃肠炎，经治疗后缓解。此后，小刘引以为戒，高强度有氧运动后间隔1小时再饮食，肠绞痛现象再未发生。

综合上面两个例子，可以了解到：不管是跑前空腹还是跑后暴饮暴食，对于跑者的身体都具有较大的伤害。因此，制订科学、合理的饮食计划，在"对的时机"补充"对的食物"，对于跑者而言与制订跑步训练计划同等重要。

▼ 跑者每日的饮食结构是怎样的

碳水化合物、蛋白质和脂肪这三大宏量营养素的摄入对于维持机体正常生命活动十分重要。为保证身体所需，跑者每日的饮食结构至少应该包括三大宏量营养素，在此基础上，可以参照中国居民膳食宝塔，遵循"荤素搭配，谷蔬结合"的原则补充维生素、微量营养素以及其他膳食营养成分。简单来说，就是每餐应包含谷物、适量脂肪、蛋白质（如肉、鱼、豆类等）以及蔬菜和水果等。

跑者的饮食计划中应如何添加三大宏量营养素

咱们都知道中药组方配伍讲究"君臣佐使",同样,对于跑者饮食计划中需要补充的宏量营养素而言,我们也可以用"君臣佐使"的配伍思路来添加,即碳水作"君",蛋白为"臣",脂肪"佐使"。

碳水化合物为"君" 作为身体主要的能量来源,碳水化合物对跑者而言必不可缺。它们会在身体内转化为葡萄糖,从而为肌肉提供能量。换句话说,增加碳水化合物的摄入,可以提高肌肉和肝脏中的糖原储备,这有助于提高跑步表现和持久性,在马拉松的前半程,机体主要就是用这种方式提供能量。因此,在制订饮食计划时,我们应以富含碳水化合物的食物为主,谷类、薯类和杂豆类都是其主要来源。其中,谷类包括小麦、稻米、玉米、高粱等及其制品,如米饭、馒头、烙饼、面包、饼干、麦片等;薯类包括马铃薯、红薯等,可替代部分主食;杂豆包括大豆以外的其他干豆类,如红小豆、绿豆、芸豆等。值得注意的是,跑步当天由于能量消耗较大,我们在饮食计划中应适当增加优质碳水化合物的摄入量,如全麦面包、燕麦片、糙米、红薯、马铃薯等。这些食物不仅能提供能量,还富含膳食纤维和其他营养成分,有助于保持跑步时的能量水平。

蛋白质为"臣" 蛋白质有助于跑者肌肉的修复和重建。优质蛋白质分为动物性蛋白质和植物性蛋白质。其中,动物性蛋白质主要包括鸡肉、瘦肉、鱼肉、蛋类等,建议选择低脂的瘦肉,如鸡胸肉、瘦牛肉等;植物性蛋白质主要包括豆类、豆制品(如豆腐、豆浆等)、坚果等。跑者的饮食计划中应确保每顿饭都摄入足够的蛋白质,以支持身体的运动和恢复需求。

> 医师跑者智慧小贴士
>
> 跑前空腹易引起血糖下降,导致头晕、心悸等症状,严重者可能心律不齐或猝死。
>
> 跑后猛吃易引起胃动力不足或肠胃紊乱,甚至影响到心脏健康。
>
> 跑者饮食计划中衡量营养素的补充原则:碳水作"君",蛋白为"臣",脂肪"佐使"。

脂肪为"佐使" 脂肪虽然容易让人联想到肥胖，但适量的脂肪摄入对跑者来说是必要的。运动时间越长，脂肪消耗的比例一般越大。跑者的脂肪摄入应以不饱和脂肪为主，选择健康的脂肪来源，如植物油、坚果和鱼类等。跑者在制订饮食计划时，可以选用植物油（如橄榄油、亚麻籽油等）进行日常菜品的制作，由于橄榄油和亚麻籽油不能够长时间高温加热，因此可用其拌制凉菜。此外，坚果（如核桃、杏仁、夏威夷果等）和富含 ω-3 不饱和脂肪酸的鱼类（如三文鱼、鲑鱼等）对于跑者而言都是必不可少的。

第4步 跑步前中后的补给策略如何制订

耐力跑者面临的主要营养挑战是要满足长时间训练和恢复的营养需求。前面我们了解了跑步训练制订饮食计划的重要性，并掌握了三大宏量营养素的饮食计划制订要领。那么这些营养补充食物或营养素补充剂，应该每天吃，还是只有跑步的时候吃，才能最大程度发挥其作用呢？

一篇 2021 年发表于《国际运动营养学会杂志》（*Journal of the International Society of Sports Nutrition*）的研究发现："50% 的长跑运动员经常食用微量和宏量营养素补充剂，其中 59% 的人每天食用补充剂。补充剂摄入量的类型与比赛距离（从 10 公里到超级马拉松）、年龄、性别、跑步经验或比赛经验没有任何关联。对于休闲耐力跑者来说，将跑步所需的营养补充视为日常饮食模式的一部分似乎是可行的。"

由此可以看出，每日进行适当的营养补充对跑者而言益处颇多。当然，由于跑步需要消耗大量的能力，在日常补充基础上，跑步前、中、后的补给策略对于提高运动表现和加速恢复更具有重要意义，我们该如何制订每个阶段的补给策略呢？

▼ 跑步前怎么补能够提高运动表现

跑前 2~4 小时 摄入一顿富含碳水化合物、低脂肪和低纤维的餐点是非常重要的。这样做可以帮助避免饥饿感并保持血糖的稳定。一般喜欢中式餐饮的跑者可以选择西红柿鸡蛋面或牛肉饭搭配马铃薯，喜欢西式饮食的跑者可以选择面包果酱加燕麦牛奶。这样的搭配富含碳水化合物和蛋白质，关键是容易消化。

跑前 1 小时 补充酸奶和新鲜水果等容易消化的食物。这样不仅可以避免跑步后血糖过度下降引起的不适症状，还增加运动的持久性并减轻运动后的疲劳和饥饿感。如果在跑前仍然感到饥饿，可以选择饮用一些低糖饮品，例如蜂蜜水或低糖豆奶。这些饮品可以提供一些能量，帮助更好地完成运动。

特别注意：由于跑步是对胃肠道影响最大的运动形式之一，患有炎症性肠病（IBD）、肠易激综合征（IBS）和胃食管反流病（GERD）的人经常会出现胃肠道症状，高强度跑步可能会加剧这种症状。根据一项2021年发表在《营养素》(*Nutrients*)的加拿大的研究结果，建议患有IBS/IBD的跑者在跑前餐中尽量避免使用奶制品、豆类和肉类，而患有GERD的跑者尽量避免使用奶制品、肉类和高纤维食物。

举一个例子，以说明空腹跑步改为跑前适当补给的好处。朋友B，女，30岁，BMI值为18.3，属于偏瘦型。此前有过空腹跑步头晕、心慌的经历，跑到15千米就不得不上收容车。经建议，其养成习惯在跑前1～1.5小时左右补充面包和牛奶，有时会在跑前0.5小时再补充一两袋粗粮纤维饼干，再未有跑步时低血糖的情况发生，也得以顺利完成期待已久的半马。

▼ 跑步时如何补能够维持能量需求

马拉松或者越野这样需要长时间的耐力运动，光靠跑前或跑后的补给是远远不够的。对于持续时间超过60分钟的跑步运动，每小时补充30～60克碳水化合物是非常重要的。这样做可以帮助维持肌肉和肝脏中的糖原储备，提供持久的能量供给。运动饮料、能量胶和香蕉等都是不错的选择。其中，运动饮料富含碳水化合物，还能提供电解质，有助于维持水分和电解质的平衡；能量胶提供了高含量的碳水化合物，并且易于消化和吸收；香蕉是一种理想的水果选择，它富含碳水化合物，并且还提供了一些钾，有助于预防肌肉痉挛。

跑步后如何补能够快速恢复营养

跑步后的营养补充对于肌肉的修复和能量的恢复非常重要，碳水化合物和蛋白质是恢复饮食中的两个关键营养素。

- **碳水化合物有助于恢复肌肉中的糖原储备**。建议每千克体重摄入 1.0～1.2 克的碳水化合物。例如，如果体重 70 千克，可以摄入 70～84 克的碳水化合物。这可以通过食物或饮料来实现，如水果、面包、米饭或运动饮料。
- **蛋白质有助于肌肉的修复和合成**。建议摄入 20～25 克高质量蛋白质。这可以通过鸡胸肉、鱼、豆类或蛋白质补充剂来实现。蛋白质有助于修复跑步中受损的肌肉纤维，并促进肌肉的生长和适应。

记住，在恢复饮食中，选择高质量的食物和补充剂是非常重要的，以确保身体得到足够的营养支持。

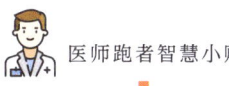

医师跑者智慧小贴士

患有肠易激综合征或炎症性肠病的跑者，跑前尽量避免奶制品、豆类和肉类。

患有胃食管反流的跑者，跑前尽量避免奶制品、肉类和高纤维食物。

第5节 应该如何摄入与补充液体

一次马拉松结束后的跑友们聚餐上,有一位跑友突然问道:"跑马的时候补给站给的矿泉水和运动饮料,我们选哪个更好?你们医护人员能不能给点建议?"另一位跑友赶紧附和:"对对,我还很困惑到底在哪个补给站喝,什么时候补比较合适?"确实,对于补液摄入的时间和补液类型的选择都非常重要,一口不喝容易脱水,喝太多了又肚子胀、容易岔气影响跑步……针对这些问题,我们认真查阅并整理了相关的资料,发现跑步补液也有大学问,下面就与广大跑友们一起分享一下。

北京大学公共卫生学院营养与食品卫生系教授曾在《中华预防医学杂志》发表的《水合状态与健康》一文指出:"水摄入不足将会影响人体的水合状态,进而影响认知和健康,因此维持适宜水合状态对于维持和促进机体健康具有重要意义。"

俗话说:"水是生命之源。"我们正常成年人体内的水分大概占体重的2/3,这接近于地球表面海洋占有面积的比例。我们知道,随着体内水液不断补充(如饮水、饮酒)和代谢(如排尿、排汗)的进行,这2/3的水分并不是一个绝对的占比,而处于一个相对动态平衡的过程。在这个过程中,全身水分保持含量最佳的状态就是正常的水合状态。运动尤其是长跑过程中,我们的身体会产生大量的热量,随着汗液增多,如果不及时补充水分,就容易过度脱水,从而让我们的机体处于低水合状态。

举一个例子,以说明跑步过程中补水的重要性。朋友C,第一次参加全马,为了提高自己的成绩,坚持赛前两小时内不进水,前半程跑步过程中只食用了能量胶而未饮水(包括矿泉水和电解质水),跑至25公里处,因失水过多加之天气炎热而中暑晕倒,遗憾退赛。

由此可见,因担心跑前水液负担过重影响成绩,赛前几小时内或运动中不补水的想法并不可取。跑步补液至关重要,因此,我们首先应该知道机体对水分的正常需求量。

补充多少液体合适

世界卫生组织（WHO）指出：在适宜的环境下，成年男性每天适宜的总水摄入量为 2.9 L，成年女性为 2.2 L。根据我国营养学会《中国居民膳食营养素参考摄入量》，在温和气候、轻体力活动状态下，成年男性每天总水摄入量为 3.0 L，成年女性为 2.7 L。

对于马拉松这样的高强度运动，由于长跑过程中容易丢失大量水分，我们建议在轻体力活动状态的基础上，根据实际耗水量额外补充 1.5～2.5 L 水液，可在运动的前、中、后期分次进行补液。

补液都有哪些类型

水 纯净水或富含矿物质的天然矿泉水是最基本的运动补液方式，可以有效地补充体内失去的水分，维持水分平衡。当运动强度不大、短时间或低强度运动的情况下适合选用纯净水或矿泉水。

电解质饮料 电解质（如钠、钾、镁等）是人体必需的矿物质，参与了许多重要的功能和代谢活动，维持着人体正常机能的运转。当机体由于大量运动出汗过多或处于疾病状态，出现呕吐、腹泻、炎症、休克等情况时，均容易造成体内电解质紊乱，从而导致疲惫不堪、肌肉抽搐、少尿、恶心、烦躁不安等症状。电解质饮料是用水将一组符合食品安全要求的化合物溶解而制成的。饮用含有适量电解质的饮料，可以为机体补充电解质，并帮助维持其平衡。当剧烈运动或高强度运动过后，可适当补充电解质饮料。

蛋白质饮料 蛋白质是构成人体组织器官的支架和主要物质，在人体生命活动中起着重要作用。我们常喝的乳制品（如牛奶、酸奶）或种仁加工后的饮料（如杏仁露）均属于蛋白质饮料，这些饮料营养丰富、口感较好，长时间持续性高强度运动后，补充一瓶蛋白质饮料也是不错的选择。

能量饮料 能量饮料含有水、碳水化合物、维生素、矿物质以及其他各种营养物质的混合体，如跑者们熟知的红牛、魔爪及东鹏特饮等。这些能量饮料让人又爱又恨，因其含有大量的咖啡因成分，虽然能够在为跑者提供能量的同时增强其运动表现，但是过度摄入能量饮料会带来一定的潜在风险。

▼ 运动前中后如何补液

运动前补液

为了防止运动过程中出汗过多导致脱水、确保机体水分充足，建议运动前 4 小时就开始补充水分，根据美国运动医学会（ACSM）建议，可以按 0.005～0.007 L/kg 的标准进行补水，以跑者体重为 50 kg 计，最好在运动前摄入 0.25～0.35 L 的水液。如果尿量少且颜色深，运动前 2 小时内可按 0.003～0.005 L/kg 的标准再次进行补水，以跑者体重为 50 kg 计，最好在运动前摄入 0.15～0.25 L 的水液。在炎热环境中运动，则应该适当多补充一些水分。

值得注意的是，运动前可以适当饮用含钠饮料（20～50 mg/L），可以帮助补充身体在运动过程中流失的钠离子，对维持细胞内外的水平衡、神经传导和肌肉收缩等功能至关重要，有助于维持体内的电解质平衡，从而减少运动引起的可能性疲劳和肌肉抽筋等不适症状。此外，适量摄入钠还有助于维持血容量和心脏健康，在高强度运动中提供足够的能量和支持。

运动中补液

为了防止过度脱水或因电解质严重失衡而引致的运动能力下降，我们在跑步过程中仍需补充水分。

第一，运动中补液应少量多次。在剧烈运动产生热应激时，水分流失的主要途径是出汗，因此肾脏会调节尿液输出来维持体内的水平衡，肾小球过滤能力和流到肾脏的血量都会显著下降，尿液的排放量会随之减小。当运动过程中补充过多的水分时，肾脏便难以将多余的水分排出体外。因此运动中补液应采取少量多次的方法，避免一次大量摄入增加胃肠道负担。

第二，运动中需适当补充电解质饮料。在运动过程中出汗量较大时，由于大量钠离子和氯离子的流失易导致细胞内水分体积减小，从而引起"缺盐性脱水"，从而产生倦怠、无力、恶心、头痛、嗜睡等不适感，严重时会导致痉挛、休克等症状，甚至死亡。因此，在马拉松运动过程中，需适当补充含有钠、钾、氯等离子的电解质饮料，避免体内水分和电解质失衡带来的不适症状。值得注意的是矿泉水与电解质饮料的选择问题，我们建议，如果跑者的跑步速度较慢、个子较小、体重较小，汗液流失少，过量摄入了水分或其他低渗性饮料，由于身体流失的水分和电解质较少，则应增加适当的电解质饮料的摄入，减少矿泉水的摄入；如果跑者的跑速较快、体重较大，气候较炎热，汗液流失多，则应适当增加矿泉水摄入，但也不要忽视电解质的摄入。

运动后补液

为了补充运动过程中流失的水分和电解质，加速跑者的机能恢复，我们建议跑者在运动后补充体质量丢失量 100%～150% 的水分（胃肠道不适者可适量减少），即约 1.0～1.5 L 的水液（含电解质饮料）。不建议在运动后立即暴饮，因为这样容易导致胃胀。在运动一段时间后，应该遵循少量多次的原则。

为迅速恢复体力，建议最好选择含有电解质和糖类的饮料，可在运动后每 2 小时补充含糖 1.0～1.5 g/kg 体质量的饮料，以跑者体重为 50 kg 计，每次摄入含糖 50～75 g 的饮料，持续 2～3 次。如果因为运动前和运动中未及时补水或出汗量过大导致严重脱水、胃肠道不适等情况，需立即就医，进行静脉补液。

注意，一般不建议运动后摄入咖啡因或者含碳酸的饮料。咖啡的利尿作用易使跑者体内水分补充不足，而碳酸饮料气体较多容易导致跑者胃胀。

> **医师跑者智慧小贴士**
>
> 运动前、中、后期都应少量多次补液，不建议在运动后立即暴饮，容易导致胃胀。
>
> 可在运动后 4～6 小时内，每 2 小时补充一次含糖 1.0～1.5 g/kg 体质量的饮料，一般不建议摄入咖啡因或者含碳酸的饮料。

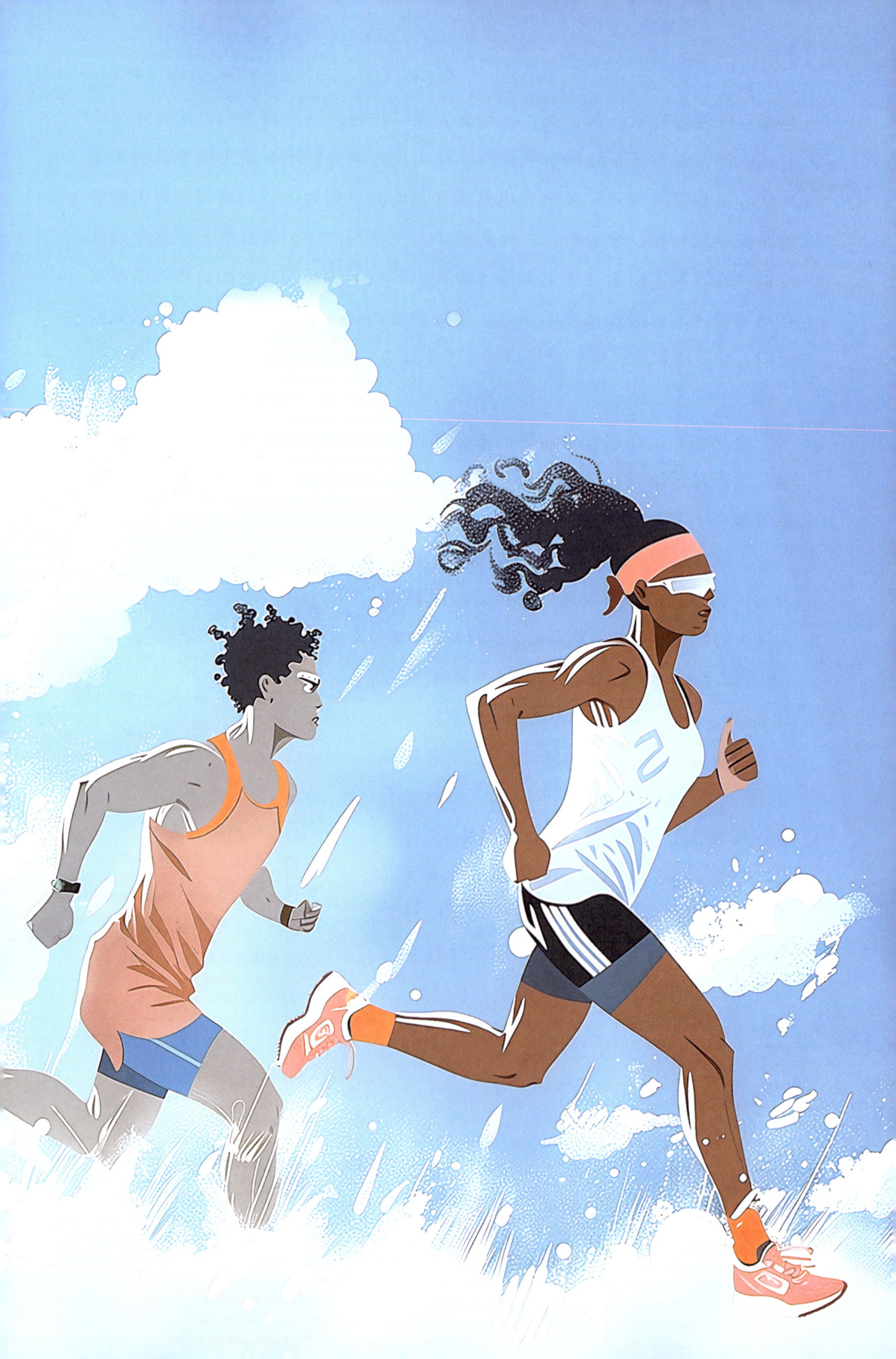

第8章 跑步中常见病症有哪些

第1节	跑步损伤知多少	200
第2节	如何预防运动损伤的出现	203
第3节	常见运动损伤：肌肉、筋膜类损伤	210
第4节	常见运动损伤：肌腱类损伤	216
第5节	常见运动损伤：韧带损伤及撕脱骨折	220
第6节	其他常见运动损伤问题	222
第7节	出现运动损伤，我们应该怎么办	224
第8节	跑步与应力性骨损伤	227
第9节	跑步与呼吸系统疾病	231
第10节	跑步与热应激、脱水及热射病	236
第11节	跑步与身心健康的关系	238

第1步 跑步损伤知多少

近年来，关于跑步和马拉松的文章和视频层出不穷，其中涉及一个备受关注的话题——"跑步膝"。在前面的章节中，我们已经详细讨论过关于跑步膝的内容。在这里，笔者还想要再提醒一下跑友。

首先，我们要明确一点：正确的跑步不会对膝关节造成伤害。那么，为什么大家总是听说跑步后可能会出现膝盖疼痛、脚部不适，甚至影响正常行走和生活呢？首先，随着跑步人数的增加，运动损伤的发生率也相应增加。其次，这与跑步前的准备不足、跑步时的控制不当以及跑步后的调整不当有很大关系。简而言之，开始跑步前没有充分准备，这里的准备不仅仅指的是坚定的跑步决心和多样化的运动装备，更包括身体的准备。接下来，我们将为大家介绍容易受伤的部位以及相应的预防措施。

▼ 跑步运动中容易出现哪些伤痛

在某医院运动医学门诊就诊的专业短跑及中长跑运动员中，肌肉筋膜损伤、肌腱及腱鞘损伤、疲劳性骨膜炎和骨折、韧带及关节囊损伤、髌骨软骨病、滑囊炎、膝半月板损伤成为较为常见的运动损伤类型，这些病种共占专业短跑及中长跑运动员总人数的82.4%。

以上仅是专业运动员到医院就医部分的统计，下面我们来看看在非专业运动员长期跑步的跑友中，出现运动损伤与运动不适的概率是多少？

2019年，我们曾在某些跑团内部对部分长期进行跑步训练及多次参加马拉松比赛的成员进行过伤痛调查[1]，参与人数451人，总结出运动后出现不适

---

[1] 本数据因包含调查之前及当时进行其他锻炼的人员，以及之前有过运动损伤的人员，故不能以该数据证明，马拉松运动造成的身体不适或损伤有多少；只能说明，现在参加该项运动的非专业跑者身上有不适或伤痛的比例数。

的比例和更易出现伤痛的部位。以下为部分结果及分析。

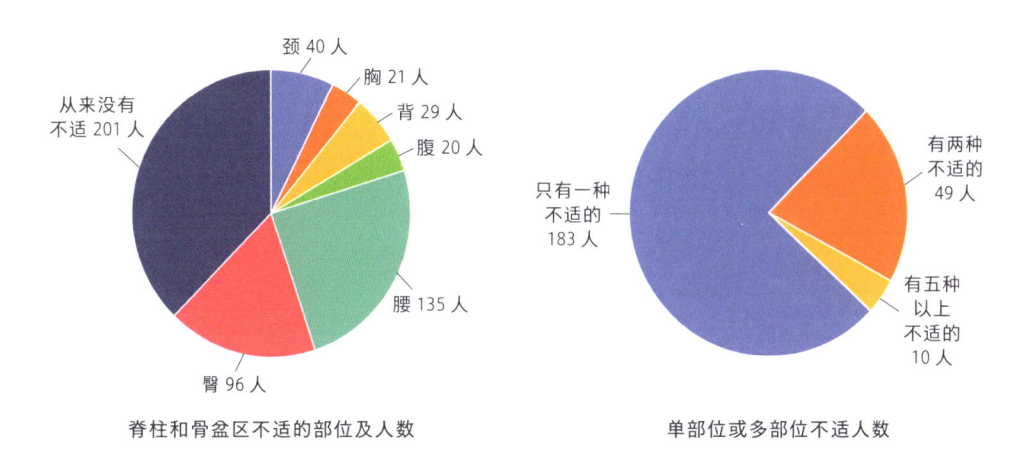

调查问卷题 1：您在马拉松运动中，以下部位是否有过伤痛？

脊柱和骨盆区不适的部位及人数：
- 颈 40 人
- 胸 21 人
- 背 29 人
- 腹 20 人
- 腰 135 人
- 臀 96 人
- 从来没有不适 201 人

单部位或多部位不适人数：
- 只有一种不适的 183 人
- 有两种不适的 49 人
- 有五种以上不适的 10 人

解析：

这部分主要关注核心肌肉及相关区域与跑步不适之间的关系。

通过实际调查发现，腰部肌肉与提升跑步成绩和减少下肢伤痛具有重要的相关性。增强核心肌力对于提升成绩有着显著的影响。那些注重锻炼核心肌肉力量，尤其是腰腹部核心力量的跑者，相较于一般跑者，下肢损伤较少。

调查问卷题 2：您在马拉松运动中，下肢是否有过伤痛？

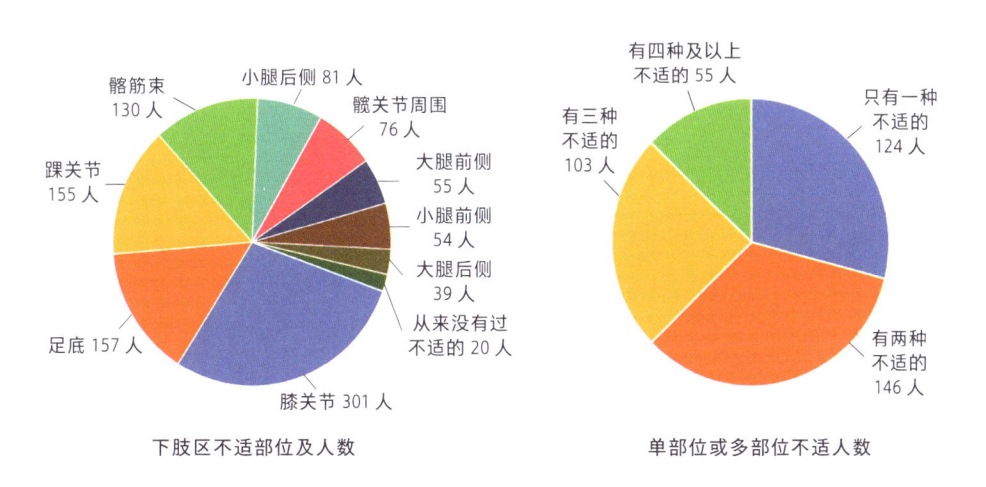

下肢区不适部位及人数：
- 髂筋束 130 人
- 小腿后侧 81 人
- 髋关节周围 76 人
- 大腿前侧 55 人
- 小腿前侧 54 人
- 大腿后侧 39 人
- 从来没有过不适 20 人
- 膝关节 301 人
- 足底 157 人
- 踝关节 155 人

单部位或多部位不适人数：
- 只有一种不适的 124 人
- 有两种不适的 146 人
- 有三种不适的 103 人
- 有四种及以上不适 55 人

第8章 跑步中常见病症有哪些

解析：

此部分重点看长期跑步下肢区可能出现的伤痛比例。

加上"调查问卷题1"中的臀部，我们可以看出，马拉松运动是以下肢为主的运动，所以损伤及疼痛多在下肢，尤其是膝关节与踝关节相关部分，其次是足底，再者为大腿及小腿的肌肉或软组织。大部分人是多部位不适。

调查问卷题 3：您在跑马或其他运动中，是否有过以下几种类型的不适？

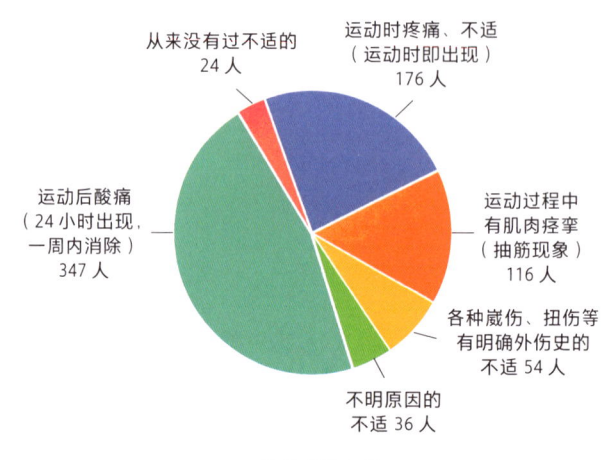

- 从来没有过不适的 24 人
- 运动时疼痛、不适（运动时即出现）176 人
- 运动过程中有肌肉痉挛（抽筋现象）116 人
- 各种崴伤、扭伤等有明确外伤史的不适 54 人
- 不明原因的不适 36 人
- 运动后酸痛（24 小时出现，一周内消除）347 人

不适类型及人数

解析：

此部分可以看出，在出现不适的类型中，延迟性肌肉酸痛和伤痛的占比很大。

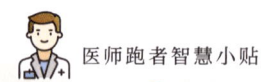

医师跑者智慧小贴士

疼痛会经由本体感受器传递给大脑，进而影响肌肉募集速度、数量，影响肌肉发力或控力；也会使肌肉、韧带及关节做出躲避疼痛的动作，影响动作的准确性。伤痛轻则影响成绩，重则影响生活，所以无伤无痛跑马是所有跑者的目标。

如何预防运动损伤的出现

做好"跑步前准备好、跑步中控制好、跑步后调整好",就能有效减少很多运动损伤。大家可以根据自己情况选择适合自己的跑姿、步频等。接下来,重点为大家介绍一下跑步前的准备和跑步后的调整。"跑步中控制好",因在本书其他章节有详细的介绍,在此不作赘述。

运动损伤的分型

按照急慢程度,运动损伤分型可分为急性损伤和慢性损伤。
- 急性损伤是指发生在一瞬间的损伤。
- 慢性损伤多是指长期累积形成的损伤,亦可称为劳损或者疲劳性损伤(如疲劳性骨折)。马拉松跑者多是慢性损伤,有时候没有明显诱因,就在运动的时候出现了疼痛(如髂胫束综合征),或者在运动后出现(如跟腱炎)。

按照严重程度,运动损伤的分型可分为轻度损伤、中度损伤和重度损伤。
- 轻度损伤仅有轻微的疼痛或肿胀,不会影响运动表现。
- 中度损伤会有疼痛和肿胀,可能有触痛,可能会有皮肤颜色改变(如变青或淤血变紫)。
- 重度损伤会产生严重的疼痛、肿胀,触痛严重,有时伴有该部位的变形(如骨折)和皮肤颜色改变(如淤血),会影响运动表现,甚至影响日常生活。

跑步前准备好

第一,预防运动损伤,需要做到以下几个步骤。
- 热身运动,非专业马拉松跑者的热身运动约5~10分钟,微微出汗即可,目的是提高心率和呼吸频率,加快血液流动的速度,将氧及营养物质输送到要使用的肌肉里,提高肌肉兴奋性和肌肉温度,进而提高运动机能。这可以有效避免天气寒凉的时候出现肌肉痉挛,也能让身体循序渐进地进入运动状态,避免心肺系统过快进入大强度工作中,减少危险发生。

- 静态拉伸运动,该拉伸动作较轻柔缓慢,有助于提高全身的柔韧性。特别注意:在拉伸全身的各大肌群时,应进行标准的拉伸动作;约5~10分钟。

下图中,左图为股四头肌拉伸的错误姿势:该姿势只是对于股四头肌下段进行了拉伸,而上段并没有充分拉伸到位。右图为正确的站立位拉伸姿势:一定要将髋关节伸展、膝关节向后。

- 针对要进行运动的热身活动,应根据主要运动部位进行更有针对性的热身运动,使身体与心理进入运动状态。例如,马拉松跑者应注意腰、下肢和肩关节的专项热身。
- 受过专业训练或良好训练的人,可以进行动态的拉伸运动。

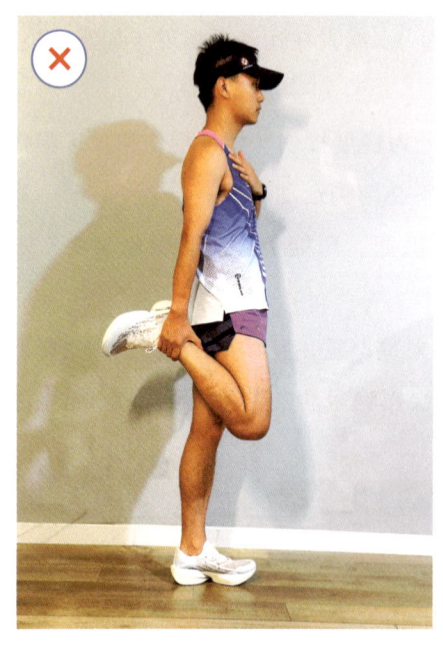

股四头肌拉伸的错误姿势 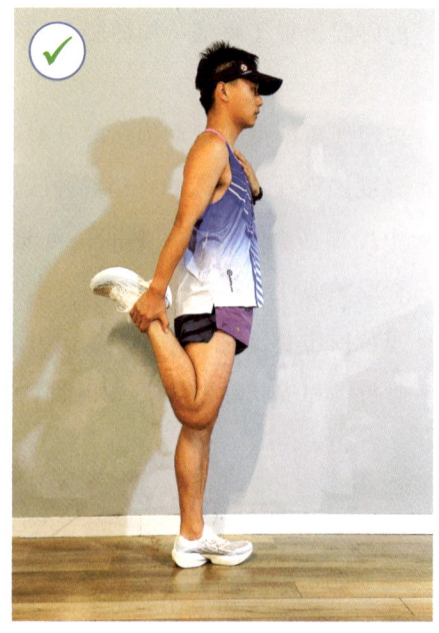　　　　　正确的站立位拉伸姿势

第二，跑步前还要注重日常锻炼。

在临床治疗的多例马拉松跑者中，通过增强核心锻炼、加强运动肌锻炼、进行心肺锻炼，并在出现不适或损伤时及时治疗，均能有效减少运动损伤，提高运动表现，并加速运动后的康复过程。

有位马拉松运动爱好者的同事，一直为成绩停滞不前而发愁；繁重的倒班制医疗工作，又让他的锻炼不能规律进行；还因为抢救患者出现腰痛。查体后，给他建议如下：① 增加核心肌力，尤其是腰腹部肌肉力量的训练；② 日常运动中加入拉伸动作（之前没有拉伸过）。在下一场马拉松中，他的成绩 PB 了，腰疼也没有再犯过。

身体的前、后肌肉，以及内侧、外侧肌肉，大致可以分为相对的两组。根据其功能，这些肌肉可分为主动肌、协同肌、拮抗肌和固定肌四类。我们重点来探讨主动肌与拮抗肌的关系。

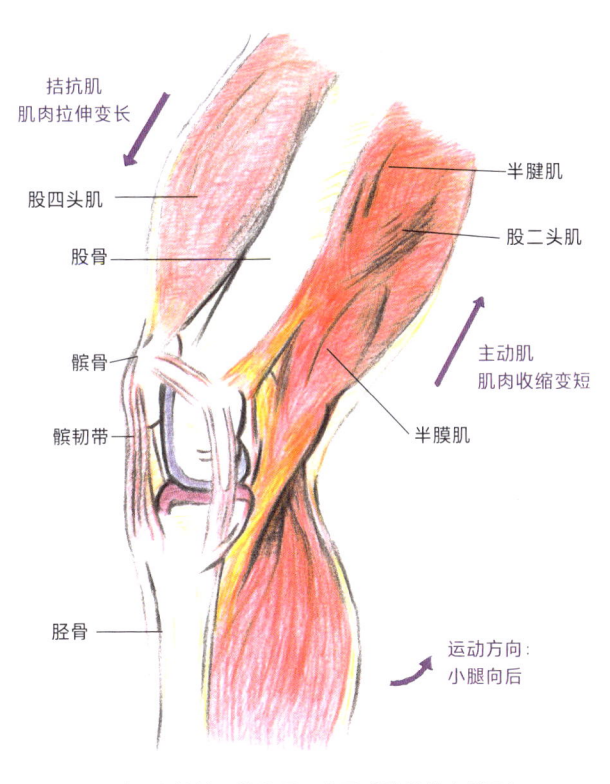

主动肌与拮抗肌的位置示意图（膝关节内侧面）

例如，当小腿向后抬起时（屈膝动作），腘绳肌（包括股二头肌、半腱肌、半膜肌）主要负责将小腿向后拉起，这是完成动作的主要动作肌，被称为主动肌；而与此同时，大腿前侧的股四头肌（包括股直肌、股内侧肌、股外侧肌、股中间肌）则会被牵拉，负责拉动小腿，防止膝关节过分屈曲，这就是拮抗肌。

当小腿要向前伸时（伸膝动作），腘绳肌就变成了拮抗肌，防止膝关节过分伸展受伤；股四头肌就变成了主动肌，拉小腿向前运动。只有主动肌与拮抗肌相互配合，主动肌有力，拮抗肌弹性好，才可以使动作更流畅。所以锻炼时，不能只注意跑马拉松主要用到的前侧肌肉，后侧肌肉的弹性和肌肉力量同样重要（在后文"腘绳肌拉伤"部分会详细讲到）。

因此，全面、科学的肌肉力量锻炼非常重要；同时，协调性、耐力等各个方面也很重要。

第三，跑步前还要注重日常防护。

笔者总是被问及，跑步要不要带护膝、护踝？哪种护膝更适合？例如，护膝，就有全护膝、髌骨处露出来的、前膝加垫的、两侧加支撑的、加弹力带的、髌骨带等各种区分。其实，这些防护用具，是根据自己的情况按需佩戴的，并非防护越多越好。

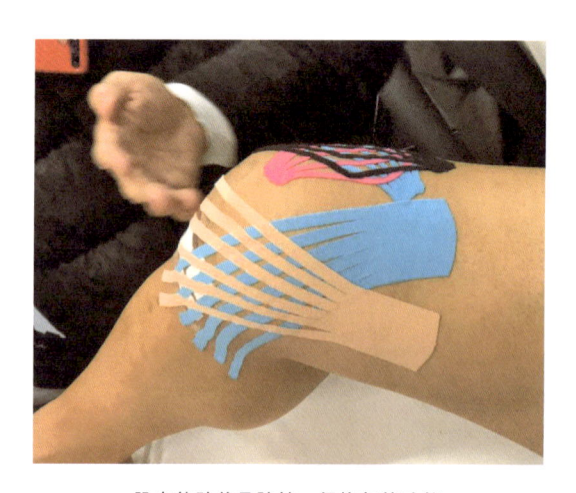

肌内效贴兼具防护、促恢复等功能

跑步后调整好

要减少运动损伤，运动后的这些步骤就不能少。

第一，先要进行5分钟左右的放松运动。例如，马拉松的放松运动顺序应为"慢跑—快走—慢走"。坚决不能过线就坐下或者躺下，极易出现心搏骤停等危象。

第二，逐步调整呼吸。在此过程中，应保持运动中呼吸的频率及深度，保证机体的供氧，配合放松运动顺序逐渐放慢呼吸频率，减少呼吸的深度，直至恢复正常的呼吸。

第三，一定要进行拉伸。可以选择正确的静态拉伸动作或者本体感觉神经肌肉促进法来进行拉伸。

> 本体感觉神经肌肉促进疗法（也叫促通疗法、PNF疗法），是以人体发育学、神经生理学原理为基础的一种多方面的运动治疗方法，最初用于治疗神经肌肉瘫痪，后用于治疗肌肉力量、运动控制、平衡和耐力障碍，如骨关节和周围神经损伤、脑外伤、脊髓损伤、脑血管意外导致的偏瘫等，且对疼痛和软组织粘连导致的关节活动度受限有很好的疗效。在跑步训练中使用本体感觉神经肌肉促进疗法，既可加强关节稳定性、增强关节及周围的血液循环、放松肌肉、减轻肌肉疲劳感，也可加强肌肉耐力、肌力、协调性，提高肌肉反应能力和控制能力。

有些跑者不进行拉伸，跑过几年之后，肌肉张力升高明显，肌肉变硬，弹性变差，肌肉与肌腱相接处、腱止装置（即肌肉肌腱与骨连接的结构，也叫末端装置）会承受更大的力，或其他肌肉代偿出力，极易造成疲劳性损伤（例如，大部分跟腱炎就与小腿三头肌肌肉张力过大有直接关系）。

第四，营养补给要科学。有些人在跑步中抓着冰水猛喝，虽然冰凉饮料能帮助身体快速降低温度，但也会引起血管的剧烈收缩，进而影响心脏正常的搏动，出现危象。另有一些人，跑完步就去享用"冰镇饮料凉啤酒，重油多肉高碳水"，从营养学角度来说这不可取，食用碱性食物、饮用碱性饮料，更能帮助我们恢复身体。跑步时，血液循环速度增加，血液多分布在运动的肌肉上，分布在胃肠上的血液减少；跑步结束后，身体需要一定的时间进行调整。所以，跑步结束后，我们应吃一些清淡易消化的食物和水果，给肠胃一个缓冲期。

中医是如何看待运动中和运动后喝冰水、吃大鱼大肉的呢？

举一个比较容易理解的例子。人体在运动中，就像是在高速公路上飞驰行驶的汽车。如果这时一瓶冷饮直接饮入体内，就好比汽车在行驶中突然踩了一脚急刹车，还是那种一脚踩到底的急刹，此时汽车大概率会有巨大的危险和事故隐患。所以，如果要想平稳、安全地继续行驶，突然制动是不可取的，而是要逐渐地、慢慢地减速。

那瓶冰镇饮料，就好像高速行驶的急刹车行为，因此，中医并不推荐运动员去喝冰镇饮料。从中医角度来讲，药食同源这个理论可以广泛用于我们日常生活中的食品和饮品。中药讲究性味归经，单说冰镇饮料这一个"药"的药性来说，就属于寒凉之物。寒性凝滞，容易阻塞淤堵经脉、血脉。脏腑经脉受阻，就会影响其功能。如果一些重要脏腑突然罢工，无疑是一件可怕的事情。

同时，中医理论中的脏腑之间都是有紧密联系的，有的是因为脏腑相连，有的是有表里关系。胃部受寒，牵一发而动全身，而且胃是一个"阳腑"，又在中医的三焦系统中处于承上启下的中焦，所以胃以传导和消化食物为主。如果此时中焦受寒，寒邪自然而然就被传导到与其相邻的上、下焦，其他脏腑就被迫有难同当了。

人体在运动中，阳气布散全身，此时城内失守。突然一口冷饮直捣黄龙，兵力不能马上回守，君主之官（即心）立马做出反应，牺牲自己的元气（能量）来暂时对抗外敌。但是经络正因为寒邪受阻道路不通，心只能强行加大功率，牺牲自己的元气作为代价，把阳气加大功率布散全身。心主血脉，此时心跳加快，甚至心律失常。换句话说：原本阳气受到心的指挥，布散全身四肢，去完成马拉松运动；此时，胃受外寒，心只能作出妥协，牺牲自己换取整体的平衡。

中医理论中，越是高营养食物，越是不好吸收和消化，所以运动后马上吃一些大鱼大肉，就是给胃增加负担，去和还没回收阳气的心抢资源。与上同理，都是不可取的。

补充知识点

关节稳定性

关节稳定性取决于两大方面：被动稳定装置和主动稳定装置。

- 被动稳定装置：关节周围的韧带、关节囊的松紧及弹性，以及组成关节面的骨的形状等，被称为被动稳定装置。

- **主动稳定装置**：运动这些关节的肌肉与神经系统，被称为主动稳定装置，作用是保护关节和控制关节。关节周围的肌肉和肌腱在神经系统的协调下会产生肌张力（即肌肉静止、松弛状态下的紧张度），来维持关节的稳定性。

跑者的骨关节面和神经系统通常是正常的，则韧带、关节囊、肌肉和肌腱对于稳定关节、使肌肉发挥更大作用至关重要，进而有助于减少运动损伤、获得更快的速度、获得更强的耐力，去完成马拉松运动。

扭伤与拉伤

扭伤，是指韧带的损伤（韧带是连接骨与骨的结构），如崴脚后容易出现的距腓前韧带和跟腓韧带损伤。而拉伤，是指肌肉和肌腱的损伤（肌腱是帮助肌肉附着在骨上的结构），如跟腱损伤。

- **Ⅰ级扭（拉）伤**，是韧带、肌肉、肌腱被牵拉至轻度超过机体最大承受长度，进而出现的轻度肿胀、疼痛和关节僵硬；不太影响关节稳定性。
- **Ⅱ级扭（拉）伤**，是韧带、肌肉、肌腱被牵拉，有一定程度的撕裂，进而出现的肿胀、疼痛和关节僵硬；关节稳定性变差。
- **Ⅲ级扭（拉）伤**，是一条或多条韧带、肌肉、肌腱完全的撕裂或断裂，导致严重的肿胀和疼痛；关节极不稳定。

> **医师跑者智慧小贴士**
>
> 当然，每个人的体质和年龄会对寒邪的耐受有着不一样的承受能力。这也是为什么有些人凉水下肚并不是马上就会有不适症状。

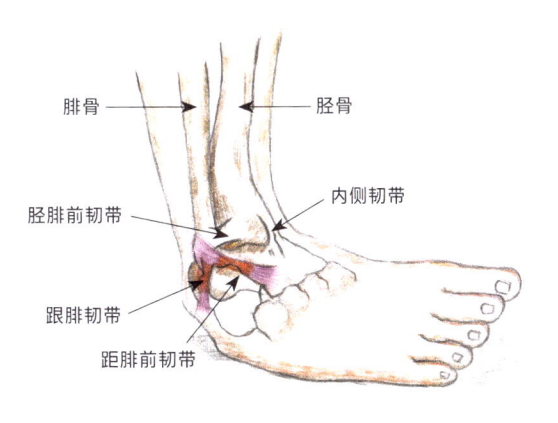

距腓前韧带和跟腓韧带损伤示意图

跟腱损伤示意图

第3节 常见运动损伤：肌肉、筋膜类损伤

结合上述在医院运动医学科就诊的疾病类型和在跑团调查中常见的症状，我们按肌肉、筋膜、肌腱、韧带损伤及撕脱骨折和其他损伤这几类，每类选取常见的运动损伤，就相关损伤产生的原因、出现的症状、如何预防、如何自我治疗和寻求医疗等几个方面，在本节及以下几节中作具体介绍。

每一块骨骼肌都是由肌腹和肌腱两部分组成的。肌腹由肌纤维构成，色红质软，有收缩功能。当肌肉收缩时，将会以关节为轴，拉动骨头产生位移，从而产生身体的运动。

肌肉常见拉伤或痉挛。肌肉力量和弹性不足，高强度反复收缩，没有获得充分的休息，未进行正确的热身和拉伸，动作方式不正确，都容易产生拉伤或痉挛。

▼ 腘绳肌拉伤

腘绳肌拉伤的主要原因是股四头肌（位于大腿前侧，包括股直肌、股中间肌、股内侧肌、股外侧肌）与腘绳肌（位于大腿后侧，由股二头肌和半腱

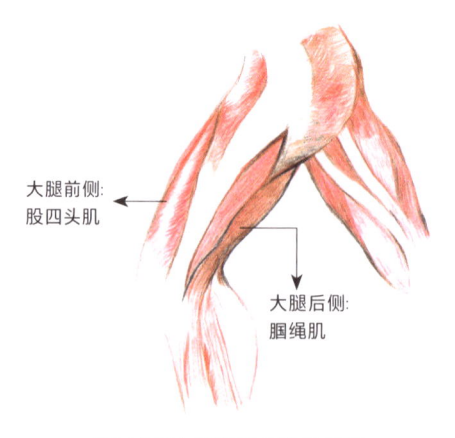

股四头肌与腘绳肌位置关系图

肌、半膜肌组成）之间的力量不平衡。股四头肌的力量较大，而腘绳肌的力量相对较弱。在日常走路中，身体呈向前趋势，步幅小、速度慢，下肢蹬地所需的力量较小。而在跑步过程中，步幅较大、速度较快，且存在双脚同时离地的瞬间，因此需要更大的下肢蹬地力量，增加地面对身体向前摩擦力，使得跑步时臀部及大腿后侧的肌肉力量需更强大。

一些人的锻炼不够全面，甚至为了突显肌肉，会过度强化大腿前侧的肌肉。这使得股四头肌更强大，而腘绳肌的锻炼相对较少，导致在跑步中腘绳肌反复高强度收缩，容易引发肌肉疲劳，从而出现拉伤。相对而言，腘绳肌的拉伤较为常见。在跑步前，适度放松股四头肌，尤其是股外侧肌，不仅能减轻肌肉强度，避免腘绳肌拉伤，还能减缓对髌骨和髌腱的冲击力，降低相关损伤风险。

预防要点

- 均衡锻炼，不要忽略腘绳肌的强化。
- 运动后及时进行整理运动及拉伸，不但能使肌肉尽快恢复，且能减少肌肉紧张，避免长期出现运动损伤。
- 推荐使用泡沫轴放松股四头肌，尤其是股四头肌包含的股外侧肌。
- 股四头肌拉伸是最容易出现错误的，正确拉伸动作如下。

股四头肌的拉伸

错误姿势 该姿势只是对于股四头肌下段进行了拉伸，而上段并没有充分拉伸到位

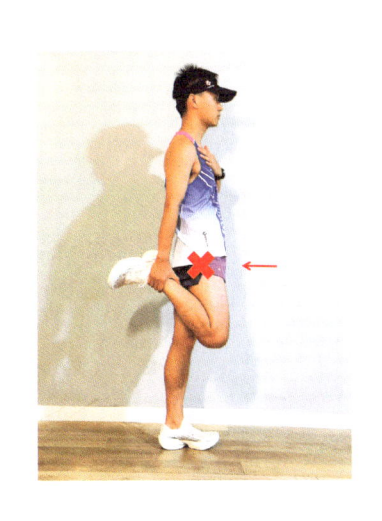

站立位拉伸 ▸ 一定要将髋关节伸展、膝关节向后，手帮助腿继续向后向上拉伸

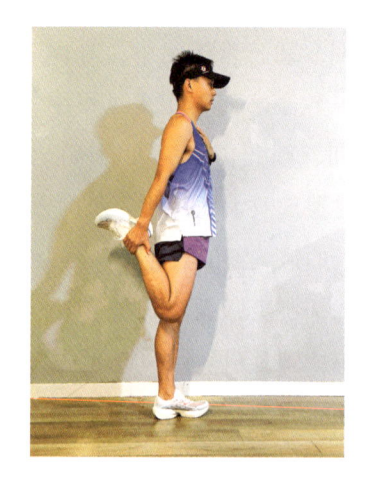

跪位拉伸 ▸ 注意踝关节位置，髋关节需向前顶

跪位拉伸 ▸ 注意髋关节需向前顶

小腿后群肌肉痉挛

小腿后群肌肉主要是小腿三头肌（由比目鱼肌和腓肠肌组成），该肌肉在运动中易痉挛（抽筋）的主要原因有以下几个方面[①]。

- 小腿后群肌肉因为跑步的蹬地运动，使得小腿三头肌高强度反复收缩，且收缩力大。
- 前脚掌着地时，因还要控制脚掌跖屈（即足尖向下的动作），小腿三头肌通过跟腱控制脚踝和足部位置的力量明显加大，小腿三头肌的收缩较足跟着地更为明显，需要更用力收缩。而改成此种跑姿时，未经过循序渐进的跑步锻炼和肌力训练，易导致小腿后群肌肉痉挛。
- 部分跑者跑后不进行拉伸，小腿肌肉弹性较差。
- 天气寒冷，未做好热身运动。

预防要点

- 运动前热身 + 拉伸。
- 正确的跑步姿势。
- 正确的肌肉力量或耐力训练（核心、臀、大腿后侧、小腿后侧肌肉）。
- 运动后的放松运动 + 正确有效的拉伸或牵伸。

自我治疗

那我们该如何使用简单的方法进行自我治疗呢？对于一般的小腿后群肌肉痉挛（抽筋），如果及时治疗，是不会造成后续损伤的。可以按照以下方面进行。

- 停止运动，放松肢体。
- 自行或者由他人帮助进行小腿肌肉的拉伸。
- 待症状缓解后，可根据情况进行继续比赛或放弃比赛的决定。如果选择继续比赛，应注意控制速度，待肌肉适应后再进行提速，如还有不适，建议暂时停跑休息，避免小腿三头肌拉伤或跟腱损伤。

[①] 本部分不对于跑姿是否正确进行评价，仅针对小腿后群肌肉易痉挛的原因进行分析。

- 可以适量喷或抹缓解疼痛的药物。
- 温热水热敷。不建议用太热的水敷，容易出现烫伤，且在 24 小时内可能会加重组织液渗出，使得局部肿胀得更厉害，疼痛亦会加重。
- 早期可做力量轻柔的推拿手法，以帮助放松肌肉。
- 如有条件，可以使用空气压力装置，帮助血液循环，加快静脉血回流，减轻肿胀，放松肌肉，加快动脉血携带氧及养分到达小腿三头肌，加快恢复；低中频率的电疗法可以放松肌肉；热疗法改善血液循环，促组织修复等（24 小时以后）。

▼ 筋膜损伤

浅筋膜由疏松结缔组织构成，包被全身各部，分布在身体各个组织之间。深筋膜由致密结缔组织构成，部分深筋膜包绕肌群，构成筋膜鞘，使得肌束

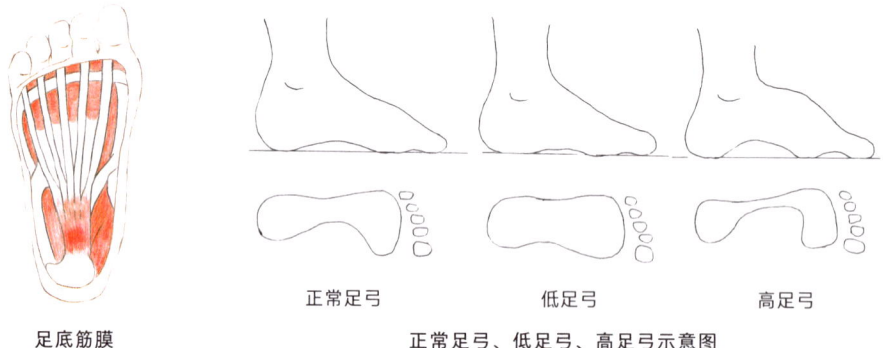

足底筋膜

正常足弓、低足弓、高足弓示意图

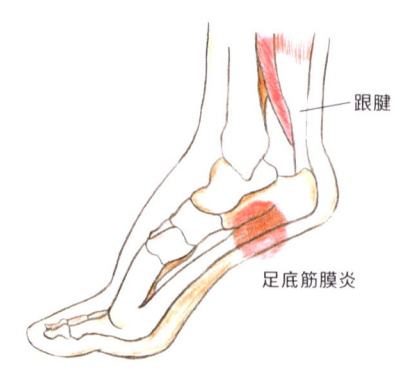

足底筋膜与小腿三头肌（跟腱）的位置关系

可以单独活动，也可为肌肉提供附着点或作为肌肉的起点。以下将简要介绍足底筋膜损伤。

足底筋膜，位于足底，是足跟与足趾根部连接的筋膜。由于足部肌肉较少，还承担着走、跑、跳等高频动作，所以足底筋膜会承受非常大的张力。足底筋膜炎，大部分感觉为足跟处疼痛，有一部分患者感觉晨起足跟着地时最痛。女性、大体重、高足弓或足弓塌陷（包含扁平足）、鞋子不合适、经常跑步和跳跃等人群发病率高。

小腿后群肌肉紧张、足底筋膜张力升高、踝关节反复屈伸运动、腓肠肌紧张，都会导致足底筋膜张力过大，易引起足跟处的足底筋膜劳损、损伤、发炎。部分患者出现脚踝扭伤后，用足尖点地的姿势时，易引发足底筋膜前侧（前脚掌部）疼痛。筋膜损伤，也会导致本来靠足底筋膜拉着的前脚掌与足跟之间形成的足弓（纵弓）或前脚掌的横弓塌陷，引发足部及向上串联的疼痛，踝关节易扭伤，以及不明原因的疼痛，甚至可能出现膝关节疼痛等。

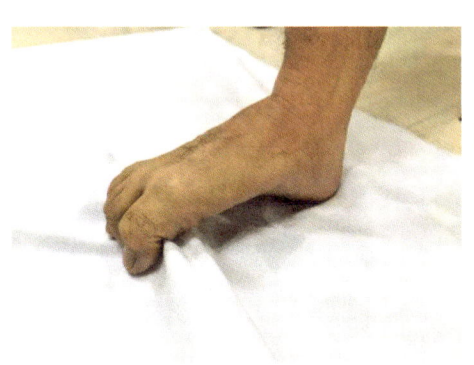

足底筋膜的锻炼　　　　　　　足底筋膜的肌内效贴疗法之一

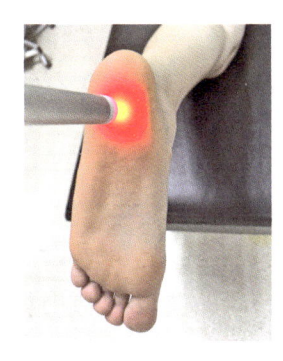

理疗之一：红外偏振光治疗　　　矫正鞋垫的应用

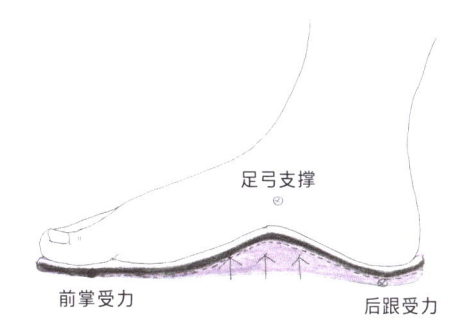

第8章　跑步中常见病症有哪些　　215

> **预防要点**

- 正确放松小腿三头肌，尤其是腓肠肌。
- 正确放松足底筋膜；锻炼足底筋膜。该锻炼不是用足趾抓握，而是将整个足弓弓起来。锻炼足底肌肉和韧带，来减轻筋膜的受力。
- 及时停止运动、及时治疗，减低足底筋膜压力，放松足底。
- 如有高足弓、扁平足及足弓塌陷，应考虑使用矫正鞋垫类物品进行支撑或辅助矫正。

医师跑者智慧小贴士

常听人们说"去烤烤电就好了"，这个"烤电"是什么？其实，"烤电"就是我们常说的理疗，即物理因子治疗的别称。20多年前，对于疼痛治疗的手段有限，大多数人使用的就是热敷（如热水袋）、牵引（头晕手麻、腰痛腿痛的，颈椎牵引就是吊脖子，腰椎牵引就是坠砖头）和烤电（红外线治疗）。红外线治疗，就像一个带着灯罩的灯，吊在那里，照着疼痛的部位，还有和烤火似的温热感，加之需要通电，就被简称为"烤电"了。再后来，凡是使用电的理疗，都被称为"烤电"了。

物理因子包括声、光、电、水、空气、蜡、力学等诸多因子，上面所说的"烤电"就是应用了光中的红外线这个因子。总体来说，"烤电"可以消肿、止痛、消炎等。

第4节 常见运动损伤：肌腱类损伤

肌腱由致密结缔组织构成，色白、较硬，没有收缩能力。肌肉借此附着于骨骼或其他结构，肌腱较肌肉体积小而坚韧。

跟腱炎（跟腱损伤）

大家知道跟腱损伤，多是源于 2008 年北京奥运会，我国著名 110 米栏运动员，因为跟腱损伤，无法完成比赛，终成遗憾。

由于跟腱参与支撑全身的重量，站立、行走都要用到，使用频率极高。在跑步的推进期，跟腱的最大张力是自身体重的 8 倍，这非常接近跟腱的最大承受力，又因身体的自我保护机制，不会撕裂；但随着年龄的增长以及重复应力的作用，或者外力作用，造成损伤，即为跟腱损伤。损伤后（有些损伤没有特别明显的感觉）如不能及时休息、治疗，让局部修复，造成再次损伤后，修复会变得困难，也延长了修复时间。在这期间，反复的损伤极易引起无菌性炎症，即跟腱炎。

在一次激烈运动后出现跟腱疼痛的比例较少，而经过 24～72 小时出现的跟腱疼痛或大量重复运动且伤因不明的疼痛较多，即劳损导致跟腱疼痛更多。

损伤可能出现在以下位置。

- 位于跟骨后侧、跟腱附着的部位（右图位置 1），特别需注意小腿肌肉有无过度紧张和高足弓脚型。
- 肌腱周围腱鞘的炎症，一般会出现在跟腱附着处上 5 cm（右图位置 2），可触及肿块。若未停止运动，损伤将进一步增加，疼痛亦会增加，甚至不能再跑步，走路也会受影响。该类型在跑者中较为常见。

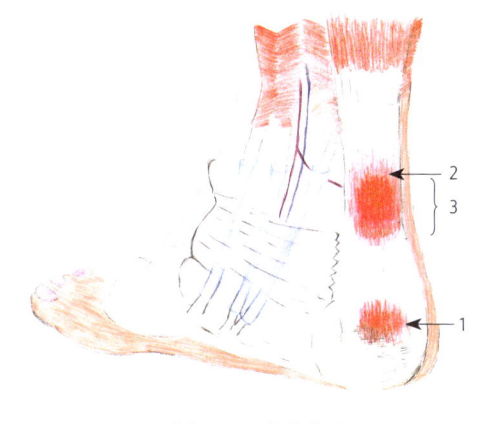

跟腱位置及易损伤位置

- 跟腱附着处上 2.5～5 cm 的跟腱（右上图位置 3），该部位受伤后如不及时停止运动和治疗，会出现退行性损伤。因为血供差，修复慢，在未修复好时，如果继续运动，会产生疼痛，影响运动。

> **预防要点**

- 防止小腿肌肉尤其是小腿三头肌的过分紧张。
- 适当增加小腿三头肌和跟腱的延展性。3～5分钟即可。
- 跟腱损伤时停止运动、及时治疗，避免进一步的损伤。

小腿三头肌滚轴放松

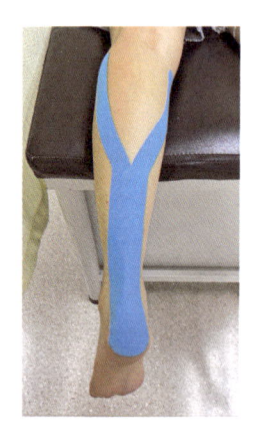

小腿三头肌肌内效贴 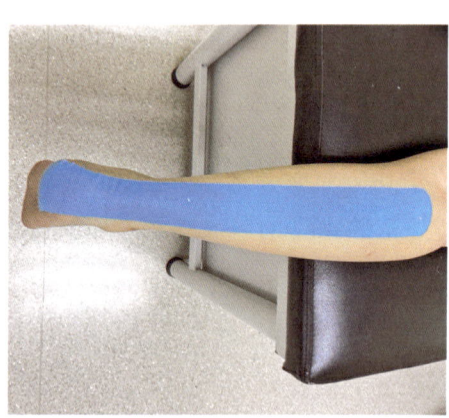　　跟腱肌内效贴 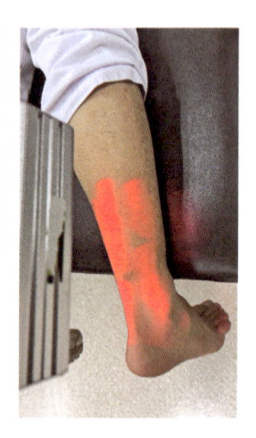　　跟腱消炎治疗法之一：激光治疗

髂胫束综合征

髂胫束走行于大腿外侧,跨过股骨外侧髁,止于胫骨前外侧。由于阔筋膜张肌过紧,髂胫束更贴于股骨外侧;股骨外侧髁比较突出,与髂胫束贴合过紧,又因为跑步进行反复屈伸膝关节的动作,所以髂胫束与股骨外侧髁反复摩擦刺激,进而可产生慢性炎症。多在跑步 3~8 公里距离时出现明显疼痛,有明显的压痛点,轻度肿胀。

预防要点

- 防止阔筋膜张肌和髂胫束过度紧张,可以使用牵伸、热敷、滚轴、筋膜枪、肌内效贴等方法。
- 适量减少运动。
- 积极治疗。

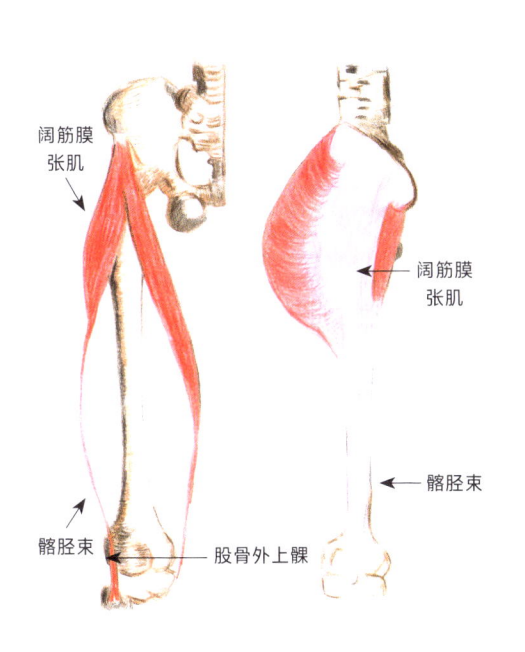

髂胫束与股骨外侧髁的位置关系

阔筋膜张肌与髂胫束的滚轴放松

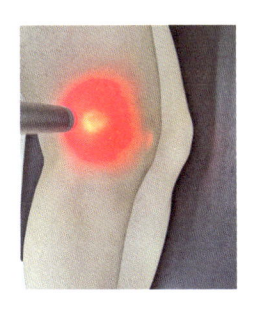

髂胫束治疗之一:红外偏振光治疗

第8章 跑步中常见病症有哪些

> **医师跑者智慧小贴士**

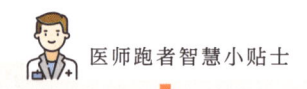

肌内效贴疗法是使用特制弹性贴布，利用贴布回弹力和"空、动、冷"理论，制造出皮下到肌肉层的空间，从而加快组织间液的流动、加快淋巴液回流，促进组织修复及消除肿胀；或者利用高张力的向下作用力，用来矫正肌腱、韧带等。贴布没有药物成分，不怕过敏，使用力学原理来解决表皮、真皮、筋膜、肌肉、韧带等问题，可以起到良好的预防及治疗作用，用来延缓肌肉疲劳、预防运动损伤、加快机体恢复等。现在，奥运会等多种国际、国内体育赛事，马拉松等大型公众运动的很多运动员身上都能看到这种贴布。部分医疗单位给颈腰椎不适、关节疼痛的患者使用也有良好效果，并可减少患者到医院治疗的时间。

第 5 步　常见运动损伤：韧带损伤及撕脱骨折

韧带由致密结缔组织构成，很坚韧，因此可以加强骨的稳定性，限制其活动范围，是保护关节的结构之一。

▼ 踝扭伤（踝关节韧带损伤、腓骨小头撕脱骨折）

踝关节运动复杂，是人体杠杆，不但有屈伸运动（即绷脚、勾脚动作），内翻、外翻运动（脚掌向里翻和向外撇脚的动作），部分书里还描述了踝关节的内收、外展运动。一般常见的是踝的旋后损伤（外踝扭伤），即脚往里翻或往里往后翻的扭伤。踝关节扭伤多见于距腓前韧带损伤，以及距腓前韧带和跟腓韧带的合并损伤。如果受力过大，还有可能造成距腓前韧带，或距腓前韧带与跟腓韧带一起，将该韧带附着于腓骨位置的骨质被拉断，造成撕脱骨折。韧带损伤比较严重或有小片撕脱骨折的话，需要外固定治疗。

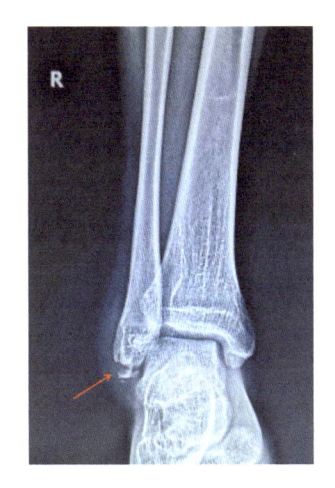

踝关节撕脱骨折

预防要点

- 加强小腿的肌肉锻炼。
- 足部本体感受训练。

跑步中的骨折

跑者中骨折比例很低。

骨折大多是由暴力性外伤所造成的。跑步过程中，受到的暴力损伤一般为踝关节扭伤、跌倒等，所以暴力性骨折较为少见，在此不作赘述。如发生，应及时就医。另一类骨折，为应力性骨折（后文中会详细展开介绍）。

医师跑者智慧小贴士

跑步后不适是否需要就医？

笔者的意见是，如果疼痛不剧烈，不影响生活，可以先观察，如果疼痛或不适到第三天还没有减轻的话，一定要及时就医。

如果是疼痛剧烈、肿胀、淤血、影响走路等问题，应该立即就医。如果出现肌肉、肌腱损伤，骨折等情况，要及时固定、减少运动，避免二次损伤。

其他常见运动损伤问题

除了上述的一些问题，还有一些病症需要我们注意。

▼ 半月板损伤

正确跑步不会导致半月板损伤，如果于跑步期间出现半月板区域疼痛或磁共振成像显示半月板损伤，多是由于半月板之前就有损伤，或者下肢生物力线不良。如果有跑步疼痛的话，建议就医，评估一下伤情，看看还能不能继续跑步这项运动。毕竟半月板一条腿就一副，运动项目也不止跑步这一项。

▼ 膝外侧疼痛综合征

膝外侧疼痛综合征则是包括膝外侧副韧带（腓侧副韧带）上、下的滑囊，软组织，以及腘肌腱的损伤。

▼ "跑步膝"

关于"跑步膝"，之前的章节已有阐述，在这里还要补充一下。

虽然大家常说"世上本无跑步膝，跑得多、疼得多了，就有了跑步膝"，但是跑步并不想背这个"黑锅"。

"跑步膝"这个名词在跑友中较为流行，多指因为跑步而引发的膝关节及其周围疼痛。其实，这些症状也会出现在步行和骑行等常做屈伸膝关节运动的项目中。因"跑步膝"并非传统医学名词，在骨科学和运动医学中均没有标准定义。在临床上，所谓的"跑步膝"的疾病名称和症状包括：① 髌腱炎、髌下滑囊炎（多见于髌骨下疼痛）；② 髂胫束综合征（膝关节外侧偏上一点疼痛）、外侧副韧带损伤和外侧副韧带下滑囊炎（膝关节外侧疼痛）；③ 鹅足炎和鹅足滑囊炎（膝关节内侧疼痛）；④ 髌骨软化症（髌骨后疼痛）；⑤ 半月板损伤（膝关节内疼痛）；以及其他膝关节周围的不适。

预防要点

上述的半月板损伤、膝外侧疼痛综合征和"跑步膝"等下肢运动损伤的局部预防要点如下。
- 减少并改变反复弯曲膝关节、高强度的运动方式。
- 调整下肢骨骼力线。
- 解决扁平足或足内翻引起的异常步行方式。
- 均衡下肢肌肉力量，注意核心肌力锻炼和股四头肌力量训练。股四头肌训练可使髌骨在屈膝或伸膝动作时在正常位置滑动。减少髌骨位置异常导致的损伤。

运动后肌肉酸痛

运动后肌肉酸痛，即延迟性肌肉酸痛，一般在新开始运动、突然大运动量后 12～24 小时出现，1～2 天达到高峰，1 周内可自行缓解。特点是不动不疼，一动就疼，一碰就疼。可导致关节活动幅度减小，肌肉收缩力量减小。

运动后肌肉酸痛产生的原因如下。
- 运动中，肌纤维可发生细微断裂，这些微断裂导致肌肉组织水肿，进而压迫神经末梢，产生疼痛。
- 运动时，心脏泵出大量血液至工作肌，这些血液为工作肌带来所需的氧和营养物质。在运动中，肌肉收缩做功，将血液运来的氧和营养物质耗尽，此后再通过肌肉收缩挤压以促进血液回到心脏，并再与氧结合，如此往复。当运动停止时，推动血液回流至心脏的动力也消失了，但血液以及代谢产物如乳酸等仍停留在肌肉中，由此亦可引起肌肉肿痛。这一现象通常称为血液淤积。

▼ 上肢不适

运动中出现上肢问题，多是由暴力性损伤造成的，如摔跤造成的擦伤或骨折。运动后出现上肢不适，多是由运动后肌肉酸痛造成的。

- 跑马拉松时，肩关节做摆臂动作，三角肌的高强度反复收缩，易出现肌肉酸痛。
- 越野运动的上肢问题，多出现在肩关节，少部分出现在腕关节。腕关节多由使用越野杖时不正确的力量及力线造成。
- 铁人三项的上肢问题，多出现在肩关节。跑步时，肩关节做反复的摆臂动作；游泳时，上肢的主发力肌肉是肩关节周围肌肉，易造成肌肉酸痛和肩袖损伤。

医师跑者智慧小贴士

在跑步过程中遇到问题时，不要慌张，应该冷静下来，评估问题的严重程度，并采取适当的行动。可能的应对措施包括减速、停下来休息、调整姿势或步伐，以及寻求帮助或医疗支持。

上肢损伤通常较少，主要就是肩关节肌肉劳损（摆臂动作），以及摔跤造成的擦伤和骨折（这种情况需要就医）。主要通过增加核心力量来进行锻炼及预防。

第 7 步　出现运动损伤，我们应该怎么办

如果出现了以上运动损伤问题，我们应该怎么办？

▼ 处理运动损伤的四个步骤

第一，紧急处理：停止活动，转移到安全的地方，进行伤情评估，决定如何处理。

第二，治疗：72小时内，应以防止渗出或出血、减轻疼痛为主。

第三，康复：以减轻疼痛、肿胀，促组织恢复，减轻瘢痕为主。

第四，恢复训练：要循序渐进地恢复锻炼，注意应先恢复肌肉的收缩、关节的运动，再做复杂的动作。

▼ 软组织损伤的治疗方案

软组织损伤的治疗方案有 RICE、RICER、POLICE 这几个疗法。

RICE 疗法

- R（Rest，休息）：停止活动。
- I（Ice，冷敷）：使用冰袋或冷毛巾敷伤处，每 2 小时 1 次，一次 15 分钟，或每小时一次，一次 5 分钟。损伤后应该至少冷敷 6 小时，甚至 2 日内都可以冷敷，直至肿胀缓解；72 小时内不做热敷。
- C（Compression，加压）：使用弹性绷带加压包扎，以减轻局部肿胀，并加强关节稳定性。
- E（Elevation，抬高患肢）：抬高伤肢高于心脏平面 20 cm 以上，以厚被子垫在膝、小腿、踝、足部，不要只垫足部而悬空膝和踝关节，这样会使关节位置处于非正常位置，不利于恢复。

RICER 疗法

前四项与上述 RICE 疗法相同，不同的是增加了第二个 R（Referral，治疗方案）。如果受伤严重，影响运动，请找专业的康复医师、康复治疗师或运动康复治疗师寻求帮助，进行特定的康复治疗方案。

POLICE 疗法

该疗法中"ICE"与上述疗法中的字母对应的处理方法相同，而不同点在于前三个字母。

- P（Protection，保护）：运用合理的保护措施可以有效防止进一步的损伤。

- OL（Optimum Loading，合适的负荷）：在排除不适宜早期运动的情况下，应尽早进行适度的负重活动，这样能有效刺激患处愈合。应在专科医师及治疗师的指导下完成。

运动损伤的物理治疗

很多人去医院康复医学科做理疗，以求加快恢复。然而，在种类繁多的理疗名称里，你可能会有"这些仪器都是什么？有什么治疗作用？哪个适合我？"的疑惑，因为每种仪器都能治疗多种症状。以下为大家简单介绍一下跑步损伤能用到的仪器类型及其主要用途。

- 低频、中频类：止痛、放松肌肉、运动肌肉等（急性期尽量不用）。
- 高频类：改善血液循环、消肿止痛、放松肌肉（作用部位较深，禁止用于急性期）。
- 红外线：改善血液循环、消肿止痛（较为表浅，禁止用于急性期）。
- 红外线偏振光：痛点止痛（面积较小，作用较深）。
- 激光：消炎止痛（作用较深，冷光源，适用于急性期）。
- 超声：松解粘连、减轻瘢痕、止痛（禁止用于急性期）。
- 空气压力循环：改善血液循环、缓解肢体肿胀（不建议用于急性期）。
- 磁振热：改善血液循环、消肿止痛（禁止用于急性期）。
- 筋膜枪、肌肉震荡仪：放松筋膜、肌肉（不建议受伤局部使用）。
- 冷敷类：可以缓解疼痛、减轻受伤早期的渗出（适用于急性期）。
- 热敷类：改善血液循环、消肿（禁止用于急性期）。
- 冲击波：治疗骨与软组织的炎症，促进修复（禁止用于急性期）。

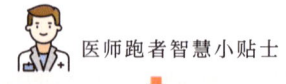

医师跑者智慧小贴士

脚踝扭伤、疼痛、肿胀、有淤血、行动不便，可以进行怎样的物理治疗呢？

- 急性期：伤后 48 小时（出血不严重）或 72 小时（出血严重）内，建议冷敷 + 加压包扎 + 抬高患肢，可加激光治疗等。
- 恢复期：① 低频或中频：刺激胫骨前肌与小腿三头肌，防止肌肉萎缩，小剂量刺激局部，可以减轻疼痛。② 高频或红外线或磁振热：改善血液循环、消肿止痛，促修复。③ 超声：松解粘连、减轻瘢痕、止痛。④ 空气压力循环：改善血液循环、消肿。⑤ 在家可以热敷、抬高患肢、踝泵训练。

第 8 节　跑步与应力性骨损伤

在前面，我们提到过，在跑步项目中，骨折不容易产生，但是应力性骨折还是偶有发生。

最近，笔者的朋友，立志要减肥的王先生迷恋上了跑步，每天下班后一个短距离，每周末一个长距离，配速也是一天比一天快。可是没跑多久，王先生就觉得右脚背疼痛难忍，到医院检查后发现，王先生的右脚第二跖骨竟然骨折了，王先生大为疑惑，最近也没有严重的外伤，为什么会骨折呢？

经过详细了解，最近一段时间，王先生跑完步之后总感觉右脚背疼痛不适，本以为可能是刚开始跑步不适应，休息几天或者继续慢跑几天就好了，没想到过了几天，右足背的疼痛愈发严重，脚踩地时会加重疼痛感，现在走路都困难了。完善相关的影像学检查，并结合最近王先生最近的运动习惯，医生最终给出了结论：这个疼痛就是右脚第二跖骨骨折引起的，而且和王先生近期的跑步有关，称为"应力性骨折"，又称"疲劳性骨折"。

对于应力性骨折，或者疲劳性骨折，来自医学方面的解释为：没有运动基础的人突然增加运动强度，或者有一定运动基础的人长时间保持高强度运动，都可能导致肌肉疲劳；在这种重复性应力的刺激下，最终可能导致骨折发生。在这种情况下，应该立即停止运动，充分休息，必要时进行住院治疗。

等疼痛完全缓解后，再慢慢开始恢复运动，切勿盲目坚持运动。

应力性骨折并不陌生，许多体育明星都曾经历过这种情况。应力性骨折曾让我国著名运动员姚明、赵蕊蕊等都饱受困扰，甚至直接影响了他们的职业生涯。据统计，跑步过程中损伤的发生率为62.92%，而应力性骨折在跑步有关的伤病中占比20%左右。这是一种极为常见的肌肉骨骼损伤，包括不同程度的骨微结构的应力性损伤以及终末期应力性骨折，与过度疲劳、性别、钙含量、体重指数以及下肢形态结构差异等因素相关。该病具有起病隐匿、早期易被忽视等特点。

▼ 什么是应力性骨损伤

应力性骨损伤是由于骨组织在反复的应力刺激下，无法承受重复的机械负荷而导致的微观结构损伤。其典型症状为局部压痛，疾病最初表现为应力性骨膜反应，逐渐发展为部分骨折，最终可能导致完全骨折。

这种疾病，俗称疲劳性骨折或行军骨折，最早于1855年被普鲁士军医发现并报道，其描述了长期行军的士兵脚部出现的水肿和疼痛症状。直至1895年X线技术出现才明确了这种症状是由跖骨干应力性骨折所致。进一步的研究发现，大多数被诊断为应力性骨折或与应力有关的损伤都没有骨折线的迹象，因此提出了"骨应力性损伤"这一概念。其机制主要是应力刺激使得骨的负载过大或负载循环次数过多，导致骨组织疲劳损伤，从而出现了骨微观结构的不可逆破坏。

应力性骨折的好发部位在国内外存在一定差异。据统计，国内常见部位依次为跖骨（52.8%）、胫骨（34.7%）、股骨干（6.2%）、股骨颈（4.2%）、骨盆（2.1%），而国外常见部位依次为胫骨（23.6%）、足舟骨（17.6%）、跖骨（16.2%）、股骨（6.6%）、骨盆（1.6%）。跖骨和胫骨是应力性骨损伤的常见部位，但也有极少数发生在肋骨等部位，例如网球明星纳达尔。

此外，胫骨应力性损伤的早期称为胫骨内侧应力综合征（MTSS），又称外胫夹或胫骨疲劳性骨膜炎，是运动引起小腿疼痛最常见的原因之一。MTSS主要表现为由于运动和下肢冲击负荷产生的胫骨内应力反应导致的胫骨内侧中远 2/3 的疼痛和压痛，触诊疼痛区域的边界大于等于 5 cm，是胫骨应力性骨损伤的早期表现。

▼ 哪些因素容易导致应力性骨折的出现

第一，过度疲劳。 过度疲劳是导致应力性骨折最常见的原因之一。短期内训练量过大，缺乏充足的休息，导致肌肉过度疲劳。这会使肌肉收缩力减退，难以承受运动时加在骨骼上的应力，最终可能导致骨折。因此，我们务必量力而行，循序渐进，切不可盲目增加跑量，以免身体长期处于疲劳状态。

第二，年龄。 老年人和青少年是该病的高发人群。老年人多因骨质疏松、肿瘤以及基础疾病等原因导致骨骼脆弱易折；而在青少年中，应力性骨折常见于一些职业运动员，由于长时间高强度训练而引发。

第三，性别。 研究表明，女性下肢应力性骨损伤的发生率明显高于男性，女性发生率约为 11.7%，而男性为 6.5%。另外，有研究指出，在确诊应力性骨损伤的田径运动员中，有 64.7% 为女性。因此，女性跑者需要更加注意预防应力性骨损伤的发生。

第四，钙含量和内分泌激素水平。 人体内 98% 的钙存在于骨骼内，对于骨骼健康至关重要。此外，维生素 D 能够促进身体对钙的吸收。因此，每日补充钙和维生素 D 可以显著降低应力性骨损伤的发生率。另外，患有女性运动员三联征（饮食不规律及低能量摄入、月经功能障碍、骨密度低）或者男性运动员三联征（低能量供应、低促性腺激素性性功能减退症、骨密度低）的人群更容易发生应力性骨损伤。这可能是因为激素水平降低影响了身体健康和运动表现，同时增加了破骨细胞的活性。因此，为了预防应力性骨损伤，跑者需要及时补充钙剂，保持规律饮食，保证足够的能量摄入等。

第五，体重指数（BMI）。 研究表明，应力性骨损伤的发生率与肥胖程度呈正比关系，BMI 值每增加 1，应力性骨损伤发生率就会增加 2%。姚明之所以发生足舟骨的应力性骨折，主要原因是进入 NBA 后不断增重导致下肢负荷过重。此外，低体重和小腿围会导致下肢的骨骼和肌肉强度降低，也会增加胫骨应力性骨折的风险。因此，低体重和肥胖的人群都有较高的应力性骨折风险。跑者需要保持正常的 BMI 值，过高或过低均是应力性骨损伤的高危因素。

第六，下肢形态结构差异。例如，扁平足会导致膝关节外翻，而高足弓则容易导致踝关节外侧间隙的骨组织损伤。这些因素都增加了下肢应力性骨损伤的风险。为了尽量规避这些危险，跑者可以选择适合自己的跑鞋，以减少对下肢结构的不良影响。

如何发现应力性骨损伤

如上文提到的王先生一样，应力性骨损伤发病比较隐匿，症状会在病症开始的 2～3 周内逐渐地显现出来。与其他因过度使用所造成的慢性伤害症状不同，应力性骨损伤的症状多停留在同一部位，且疼痛较明显。在随后的训练中，疼痛的发生越来越早，越来越重，以致不能进行运动，触及肿胀部位可引起疼痛；与某些跑步时的疼痛不同，即使在热身之后，疼痛仍会保持不变或变得更糟。

给跑者的一些建议

第一，劳逸结合。根据自身情况，科学制订每个月的跑量计划，安排好充足的休息时间，当身体感觉到疲劳感时及时休息，不盲目训练。另有研究报道，应力性骨损伤发生率在跑步初期较高，并在跑步第 12 周达到峰值。因此，有学者建议，开始跑步后循序渐进地增加跑步强度，并在应力性骨损伤发生高峰期前（第 12 周左右）暂停训练，可促进骨骼应力损伤的自我修复，有效避免骨折的发生。

第二，均衡饮食，合理补充钙和维生素 D。一项对女性长跑运动员的研究发现，每天额外补充 500 mL 牛奶，可使应力性骨折发生率降低 62%。另外，要避免碳酸饮料、酒精和烟草等可导致骨密度降低的饮食。

第三，加强骨骼周围的肌肉锻炼。肌肉保持足够强壮可以有效避免应力性骨损伤的发生。例如，趾肌群会在跖骨干部位施加压力，进而发挥防止跖骨受损的主要作用。在弯曲脚趾拉伸肌肉前后，趾肌群产生的压力同样能防止跖骨干过度扭转导致的损伤。梨状肌在防止股骨颈损伤中发挥很大作用，如果梨状肌无法提供足够的支撑，在跑动中，即便是正常的扭转，也有可能造成股骨颈的损伤，甚至骨折。

第四，及时治疗。出现应力性骨损伤的症状后，应立即前往医院就诊，并接受X线、磁共振成像（MRI）或骨扫描等相关检查以确诊。医生会根据MRI分级和病变解剖部位的危险程度确定治疗方案。对于低风险的应力性骨折，通常采用非手术治疗，包括绝对休息、制动及限制负重来减轻症状，直至临床症状消失；同时进行循序渐进的康复运动，以加快患肢功能的恢复。而对于高风险的应力性骨折，则考虑采取手术治疗，以加速骨折愈合，尽快恢复正常生活和工作，降低延迟愈合和再骨折的风险。

> **医师跑者智慧小贴士**
>
> "伤筋动骨一百天"这句话并非危言耸听，而是提醒我们在面对身体问题，尤其是骨折等严重损伤时，必须严格遵守休养的原则。在康复过程中，休养至关重要，应该放在首位，而运动则应该排在次要位置。

第9步 跑步与呼吸系统疾病

跑步运动与呼吸系统息息相关。一旦呼吸系统出现问题，必然会影响跑步的正常进行。接下来，我们将详细讨论呼吸系统疾病的成因，以及如何及时发现并采取有效措施处理。

常见的呼吸系统疾病有过敏性鼻炎、哮喘、支气管炎等，下面我们将对这些病症逐一进行分析。

过敏性鼻炎

一些跑步者在春秋季节跑步后可能会出现异常反应，如打喷嚏、流鼻涕、鼻塞、鼻痒，甚至眼睛痒、发红、流泪等症状。如果出现以上症状，需要警惕可能患有过敏性鼻炎。

近年来，过敏性鼻炎的患病率呈上升趋势。根据世界卫生组织的调查，全球过敏性鼻炎患病率为11%，而中国的平均发病率为10%～15%。对于热爱跑步的过敏人群来说，鼻炎症状常常会影响到运动表现。研究显示，76%的过敏性鼻炎患者在发作时，跑步会加重鼻塞、鼻痒等症状。其原因在于，跑步刺激鼻黏膜，分泌更多的鼻涕，同时也会加重气道痉挛。中断跑步训练的过敏性鼻炎患者达83%，57%的人表示鼻炎影响到了跑步成绩。

笔者朋友李女士有过敏性鼻炎，在户外跑步时面临鼻塞、流涕等不适症状。经过医生的治疗和过敏药物的使用，成功缓解了过敏症状。随后，她选择了室内跑步，室外出门也戴上了口罩，经过一段时间的坚持，有效减轻了过敏症状，逐渐恢复了跑步。

过敏性鼻炎属于过敏性疾病的一种，通常是由对空气中的过敏原过敏所引起的。这些过敏原可能包括花粉、尘螨等微小颗粒。在春季和秋季，空气中的过敏原浓度较高，而在跑步时，可能会更多地吸入这些过敏原，进而导致呼吸道发生炎症反应，症状可能会变得更加严重。医生通常通过询问患者的症状、过敏史以及皮肤过敏原测试等方法来诊断是否患有过敏性鼻炎。一旦确诊患有过敏性鼻炎，首要的是避免接触过敏原。其次，可以选择在室内跑步机上跑步，减少对过敏原的暴露。同时，使用抗过敏药物（如抗组胺药物）和局部鼻腔喷雾剂（如类固醇喷雾剂）等方法，可有效缓解上述症状。

友情提醒各位跑友：在春秋季跑步之前，可以考虑用盐水漱口或使用鼻腔清洗器来清洁鼻腔，以减少对过敏原的接触。另外，一天中的早晨和晚上花粉浓度较低，因此这两个时段更适合跑步。

运动性哮喘

运动性哮喘是一种与运动活动相关的呼吸系统疾病。当进行运动时，我们吸入大量空气，导致气道内湿度和温度发生变化，进而引发支气管收缩和炎症反应。典型的运动性哮喘症状包括喘息、气促、胸闷、咳嗽和呼吸困难等，这些症状通常在运动后 10～15 分钟内出现。患有运动性哮喘的人可能会在运动前或运动过程中出现上述症状，严重影响跑步表现和心理状态。

据《美国呼吸与急救医学杂志》的统计数据显示，70% 的哮喘患者在跑步训练中出现呼吸困难、喘息、胸闷等症状，其中 39% 被迫中断训练，14% 症状持续恶化导致退出训练队。

对于患有过敏性鼻炎、食物过敏、慢性支气管炎或哮喘等呼吸系统疾病的人群，他们患有运动性哮喘的概率更高。此外，高强度、长时间的运动也会增加运动性哮喘的发生率。因此，跑步爱好者应注意适度运动，避免过度运动，特别是在气温低、空气干燥、空气污染严重等环境下，应加强保暖和呼吸道保护。

笔者朋友张先生是一名教育工作者，热衷于户外运动。然而，他常在跑步过程中感到呼吸急促、胸闷，甚至出现咳嗽和气喘症状。经专业医生诊断，确认为运动性哮喘。医生建议他在跑步前进行充分热身，并使用合适药物控制哮喘症状。经过一段时间调整

运动性哮喘

第 8 章 跑步中常见病症有哪些

和锻炼，他学会更好地管理哮喘，通过定期用药、控制训练强度等措施，有效减轻了哮喘症状，保持了跑步的持续性和舒适度。

科学的治疗必不可少，但也要防患于未然。一些值得注意的点也应该引起重视。例如，在运动前进行适当的热身是至关重要的，这有助于提高肺活量和呼吸肌肉的适应能力。适当的热身可以使身体逐渐进入运动状态，减少运动性哮喘发作的可能性。

饮食健康也是关键，跑者应注意避免食物过敏，尤其是在跑步前和跑步后的饮食选择上要慎重。定期进行肺功能检查也是非常重要的，及时发现和治疗呼吸系统疾病，有助于保持呼吸系统的健康状态。

此外，跑步时要尽量避免接触过敏原，如花粉、灰尘等。在跑步前适当热身，跑后适当冷却拉伸，也是预防运动性哮喘发作的有效方法之一。

总的来说，预防运动性哮喘的发生，需要跑步者采取综合措施，如果出现症状，应该及时就医，并遵医嘱治疗，以免影响健康和运动表现。

▼ 支气管炎

支气管炎是一种呼吸系统疾病，通常由细菌或病毒感染引起，导致支气管的炎症和肿胀，进而影响呼吸功能。

热身助力运动好状态

跑步过程中，特别是在寒冷或干燥的环境中，空气对呼吸道的刺激可能加剧支气管炎的症状。跑者可能会出现咳嗽、咳痰、胸闷等不适感，严重时甚至会出现呼吸困难的情况，这会严重影响跑步的舒适度和效果。

也有些跑友们平时身体素质较好，但新型冠状病毒感染后，一小部分跑友出现了"长新冠症状"，如若未采取合适的治疗恢复手段，很容易引起支气管炎相关症状。

在《运动医学杂志》的一项研究中，研究者们发现长期的、疾病引起的支气管炎可能对跑步性能产生负面影响。支气管炎可能造成气道阻塞，降低氧气的供应，导致运动能力下降。对于有支气管炎的运动员，适当的药物治疗和充足的恢复时间是保持其运动性能的关键。

支气管炎常常表现为持续的咳嗽，特别是刺激性咳嗽，持续时间可能长达数周甚至数月。另外，患者常常伴有咳痰，通常是黏液性痰，有时甚至可能带有血丝。此外，患者可能会感到疲劳和胸部不适，尤其在进行中长距离跑步后可能会出现胸痛或不适的症状。在严重情况下，患者可能会出现呼吸困难，感觉气短或气紧。

如果在跑步中出现以上与平时跑步明显不同的症状，建议及时就医。通常，医生会通过评估症状、进行身体检查、进行肺功能测试以及胸部影像学检查等综合手段来进行诊断。在治疗方面，常规做法包括使用抗生素和抗病毒药物治疗，同时也可以辅助使用支气管扩张剂和糖皮质激素等药物进行干预。

需要注意的是，新冠后遗症的症状和严重程度因个体差异而异。因此，倾听自己身体的信号，如有异常及时就医。只有保护好自己的健康，才能够更好地享受跑步带来的乐趣和益处。

医师跑者智慧小贴士

如有运动性哮喘或支气管炎，确保携带急救药物，如支气管舒张剂。

如果在跑步中出现呼吸急促、咳嗽、胸闷等不适症状，及时停下来休息，并在必要时就医。

第8章 跑步中常见病症有哪些

跑步与热应激、脱水及热射病

北方地区通常不太常见高温天气，因此人们对高温环境的适应性较低。2023年的夏天，北方地区异常炎热，当气温突然升高时，人们可能会面临较大的热应激风险。有新闻报道，北京一导游长时间户外工作后因热射病去世。危险其实离我们并不遥远，因此，我们应该加强对热应激这类疾病的了解，防患于未然。

热应激及脱水

热应激是由于体温调节系统失灵，导致身体无法有效散热而产生的问题。在高温、高湿度的环境下进行剧烈运动可能会引发热应激，常见症状包括头晕、头痛、乏力、恶心、呕吐、肌肉痉挛和皮肤潮红等。同时，伴随热应激的情况还有脱水，由于剧烈运动引起的过度出汗或饮水不足导致身体失去了过多水分，进而出现口渴、口干、头晕、乏力、尿量减少、尿颜色深黄或浓缩等症状，此时应引起警惕。

笔者朋友康先生是一名健康顾问，热衷于跑步锻炼。他在高温季节时特别注重自己的跑步安排，但仍然在一次跑步中出现了头晕、心跳加快等热应激的症状。出现症状时他立刻停下来，寻找了阴凉的地方，并补充了足够的水分。他意识到自己的体温升高可能是因为训练强度过大，于是决定在高温天气中减小跑步的强度，调整跑步路线到更阴凉的路段，避免热应激的再次发生。

当在夏季户外跑步出现以上不适症状时，首先应停留至阴凉通风处，避免暴露在阳光下。同时，提供足够的水分，或者如果可能的话，饮用含有电解质的饮料。使用湿毛巾或冰袋敷在额头、颈部和腋下，有助于降低体温。如果症状严重或持续，应及时寻求医疗帮助。

为了尽可能减少热应激和脱水情况的发生,应注意以下几点。

- 首先要评估自己的身体状况,在高热指数的天气尽量减少户外运动。
- 遵循适当的跑步时间,选择清晨或晚上气温较低的时候进行运动。
- 穿着透气轻便的运动服装,提前使用防晒霜保护皮肤。
- 保持充足的水分摄入,根据运动强度和环境条件,适时补充水分。
- 如果出现不适或症状加重,应及时停止运动并寻求医疗帮助。

笔者另一位朋友吕先生是一名公务员,也是跑步爱好者。在夏季,他会选择清晨或傍晚时段进行跑步,以避免高温。然而,他在一次比赛中遇到了不可预料的高温天气,出现了头晕、肌肉抽筋等热应激的症状。吕先生迅速寻找阴凉地方,开始进行冷却降温,并向比赛工作人员求助。迅速采取正确的急救措施能极大程度缓解对自己的伤害,同时他也意识到在高温天气下比赛时,应该提前做好适应和准备,以防止热应激的发生。

热射病

热射病是最为严重的中暑类型之一,主要是由体内产热增加、环境热量过多,以及身体散热受阻所引起。老年人、儿童、慢性病患者、体力劳动者以及对高温环境不适应的人群都处于高风险状态。其典型表现包括高体温(核心温度大于40℃)和中枢神经系统异常,如头痛、头晕、乏力、呕吐、心跳加快、意识模糊、谵妄、惊厥以及昏迷等症状。严重时可导致多器官功能衰竭,死亡率较高。一旦出现热射病症状,应立即停止活动,将患者移到阴凉通风处,并给予充足的水分,同时可使用湿毛巾等降温措施。严重情况下,应立即就医并接受专业救治。

> **医师跑者智慧小贴士**
>
> 如果出现热应激或脱水的征兆,切勿勉强继续活动。
>
> 在夏季高温天气中,及时补充水分和电解质。如果进行户外运动,则尽量选择树荫较多的地段。

第 11 步 跑步与身心健康的关系

根据美国心脏协会的研究报告，经常参与跑步活动的人群患心血管疾病的风险相对较低。跑步有助于提高心肺功能、降低血压、控制血脂和减轻体重，这些好处对心血管健康都具有积极的影响。

根据《中国骨质疏松杂志》发表的一项研究，每周进行几次跑步锻炼的人相对于不运动的人，其患糖尿病的风险显著降低。跑步有助于提高胰岛素敏感性、促进血糖调节，从而预防糖尿病的发生。另外一项研究指出，经常进行跑步运动的女性乳腺癌幸存者相对于不运动的人，其癌症复发风险显著降低。研究人员认为，跑步有助于提高免疫系统功能，降低体内激素水平，从而降低乳腺癌复发的风险。

▼ 跑步有益于身心健康

跑步对身心健康的影响是显著的，能在方方面面影响我们的生活。

首先，**跑步能缓解焦虑和压力**。在运动过程中，身体释放内啡肽和其他神经递质，这些化学物质可以改善心情，缓解焦虑和压力感，同时能让我

有好心情就会有好身体

们从繁杂的工作和学习生活中短暂抽离，帮助我们转移注意力，减少焦虑的症状。

其次，跑步能改善心境和抑郁状态。通过运动身体产生多巴胺、血清素和内啡肽等神经递质，这些化学物质有助于提升心情状态，并在一定程度上缓解抑郁状态，从而显著增强自信心和幸福感。另外，跑步还能有效提升注意力和认知功能。俗话说，生命在于运动。定期锻炼可以增加大脑神经连接的数量，促进思维的灵活性和记忆力。

最后，跑步能提高并完善社交能力。通过和不同跑友建立工作生活之外的共同兴趣爱好，大家可以畅所欲言，与跑友一起跑步或加入跑步团体。社交支持和归属感对于心理健康至关重要，可减轻孤独感并提供情感支持。

避免攀比心态

跑步是一项有益于身心健康的活动，但有时候一些跑友会陷入攀比心态，对比自己与他人的成绩、速度或公里数，这可能导致负面影响。以下是关于避免跑步中攀比心态的一些建议。

第一，聚焦于个人目标。将注意力集中在自己的个人目标和进步上，而不是与他人进行比较。设定适合自己的跑步目标和计划，逐步增加跑步的时间和强度，以持续挑战自己并获得成就感。

第二，感受跑步的乐趣。跑步是一项享受的活动，不仅仅是为了成绩和排名。跑步时选择适合自己的节奏和速度，可以是慢跑、快走或有氧运动。关注身体的感受，有什么事能比让自己开心快乐更重要呢？

第三，建立支持性的社交圈。寻找与你有共同兴趣和目标的跑友，建立积极和支持性的社交圈。在这样的环境中，可以分享彼此的进步和经验，互相鼓励和支持，而不是陷入攀比性竞争。与朋友、家人或跑步社区分享自己的跑步经历和成就，获得支持和鼓励，建立积极的社交关系。

第四，认识到个体差异性。每个人的身体条件、起点和目标都不同，不应将自己与他人进行过于直接的比较。尊重和接受自己的能力和局限性，理解每个人都有不同的跑步旅程和成就，摆脱锚定思维。

第五，培养积极的心态。保持积极的心态和自我价值感，不要将自己的价值仅仅与跑步成绩联系在一起。认识到跑步是个人成长和健康的工具，而不是衡量自尊和成功的唯一标准。跑步可以作为改善心理健康的一部分，但结合其他健康习惯，如良好的睡眠、均衡的饮食和压力管理，可以进一步提升心理健康的效果。

医师跑者智慧小贴士

运动有助于释放身心压力，减轻焦虑和紧张感。运动时，身体释放出的内啡肽和多巴胺等神经递质能够改善心情，提升情绪状态。经常参与运动可以增强个体的心理抗压能力，帮助人们更好地应对生活和工作中的各种挑战和压力。

运动被认为是预防和缓解心理健康问题的有效手段，如抑郁症和焦虑症。运动能够促进大脑中与情绪调节相关的神经递质的释放，有助于缓解心理健康问题的症状。

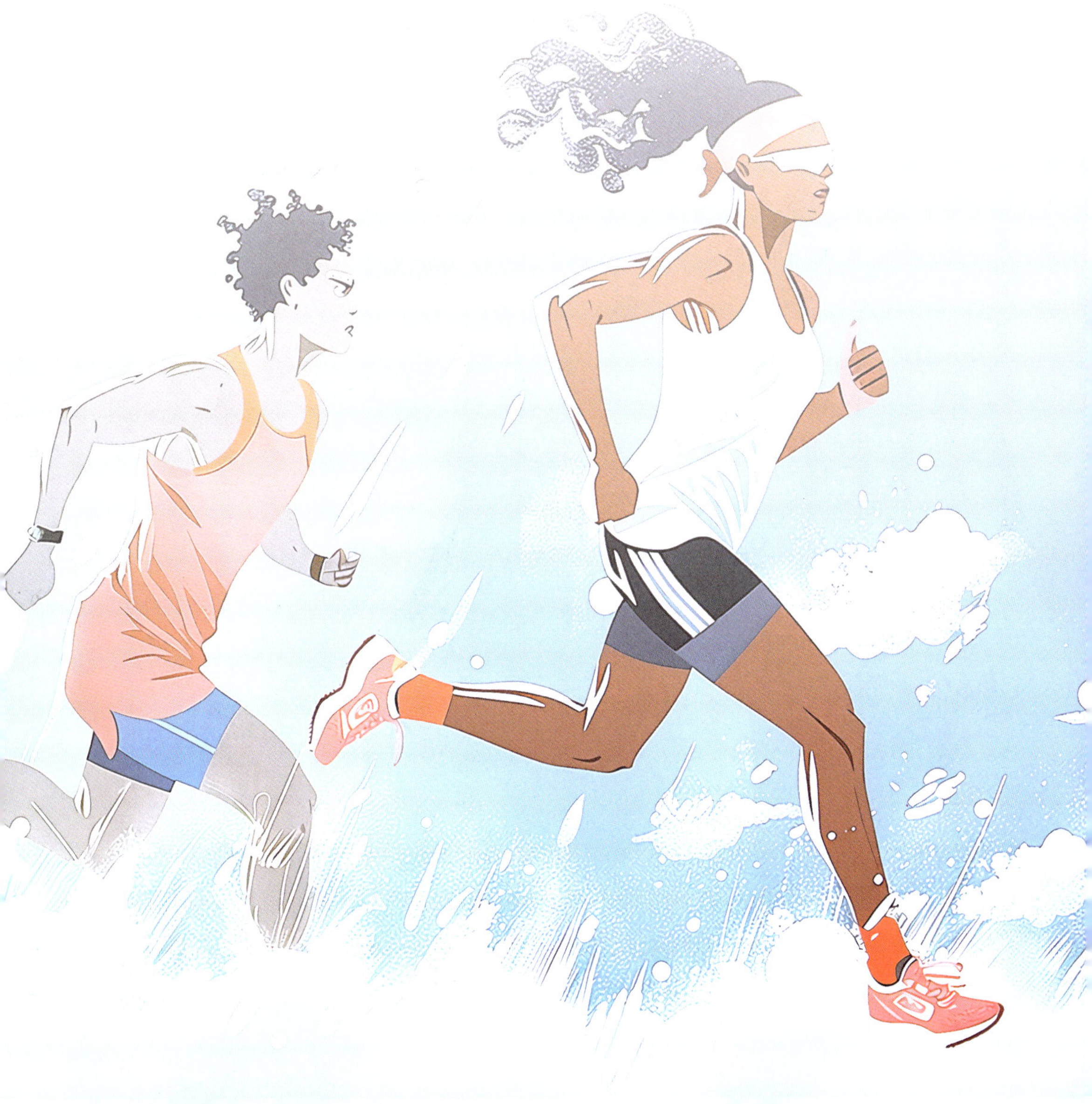

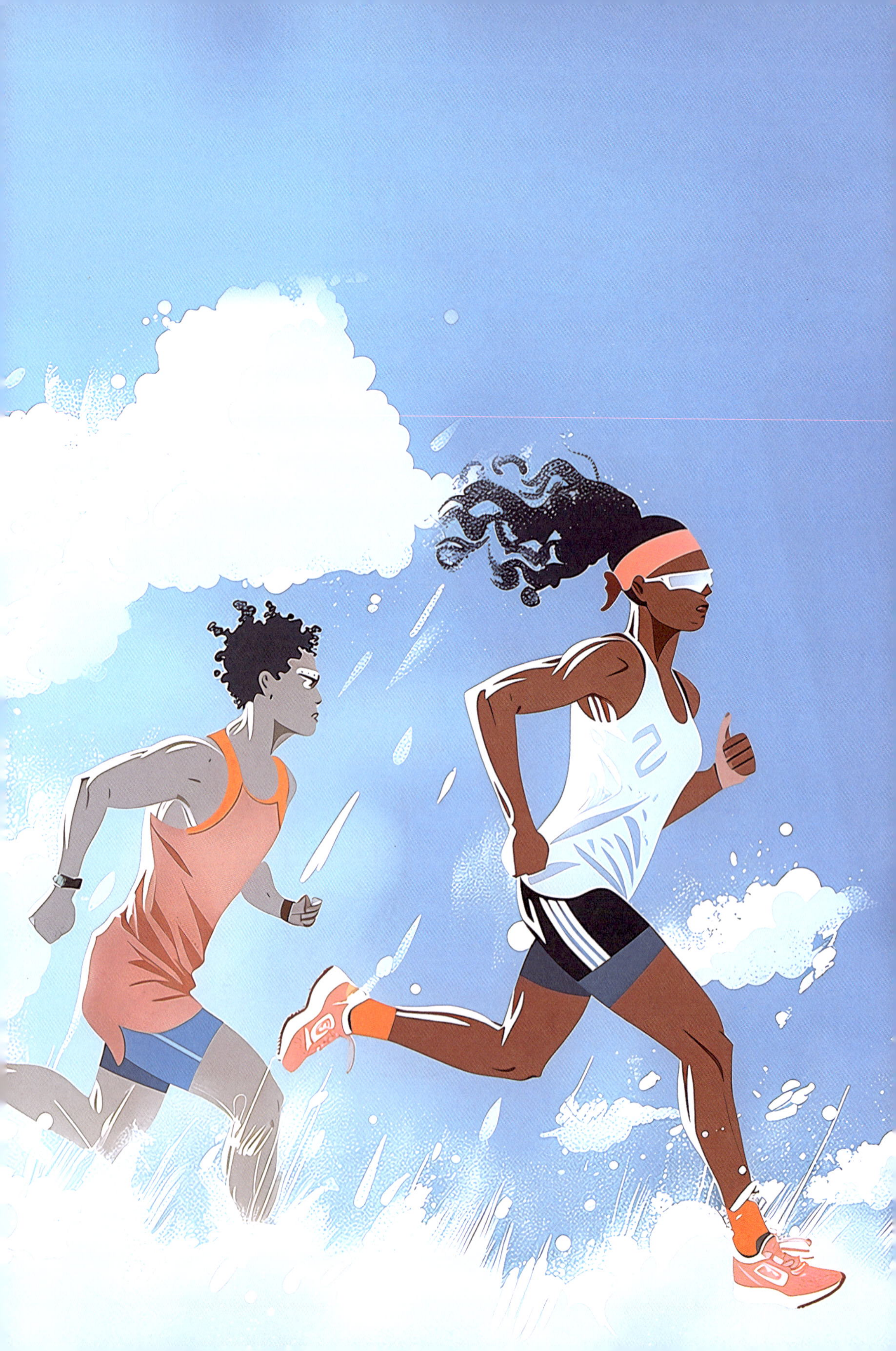

第9章 如何参加一场比赛

第1节	如何选择一场比赛	244
第2节	如何评估自己是否适合参加比赛	247
第3节	马拉松赛前如何安排训练	249
第4节	赛前是否需要来一次长距离训练	256
第5节	比赛前还需要做哪些准备	258
第6节	赛中如何补给	262
第7节	比赛中如何评估自己的身体	264
第8节	马拉松赛后如何恢复	267

如何选择一场比赛

随着国民经济生活水平的不断提高,越来越多的人投身于各种运动。而近年来,马拉松运动也迎来了新的发展时期。在社交媒体上,因为跑步出圈的朋友越来越多。

很多朋友一听说比赛,就会有抵触感。其实,笔者不希望把它称作"比赛",更希望把它称为跑步的"阶段目标"——督促自己进步、保持跑步习惯的阶段目标。

那么,对于普通跑友来说,要如何准备一场马拉松赛呢?其实在准备之前,我们还有功课要做,那就是如何选择一场马拉松赛。

▼ 全面多维度了解比赛的类型和距离

选择一场适合自己的马拉松赛至关重要。这场比赛体验的好坏,很大程度上会决定自己接下来一段时间对跑步这项运动的好恶。

参加一场比赛,就像是我们在购物。例如,我们想买一双鞋子,会先问问买过的朋友对这双鞋子的评价,看看网店的评论区有没有相关评价。如果感兴趣,我们可能会决定亲自去实体店,亲眼看看实际的款式和颜色差异。然后我们会试穿一下,看看是否合适。如果我们感到满意,会将其买回家,然后在日常穿着中逐渐磨合。

参加一场比赛也是类似的过程,但是比购物要更谨慎,毕竟购物可以退货,但是比赛确定了,就没办法回头了——要么选择参加比赛,安全完赛;要么选择弃赛,竹篮打水。

关于比赛的选择,有三个大方向可供大家参考。

第一,了解比赛的口碑和级别。我们可以询问参加过该比赛的跑友们的意见。

第二，搜寻公开资料。我们可以在网上搜索相关资料或新闻。例如，访问中国马拉松官网等；了解比赛的组委会相关信息，以及是否在中国田协备过案等。

第三，咨询专业人士。如果我们有机会接触到专业人士，例如体育教练、运动医生或赛事组织者，我们可以向他们咨询比赛的级别和口碑。

但是，需要注意的是，口碑和级别可能因个人主观评价和不同年份的变化而有所差异。因此，我们应该进行多方查证和综合判断。对于新手来说，选择第一场比赛尤其重要。如果口碑不好，建议慎重选择。毕竟，一场不好的体验可能会影响到我们对跑步的热情。

建议跑友们优先选择田联认证的金标赛事，例如北京马拉松、上海马拉松等。但知名度较高的赛事，一般需要赛前抽签，需要有一定的完赛经验，大家需要提前做好功课，优中选优，多进行权衡利弊。

笔者有一位跑友同事，她在 2017 年开始跑步，计划 2018 年参加北京马拉松。要想报名参加田协认证的全马赛事，必须满足有半程马拉松或全程马拉松成绩证书。通过多方了解，她于上半年报名参加了密云生态半程马拉松。获取半马成绩后，2018 年顺利报名北马，更加幸运的是她还中签了。要知道，2018 年北马 A 类选手（跑过全马）中签率是 36.5%，B 类选手（跑过半马）中签率 10.4%。你说当年她是不是特别幸运呢？

山地马拉松是比一般马拉松更具挑战性和危险性的比赛。参与这类比赛的跑友们应该选择有丰富连续办赛经验的大型活动主办方，关注跑友们之间传递的口碑和赛事评级。务必留意组委会对强制装备的要求。通常情况下，如果强制装备要求越多，细节要求越严格，那么比赛的安全系数就越高。这有助于避免发生类似于"白银越野赛事"事故的情况。同时，也要多次观察赛事的路线和天气情况。

2021 年 5 月 21 日，在白银市景泰县黄河石林大景区举办的第四届山地马拉松百公里越野赛期间，突发降温、降水及大风的恶劣天气导致 21 人不幸遇难。这些人都是众多越野跑爱好者中的一部分，尽管他们展现了永不熄灭的运动精神，但这个消息还是令人感到深深的悲痛和惋惜。

越野比赛相较于山地马拉松赛更具危险性，意味着距离更长，海拔起伏更大，天气变化更无常，因此提前训练和密切关注天气变化显得尤为重要。俗话说："上山容易下山难。"很多人在上山时步行，而下山则可能选择奔跑，容易发生摔倒，且下山对膝盖的冲击更大。在比赛中，合理分配体力，携带足够的补给至关重要，而强制装备更是必不可少，决不能因为偷懒或疏忽而选择性忽略。值得注意的是，在极端恶劣的天气条件下，这些强制装备可能成为救命的关键。

笔者有一位在医院工作的朋友，她非常喜欢越野跑。在她参加她的第一场越野赛时，由于补给不充足，在最后一个爬升时体力不支。多亏与她同行的小伙伴，从背包里拿出一块她喜欢吃的杏干。因为杏干甜，能够快速补充糖分，而且碰巧也是她喜欢的食物，她吃完很快就恢复了体力。然后她继续参赛，最终安全完赛。她从这次比赛中吸取了教训，为下一次参加比赛积攒了宝贵的经验。

当我们参加具有山地路线的比赛时，进行全面的安全评估至关重要，同时需要确保强制装备备妥。在越野比赛中，每座山都拥有独特的气候，天气可能随时发生巨大变化。因此，在选择参与比赛时，务必保持警觉和细致入微的观察。这不仅是对比赛的尊重，也是对自身生命安全负责的表现。

大山中的越野比赛

医师跑者智慧小贴士

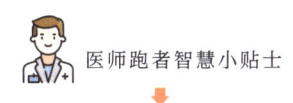

国内含金量比较高的马拉赛赛事如下。

- 北京马拉松：称为"国马"，国内历史最悠久的赛事之一。起点在天安门，终点在鸟巢。
- 上海马拉松：中国第一个国际白金标赛事。
- 厦门马拉松：国际白金标赛事，每年元旦过后第一场赛事。
- 武汉马拉松：赛道横跨"一城两江三镇四桥五湖"，中国大满贯赛事。
- 杭州马拉松：中国田径协会金牌赛事，国际金标赛事。西湖绝美赛道，让跑友流连忘返。
- 无锡马拉松：中国田径协会金牌赛事，国际金牌赛事。漫天樱花语，人在画中跑。

第2步 如何评估自己是否适合参加比赛

成功报名一场比赛之后，一般距离开赛还会有一段时间，这时有跑友就开始评估自己是否可以参加这场比赛。其实，在选择比赛之前，我们就应该对自己有一个清醒的认识，明确自己的身体是否可以参加比赛。

防微杜渐，谈到马拉松，身为一名医生和跑者，笔者想提供以下几点安全建议。马拉松是一项强度大、对体能要求高、考验耐力和毅力的全面体能竞赛。结合近年来国内一些赛事出现的一些共性问题，笔者希望在这里引起大家的重视。

▼ 平时没有训练计划而贸然参赛的人

那些不经常跑步锻炼，尤其是长时间不参与运动的人，如果突然有一天决定报名参加马拉松赛，那么需要认识到，这样的行为是相当危险的。根据不完全的统计数据，很多不常锻炼的人参加马拉松赛时，心肌梗死的风险是正常人的 50 倍。尤其是在 35 岁以下的男性跑友中，过度劳累和剧烈运动等因素都可能成为心肌梗死的危险因素。此外，大多数猝死案例发生在半程马拉松赛的 19 公里处，这已经成为许多人难以逾越的难关。

身体状态欠佳的人

身体是一个天然的动态平衡系统。无论何时，人体都在维持这个平衡。我们知道，人体需要三大类营养物质：糖、脂肪和蛋白质。在运动时，人体会消耗糖和脂肪；而在休息时，我们需要摄入能量，以确保整个系统的支出和摄入平衡。如果突然受到病毒攻击，导致高热、咳嗽等症状，或者过度劳累、加班熬夜，免疫系统就可能失调，从而影响整个身体系统的平衡。在这种情况下，如果贸然参加比赛，必然会导致其他器官的损伤和恶化，打破原有的健康平衡，使身体处于高风险的状态，有可能危及生命安全。

存在基础疾病的人

经常参加马拉松比赛的人，通常对比赛规则非常熟悉。然而，有些跑者真的认真阅读过这些规则吗？其中的一些内容，例如先天性心脏病和风湿性心脏病等，都在明示着潜在的危险。以厦门环东半程马拉松赛为例，举办方在赛前筛查中发现，50 余位报名者中有 14 名人员的心脏状况不适合参赛，占总数的 1/4 左右，其中 5 人甚至需被禁赛。这些人中包括患有主动脉夹层、动脉瘤、先天性心脏病、心律失常等疾病者。如果这些人坚持参赛，比赛过程中发生危险的概率极高，一旦发病，几乎是百分之百的死亡率。

当我们评估是否适合参加比赛时，更要重视个体差异和身体状态的动态变化。在比赛前，建议逐步提高训练强度，留意身体的反应，根据实际情况调整计划。

参加比赛前的评估是多方面因素的综合考虑。通过科学合理地安排训练、密切关注身体状态和周围环境，以及保持良好的心态，可以更好地应对比赛中可能出现的各种挑战，确保参赛的安全和愉快。

> **医师跑者智慧小贴士**
>
> 心肌炎是一种导致心脏肌肉炎症的疾病，通常由病毒（如流感病毒、腺病毒等）感染引起，也可能由自身免疫系统异常引发，其严重影响心脏功能。最初的症状类似于感冒，包括乏力、呼吸急促、关节疼痛和发热。心肌炎会导致心室扩大和心室壁变薄。在心肌炎潜伏期间进行跑步，会增加心脏负担，使心肌更加劳累，可能引发心律失常、心脏扩大，甚至心搏骤停。如何在跑步时避免潜在风险呢？如果在运动中感到异常疲劳、胸痛、呼吸困难等症状，应立即停止跑步并及时就诊。

第3步 马拉松赛前如何安排训练

要完成一场高质量的马拉松比赛，确保无伤，至少需要进行1年的有氧基础训练，并在赛前4个月内制订有规律的马拉松训练计划。在医师跑者的视角下，笔者想分享一种以心率为导向的无伤跑训练计划，主要侧重提高有氧能力和耐力。马拉松训练方法有许多，而心率无伤跑训练计划可根据个人的跑步经验进行调整。

▼ 科学的跑步训练方法

经常有人问，为什么在跑步时呼吸急促？为什么感觉坚持不了多久？其主要原因是"有氧能力"不足。要提高有氧能力，就需要进行有氧能力跑。在有氧能力训练中，我们应关注心率的变化，并了解以下几个概念。

- **最大心率（MHR）**：心脏在最大压力下1分钟内的跳动次数。最简单的计算方法是220减去年龄，但更准确的是进行实际测量，经常跑步的人的实际最大心率可能大于理论值。
- **静息心率（RHR）**：在完全静止状态下的心率，是衡量心脏健康程度的简单方法。
- **储备心率（HHR）**：最大心率（MHR）减去静息心率（RHR）。

心率跑的训练要点为：在心率跑法中，我们关注的是心率和时间，而不是配速和距离。这是一种安全、科学的跑步方法，主要有两类，即MAT180低心率跑法和储备心率跑法。

- **MAT180低心率跑法**：跑步心率=180-年龄。例如，40岁的人，跑步心率为180-40=140次/分钟，跑步时心率应控制在130～140次/分钟。这种方法适合年龄较大者或初练者，以及有减脂需求的人群。初练者至少要练习1～3年，夯实有氧基础训练，以提高长跑耐力。
- **储备心率跑法**：实际测得最大心率和静息心率。这需要进行测试，尤其流行的是操场测试。这种方法相对复杂，但更精准。

储备心率分区训练效果表

心率强度	强度区间	训练效果
E心率 （有氧轻松跑）	（最大心率-静态心率）× （59%～74%）+静息心率	有氧运动的基础
M心率 （马拉松配速跑）	（最大心率-静态心率）× （74%～84%）+静息心率	以实际训练跑全马时的目标平均配速
T心率 （乳酸阈值强度）	（最大心率-静态心率）× （84%～88%）+静息心率	增强乳酸代谢能力，提高乳酸阈值

掌握这些知识，可以保证我们进行最大限度的安全奔跑。结合上表，假如一个人的最大心率是 180 次 / 分钟，静止心率是 55 次 / 分钟，设置如右图。他的有氧耐力区间值，就是心率 129～148 次 / 分钟。轻松跑时，把心率控制在这个区间就是最安全的跑步心率。储备心率适合有一定有氧跑步基础，并且每周都有跑步计划，每个月跑量在 150 公里以上的人，或追求马拉松 PB 的跑友。

大多数情况下，我们让大部分跑友跑快比较难，但跑慢更难。这是因为大部分跑友都喜欢追

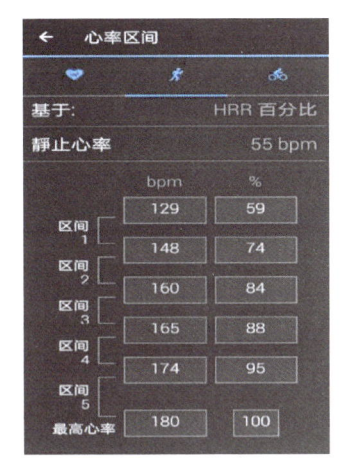

储备心率区间设置

求速度，速度上去了，PB 数值也就上去了，但随之而来的伤病增多，尤其是那些以追求速度为主的跑友。"磨心率"跑，既低心率慢跑，也能提高成绩。

下面举个实例说明一下。某医院的一位跑友，进行低心率有氧训练，看一下他 10 个月的心率配速变化对比。2022 年 9 月 20 日，心率 143 次 / 分钟，配速 5 分 48 秒；2023 年 7 月 18 日，同样的心率 143 次 / 分钟，配速 5 分 23 秒，提高了 25 秒。2023 年 7 月 12 日，配速 5 分 44 秒，心率 132 次 / 分钟，差不多配速心率降了 11 个点。

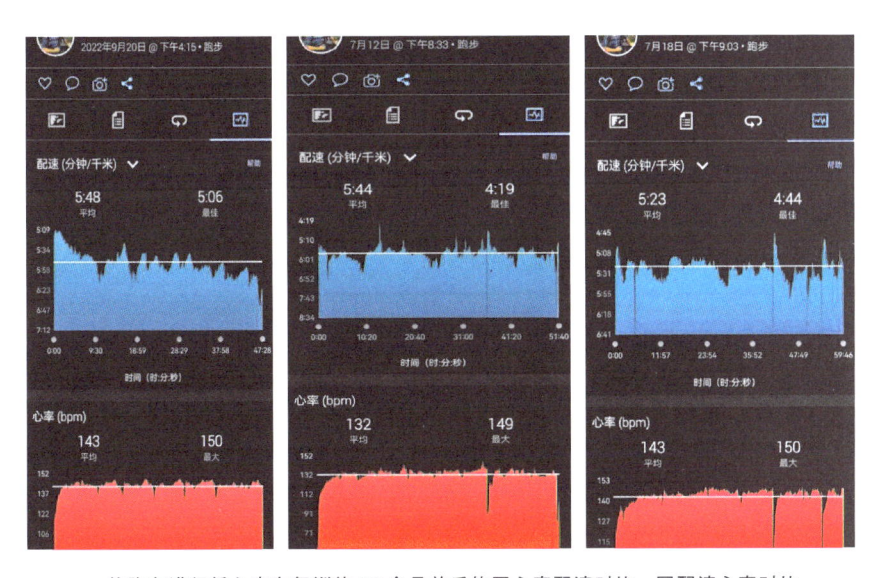

一位跑友进行低心率有氧训练 10 个月前后的同心率配速对比，同配速心率对比

第 9 章 如何参加一场比赛　　251

"磨心率"慢跑只要坚持也会PB，而且不会受伤。就拿笔者本人来说吧，跑步6年了，一次伤病都没有。

所以，如果想参加马拉松，并且跑出好成绩，掌握科学的跑步训练方法才是关键。科学的训练方法，不管是有氧基础训练，还是心率跑训练，既可以短时高效地提高成绩，又能确保无伤、安全的跑步。

心率跑马拉松赛前18周跑步计划

马拉松赛前计划，一场全程马拉松赛要制订一个赛前4个月的训练计划。计划要包括一周一次强度训练，一次递进跑1小时，一次有氧长距离跑。其他时间，每次60分钟的E心率有氧跑。比赛前，第六周需要一个150分钟的马拉松配速跑训练。再按照自己的比赛预期，计算好比赛时配速，按照这个标准去训练。

心率跑就是跑步时只看心率、时间，不看配速、距离。长期坚持有氧心率跑不会造成心脏损伤（如心肌肥大）。

I心率和A心率强度比较大，不建议一般跑者尝试。I心率跑最主要是间歇训练，其主要训练目的在于刺激最大摄氧量，扩大有氧容量。A心率跑表示高强度反复训练的意思，其主要训练目的在于锻炼无氧系统与刺激肌肉神经反射，提升最快速度。

I心率跑（间歇跑）心率 = 储备心率 ×（88%～95%）+ 静止心率。

A心率跑（冲刺跑）心率 = 储备心率 ×（95%～100%）+ 静止心率。

心率跑马拉松赛前18周跑步计划表

第1～4周训练计划	
天	训　练　内　容	跑步时间（分钟）
1	休息	—
2	热身10分钟，E心率有氧跑60分钟，拉伸（静态）10分钟	60
3	热身10分钟，递进跑E心率有氧跑30分钟，M心率跑20分钟，T心率跑15分钟，I心率跑5分钟，拉伸（静态）10分钟	60

续　表

天	训 练 内 容	跑步时间（分钟）
4	核心训练：弓箭步，深蹲，臀桥，两头起，小燕飞，俯卧撑，左右侧支撑抬臀，腹部拉伸。每组20次，循环3组	20
5	休息	—
6	热身（动态）10分钟，E心率有氧跑120分钟，拉伸（静态）10分钟	120
7	热身（动态）10分钟，E心率有氧跑60分钟，拉伸（静态）10分钟	60

第5~8周训练计划

天	训 练 内 容	跑步时间（分钟）
1	休息	—
2	热身（动态）10分钟，E心率有氧跑60分钟，拉伸（静态）10分钟	60
3	热身（动态）10分钟，递进跑E心率跑30分钟，M心率跑20分钟，T心率跑15分钟，I心率跑5分钟，拉伸（静态）10分钟	60
4	核心训练：弓箭步，深蹲，臀桥，两头起，小燕飞，俯卧撑，左右侧支撑抬臀，腹部拉伸。每组20次，循环3组	20
5	休息	—
6	热身（动态）10分钟，E心率有氧跑120分钟，拉伸（静态）10分钟	120
7	热身（动态）10分，E心率有氧跑60分钟，拉伸（静态）10分钟	60

第9~12周训练计划

天	训 练 内 容	跑步时间（分钟）
1	休息	—
2	热身（动态）10分钟，E心率有氧跑60分钟，拉伸（静态）10分钟	60
3	热身（动态）10分钟，递进跑E心率跑30分钟，M心率跑20分钟，T心率跑15分钟，I心率跑5分钟，拉伸（静态）10分钟	60
4	核心训练：弓箭步，深蹲，臀桥，两头起，小燕飞，俯卧撑，左右侧支撑抬臀，腹部拉伸。每组20次，循环3组	20
5	休息	—
6	热身（动态）10分钟，E心率有氧跑20分钟，M心率跑90分钟，E心率跑10分钟，拉伸（静态）10分钟	120
7	热身（动态）10分钟，E心率有氧跑60分钟，拉伸（静态）10分钟	60

续 表

第 13 周训练计划（第 6 天 M 心率跑 150 分钟，其余时间计划不变）		
天	训 练 内 容	跑步时间（分钟）
6	热身（动态）10 分钟，M 心率跑 150 分钟，拉伸（静态）10 分钟	150
第 14～17 周训练计划		
天	训 练 内 容	跑步时间（分钟）
1	休息	—
2	热身（动态）10 分钟，E 心率有氧跑 60 分钟，拉伸（静态）10 分钟	60
3	热身（动态）10 分钟，递进跑 E 心率跑 30 分钟，M 心率跑 20 分钟，T 心率跑 15 分钟，I 心率跑 5 分钟，拉伸（静态）10 分钟	60
4	核心训练：弓箭步，深蹲，臀桥，两头起，小燕飞，俯卧撑，左右侧支撑抬臀，腹部拉伸。每组 20 次，循环 3 组	20
5	休息	—
6	热身（动态）10 分钟，E 心率有氧跑 120 分钟，拉伸（静态）10 分钟	120
7	热身（动态）10 分钟，E 心率有氧跑 60 分钟，拉伸（静态）10 分钟	60
第 18 周训练计划		
天	训 练 内 容	跑步时间（分钟）
1	休息	—
2	热身（动态）10 分钟，E 心率有氧跑 60 分钟，拉伸（静态）10 分钟	60
3	热身（动态）10 分钟，递进跑 E 心率跑 30 分钟，M 心率跑 20 分钟，E 心率跑 10 分钟，拉伸（静态）10 分钟	60
4	热身（动态）10 分钟，E 心率有氧跑 40 分钟，拉伸（静态）10 分钟	20
5	休息	—
6	热身（动态）10 分钟，E 心率有氧跑 30 分钟，拉伸（静态）10 分钟	30
7	比赛日	—

热身和冷却的重要性

在每次训练之前，进行适当的热身活动至关重要。热身活动有助于促进血液循环，使关节、肌肉、肌腱和韧带充分伸展，从而预防受伤。医师跑团每次训练都会进行常规的热身活动，包括左右侧踝关节热身、膝关节热身、臀部动态拉伸、双侧俯身摆臂、弓步后转体、勾腿跳、高抬腿、开合跳等。热身运动的时间通常控制在 10～15 分钟。

冷却运动则是在训练结束后，将运动强度缓慢降低，逐渐使心率回落。跑步结束后，不要立即停止活动，可以选择进行超慢跑或慢走，或者进行一些简单的拉伸运动，持续时间也应为 10～15 分钟。跑步后的拉伸旨在提高身体的柔韧性，同时缓解肌肉的酸痛，促进肌肉的生长。

笔者在 2019 年参加西安城墙半程马拉松比赛，比赛当天一直下雨。由于空间有限，起跑时并未做跑前热身。在起跑后，很多跑友，包括笔者，或多或少都出现腿部肌肉痉挛、肌肉拉伤等现象。作为医师跑者，帮助了几位跑友，最后陪同一位小腿肌肉痉挛的跑友一起越过终点，完成比赛。分析出现肌肉痉挛等情况，一方面是由于天气原因，另一方面是比赛前没有做好充足的准备工作。因此，赛前拉伸很重要。

跑步训练的注意事项

跑步的初衷是为了维持身体健康。为了避免受伤或生病，如果出现以下情况，训练过程中应立即停止跑步。

第一，感冒时应立即停止跑步。跑步是一项较为剧烈的有氧运动，消耗大量能量。在感冒期间，可能出现头晕、心慌等不适症状，继续跑步会加重这些症状，并可能导致心肌炎。特别需要注意的是：肢体损伤通常可以康复，

北京医师跑团训练营团员跑前的热身活动

但心脏损伤是不可逆的。

第二，**女性跑步者在生理期期间应停止跑步**。在生理期期间跑步可能引发全身不适，如头晕、乏力、心慌、痛经等，甚至会导致月经量增多，身体虚弱，免疫力下降。因此，女性跑步者在生理期期间应避免剧烈运动。

第三，**身体出现不适时应停止跑步**。跑步过程中，如果感到呼吸困难、腹痛等不适，应减缓速度或停止跑步。对于膝盖疼痛、小腿疼痛、足底疼痛、脚踝扭伤等情况，如果休息3天后仍无缓解，应停止跑步，进行休养；否则，伤情可能进一步恶化。

第四，**当空气质量指数（AQI）超过150 μg/m³时应停止跑步**。一旦AQI超过150 μg/m³，健康状况就可能受到影响，跑步时会感觉不适。最好推迟或取消室外锻炼，不要强迫自己暴露在污染严重的空气中。

> 医师跑者智慧小贴士
>
> 参加马拉松比赛之前一周内尽可能减少跑量，让身体在比赛之前得到充分的休息和放松。
>
> 参加马拉松比赛之前两周尽量来一次半马以上的长距离，让身体提前为高强度的比赛做好适应准备。

第4步 赛前是否需要来一次长距离训练

在前面的章节中，我们有涉及长跑训练。在这里，笔者还要强调一下，实战中参加马拉松赛之前，需要来一次长距离训练。接下来将重点讲述一下长距离慢跑（LSD）训练的必要性和对实战的助益。

赛前进行长距离训练的目的是为了提前准备比赛，并增强个人的耐力，使身体肌肉能够适应更长的距离。一般而言，在比赛前的4个月内，需要拟定一个详细的跑步计划。每周至少进行一次2~2.5小时的LSD训练。LSD被视为耐力训练的基石，同时也是马拉松备赛中至关重要的一环。在比赛前的最后 6 周，还需要进行一次 2.5 小时的马拉松配速心率跑，以评估个人是否能够以此配速完成比赛。医师跑者认为，进行马拉松长距离跑训练是必要的，而且不应仅限一次。

长距离慢跑（LSD）训练的主要优势

首先，LSD 训练能够有效提升人体的有氧能力。马拉松比赛作为一项高强度的有氧运动，其氧气利用程度主要取决于身体肌肉中的线粒体。线粒体被形象地称为跑步的"能量工厂"。专家研究表明，人体内的线粒体的数量和单个体积与有氧运动直接相关。在长距离训练过程中，线粒体数量会增加，相当于扩大了"能量工厂"的规模，从而提高了能量产生的效率。

其次，LSD 训练有助于增强身体肌肉和心肌的耐力。人体的肌肉由两种主要肌纤维组成，即"快肌纤维"和"慢肌纤维"。不同比例的肌纤维与不同的运动能力密切相关。相比于快肌纤维，慢肌纤维更具耐力，尤其对于长跑选手而言。长距离训练可以促使快肌纤维向慢肌纤维转化，提高慢肌纤维比例，从而增强肌肉的耐力，确保能够长时间保持一定配速奔跑。在 LSD 过程中，心脏输出功率并不需要过大，主要锻炼的是心脏及其周边的毛细血管，使心脏的耐力得到提升。

再者，LSD 训练还有助于提高脂肪的供能能力。人体内的主要营养物质包括糖类、脂肪和蛋白质。糖类主要提供全身热能，而脂肪则是人体储备的能量物质。在马拉松比赛中，前期糖类供能占比较大，但随着比赛的进行，身体储备的糖类逐渐减少，脂肪供能比例逐渐增加。LSD 培养了身体依赖脂肪供能的习惯，因此提升了脂肪供能能力。

最后，LSD 训练是为正式比赛做准备，同时也为健康安全的跑步奠定基础。通过提前预估和准备比赛，可以更好地调整训练计划，确保身体状态良好。如果身体状态不佳或时间有限，可以适当调整训练强度和距离，

> **医师跑者智慧小贴士**
>
> 尽量在不同的地形和环境中进行 LSD 训练，如跑步道、山路、海滩等。这样可以让训练更加有趣，同时也可以提高身体的适应能力和全面性。

但一定要明确训练的目的,不能盲目训练。时刻关注身体状况,适当调整训练,为正式比赛做好充分准备。

综上所述,LSD 训练能够更好地帮助身体做好准备,提高有氧耐力,增强肌肉的储备能力,从而支持身体长时间和长距离的奔跑。

第 5 节 比赛前还需要做哪些准备

工欲善其事,必先利其器。比赛之前,LSD 训练必不可少,但还有一些其他的事项也需要我们提前做好准备。

▼ 赛前勘查路线

赛前勘查路线,有助于赛中科学、合理地分配体能。马拉松参赛前,要熟悉一下整个比赛的路线,要考虑坡度、顺风/逆风以及温度、湿度的影响。预测自己的完赛时间,计算好比赛目标配速,并按计划执行。例如,预测全程马拉松 4 小时完赛,全程每公里平均配速是 5 分 41 秒,前 10 公里可以 5 分 45 秒配速跑,第 11 公里以后可以将配速提高到 5 分 35 秒;也可以全程 5 分 35 秒~5 分 40 秒巡航匀速完成。

具体如何规划,最好比赛前实地考察一下,做到心中有数。遇到上坡时,要适当减速保存体力,调整步幅和步频,小步快频,下坡时借着惯性适当加速。

▼ 注意天气因素

关于参赛天气方面因素,跑者受温度和湿度影响很大。对于大多数跑者而言，理想的马拉松天气是在 5～15℃的气温、50%～60%的相对湿度、微风的阴天条件下进行。这些天气条件有助于避免过热和过度出汗，从而减少脱水和其他健康问题的发生。然而，需要注意的是天气情况多变，跑者需要做好应对各种突发情况的准备。

在天气炎热潮湿的情况下，跑者应保持充足的水分摄入，并选择穿着轻便透气的衣物，以帮助调节体温。而在寒冷的天气里，跑者则应穿着加绒压缩裤和速干运动上衣，同时遮盖裸露的皮肤，并备有一次性雨衣和保温毯，以防止体温过低。在比赛开始后，跑者可以适时丢弃雨衣和保温毯，以减轻负担。

提前了解比赛城市的天气情况，做好相应准备，并根据天气情况灵活调整参赛计划至关重要。在比赛前几天，务必密切关注天气预报，以确保备有适当的装备。由于马拉松比赛全年举行，每个人都有"适合"自己的比赛季节。为了追求更好的成绩，建议尽量选择在春秋季节举行的比赛，因为此时的气温温和，天气预测更加准确，更容易刷新个人最佳成绩。而在极端天气条件下，如极热或极冷的温度，会增加跑者的不适感，使比赛更具挑战性。

因此，选择马拉松比赛的最佳季节取决于个人的偏好和在不同天气条件下的舒适度。在比赛当天，若天气过热，跑者应降低配速和目标成绩，并随时关注心率的变化。保持心率在安全范围内至关重要，毕竟健康安全永远是最重要的考量。

笔者在 2019 年下半年参加了两场重要的马拉松比赛。首先是北京马拉松，当年赛事延期至 11 月 3 日举行。赛事当天的气温为 9～14℃，起跑时仅有 11℃，是适合跑步的温度。因此，根据官方统计，成功"破三"的人数达到历史最高水平，高达 985 人。在个人努力和天气条件的帮助下，笔者成功刷新了个人最佳成绩。

随后，笔者参加了上海马拉松。赛事当天的气温为 18～24℃，相较于往届上海国际马拉松赛，这个温度达到了历史最高，成为史上"最热"的上马比赛。根据官方数据，全马跑者共计 30 000 人，其中有 21 630 人成功完赛。然而，由于高温的影响，国内男子精英选手多布杰、董国建、杨绍辉等人的成绩停留在了 25 公里处，提前退赛。而国内女子组冠军李芷萱以 2 小时 33 分 04 秒的成绩获得了冠军，但在冲过终点后也出现了呕吐的情况。受天气影响，当年成功"破三"的人数仅为 612 人。这表明天气情况对参赛人员的影响巨大。

赛前装备检查

对于每一位跑友来说，赛前的装备检查非常重要，这关系着参赛选手们能否顺利安全完赛。参赛选手中，以马拉松赛初级跑友居多，有不少参赛选手都是新手小白。对于初级跑友来说，尤其要重视赛前的装备检查。

第一，赛前一定要看天气预报。 了解第二天的温度和湿度，选择适合自己的衣服（压缩装备）、舒适的内裤、吸汗性强的运动袜、专业的跑鞋。不推荐穿棉袜，更不要穿新袜子。鞋子要比自己的皮鞋码大 1～1.5 码。马拉松的大忌是穿新鞋，因为很有可能脚不适应新鞋，非常容易磨破出血。马拉松赛道上有穿着各种各样的跑者，其实总体来说，衣服还是以速干为主。如果排汗不好的衣服一直贴在跑者身上，可想而知，一场马拉松比赛下来，那会是多么糟糕的体验。

2021 年，笔者在参加雄安马拉松赛时，因为穿了一双新的高档运动袜（100 多元），结果到 21 公里时，感觉脚底不舒服，并且越来越重。走到路边脱下袜子，发现前脚掌竟然磨了一个大泡。赛前对全马目标"破四"充满了希望，可是一双袜子却打碎了"破四"的梦想。

第二，要检查携带的物品。 例如，号码布和计时芯片、别针、心率手表、眼镜（一定不要戴隐形的，雨水汗水进入眼睛会使眼睛发炎）、雨衣、束发带、太阳帽、凡士林、乳贴、防晒霜、能量胶以及盐丸等。

第三，赛前修剪好脚指甲。 防止脚指甲充血后形成黑指甲。

第四，关键部位使用凡士林、乳贴做好防护。 尤其需要保护胸部，女生需要专业的运动内衣，男生需要准备乳贴。笔者参加比赛时，一般用医院里的医用输液贴，薄薄的一层膜，用起来非常舒服。防止有摩擦感，腋下、胸前、大腿内侧三个关键部位，涂上凡士林，这样可以大大缓解摩擦。

第五，系好鞋带。 鞋带要系双扣，否则很容易开。如果比赛过程中，鞋带松开，需要停下来系鞋带，会打破自己的跑步节奏。

2019 年，笔者在参加北京马拉松比赛时，起初一直跟着"兔子"跑，突然鞋带松开了，跑到路边系好鞋带，"兔子"已经跑远了，一下就卸了气，影响了原有的配速。

赛前保证充足的睡眠

大家都知道，比赛前一晚，跑友们一般喜欢晒定妆照，有的晒完定妆照就失眠了。在这里，建议大家最好在晚上十点之前就寝，以确保获得充足的睡眠，为第二天的比赛做好准备。因为在第二天比赛当天，至少需要提前2~3小时起床，做好充分的准备。

关于赛前饮食

赛前早餐是最后一次补充能量，极为重要。遵循"三少一多"的基本要求。所谓"三少"指的是食物体积小、产气少、油脂含量低，而"一多"则指热量较高。

早餐以碳水化合物为主，如面条、蒸玉米、红薯、土豆、蔬菜、水果等。此外，也可选择一些主食，如馒头、花卷、全麦面包、稀饭、牛肉、果酱、鸡蛋、咸菜等。在选择过程中，尽可能选用容易消化的食物，减轻胃肠负担。避免食用生冷、辛辣、难以消化的食物。最好避免饮用牛奶，因为牛奶可能会导致有些人腹部不适。

需要特别提醒的是，短时间内补充糖分的最佳方法是饮用多聚葡萄糖和果糖等复合性糖饮料，在比赛前约5分钟服用。此外，许多参赛选手会到其他城市参加比赛，可能会参加一些跑友聚会或宴会，难免会食用大鱼大肉或饮酒。油腻的饮食会给肠胃造成负担，对比赛状态也会产生影响。因此，饮食的种类最好与比赛当天相似，以给肠胃充分适应的时间，避免出现肠胃问题。

赛前排空的问题

在参赛前，确保及时排空大小便至关重要。最好在进入马拉松赛场起跑线前就去卫生间。由于比赛时人多，即使沿途设有移动卫生间，也常常会排长队，因此提前排队排空非常重要。有经验的跑者在进入赛场前就会在厕所前排队，上完后继续排队。由于赛前紧张，有时需要排空两次。有时候上厕所的人比较多，赛事开始了可能还在排队，这时不要着急，继续排队，务必要确保排空，以免在比赛过程中受到负担。马拉松比赛的成绩以净时间为主，因此确保在起点状态良好至关重要。

▼ 重视赛前热身

赛前热身至关重要，可以有效预防运动损伤和肌肉拉伤等风险。可以选择独自进行热身，也可以跟随教练一同进行。这样做可以激活我们的肌肉、关节和心肺功能，使我们能够更快地进入跑步状态，并适应比赛中的运动要求。在诸如北京、上海等马拉松大赛前，通常会有教练带领大家进行跑前热身训练。

充分的赛前准备往往能够帮助跑者在比赛中取得理想的成绩，同时也能更好地享受马拉松带来的挑战和收获。

> **医师跑者智慧小贴士**
>
> 赛前焦虑没必要，小心伤痛找到你。
>
> 参加马拉松比赛前的焦虑可能会引起呼吸系统、循环系统和神经系统的异常反应。儿茶酚胺（肾上腺素）、5-羟色胺等生化指标，以及脑电图、肌电图等生理参数可能会发生相应的变化。因此，保持平常心非常重要。否则，身体可能会更容易受伤。

第6节 赛中如何补给

在补给方面，在之前的章节中，我们已经着重探讨过跑步与营养的平衡配比。这里，我们再针对比赛中面对的补给问题，进一步探讨。对于大众选手来说，马拉松比赛途中需要补水、补盐、补胶。

▼ 补 水

我们都明白，水是生命之源。在运动时，我们会大量出汗，从而消耗大量水分。因此，不能等到口渴时才去补充水分，到那时就已经太晚了。为了避免脱水，我们应该采取"少量多次"的补水策略，每次到水站时补充100～200毫升水即可，不要过量，因为过量的补水可能会导致肠胃不适，甚至引发呕吐。此外，如果只是喝水，是无法补充电解质的。因此，我们需要交替补充水和含有电解质的运动饮料。

▼ 补 盐

在马拉松比赛中，由于大量出汗，人体会失去钠、钾等电解质，导致电解质含量不足，从而引发运动机能失调，体能明显下降，甚至出现四肢无力、眩晕等症状，更甚至会出现所谓的"撞墙期"。因此，参赛选手需要及时补充各种电解质。专业的电解质补充剂，如电解质盐丸，可以有效缓解电解质流失引起的问题。一般建议，每小时食用2～4粒电解质盐丸。

马拉松比赛中的补给

补　胶

能量胶是一种有效补充糖原、延缓糖原消耗的产品。那么，何时食用能量胶最为合适呢？按照说明书的建议，一般来说，在马拉松比赛前 45～60 分钟食用一支能量胶；在比赛过程中，每隔 45～60 分钟再进食一支。这样的做法有助于保持比赛速度的稳定。能量胶的主要成分是氨基酸，其中包含人体必需氨基酸。这些氨基酸有助于对抗肌肉疲劳，增强肌肉的耐力。建议在距离水站 100 米左右的位置提前进食能量胶。在食用能量胶时，应搭配白水，而不是饮料。同时，要确保摄入的水量适量。根据统计和计算，一支能量胶的最佳用水量大约在 200～300 毫升。

在比赛过程中，及时补给十分重要，特别是对于普通跑者来说，后半程的补给能够带来意想不到的效果。

> 医师跑者智慧小贴士
>
> 人体每天都会有一部分水和电解质丢失，因此我们需要通过饮水、进食等方式来补充这些丢失的部分。当机体失水过多时，细胞外液中的电解质，尤其是钠的浓度会增加，导致唾液中的水吸收增加，从而产生口渴、口干和想喝水的感觉。为了维持健康的基本生理循环，我们需要保持水和电解质的稳定。

第 7 步　比赛中如何评估自己的身体

在马拉松赛道上，时刻科学合理评估自己的身体状况至关重要。如果出现不适，应该如何调整呢？

▼ 起跑阶段要把握自己的节奏

首先，在马拉松起跑时，由于人多且拥挤，我们必须克制自己激动的心情，宁愿稍微放慢速度。起始阶段不要急于领先，要按照自己的节奏和速度跑，也不要超过目标成绩的平均配速。对于许多有经验的跑者来说，前5公里属于"热身跑"，心率应保持在有氧心率区间内。一旦身体进入比赛节奏，前5公里就能清楚了解自己的状态，以及是否能够按照赛前制定的目标进行比赛。要计划好完赛目标并执行计划，控制好配速并随时关注心率变化。如果心率超出T心率范围（最大心率的84%～88%）超过20分钟，就需要引起重视。此时应该体会自己的身体感觉，如果感到不适，就需要适当降速，直至安全完赛。如果能够保持全程匀速跑，平均分配体力，那将是比较理想的情况。

然而，对于许多大众跑者来说，由于起跑时过于兴奋，往往会跑得过快，导致体力逐渐下降，出现前半程配速过快、后半程配速下降甚至走路的情况。这是一个很常见的现象。如果前半程跑得太快，往往会导致后半程的体力崩溃。因此，在比赛途中出现身体不适时，如何调整是一个需要认真对待的问题。

▼ 倾听自己的身体信号

医师跑团中的一位女跑友分享了自己的一次亲身经历。那是在2017年7月9日，当天气温高达29℃，她参加了蒙牛10公里太空跑。由于有多次半马跑步的经验，她忽略了身体的不适，也没有重视当天的高温天气。在跑到第八公里时，她的排名已经是第四名，而第三名就在她前面。她内心强烈地渴望超越前面的选手，于是拼尽全力冲刺，结果却遭遇了生平第一次中暑。在赛道的第九公里处，她突然失去意识倒地。幸运的是，赛道上的志愿者及时给予了她冰水降温，并口服了藿香正气液进行急救。紧接着，她被送往医院，整个过程中她一直处于无意识状态。在医院急诊科接受检查后，医生确诊她患了"热射病"。

因此，这次经历让她深刻地认识到，不论参加何种比赛，都必须实事求是地实时观察自己身体的不适和变化。虽然拼搏的精神是值得称赞的，但一定要量力而行，不要逞强。

在整个马拉松过程中，务必倾听自己的身体信号。特别是在后半程，可能会出现各种不适，例如膝盖疼痛、抽筋、"撞墙"等。如果出现轻微的膝盖疼痛，觉得可以坚持，就应该放慢速度。但如果疼痛严重，可以考虑放弃比赛。身体健康至关重要，不要为了完赛而忍受剧痛，否则可能会造成更严重的后果。

如果出现抽筋，可以寻求身边的医疗保障团队的帮助进行简单处理。而当出现"撞墙"等现象，如胸闷、心慌、头晕等时，需要进行科学理性的分析，可以先减慢配速，并靠近路边缓慢移动。必要时，可以寻求志愿者或医护人员的帮助。切勿勉强自己继续比赛，要及时调整，确保自己的安全。

> 医师跑者智慧小贴士
>
> 比赛中，要时时审视自己的身体。如有异样，一定要及时停在路边，检查一下自己不舒服的地方。千万不能掉以轻心，等到严重了再采取救助措施，可能悔之晚矣。

每公里的补给站是跑友的临时救护所

266　医师跑者的智慧

第 8 节 马拉松赛后如何恢复

当顺利冲过终点，全身被汗水或雨水湿透时，务必及时更换干净衣服，擦干汗水，以免感冒。完成比赛的最后时刻应该是幸福快乐的，但随之而来的是肌肉的酸疼和痉挛。因此，赛后一定要科学地进行拉伸，让肌肉逐渐放松，关节逐渐恢复。

▼ 马拉松赛后恢复注意事项

在马拉松赛后的恢复期间，通常需要注意以下三点。

- 在赛后三十分钟内可以进行轻度的拉伸，逐渐放松肌肉，缓解肌肉紧张和疲劳。
- 在赛后一周内要及时补充营养，多摄入高碳水化合物、高蛋白类食物、水果和蔬菜，同时要充分休息，适度进行放松运动。
- 在赛后的第一周至第三周，根据个人情况，适当进行锻炼，慢慢恢复运动。

总之，赛后的恢复阶段至关重要。可以采取拉伸放松、吸氧放松、水浴恢复、膳食营养等多种措施，并确保充足的睡眠。一些人还通过中医针灸、按摩等方法来促进恢复。

▼ "排酸跑"真的科学吗

在跑圈中，关于赛后如何科学恢复身体的问题一直存在争议。有些跑者提倡进行"排酸跑"，以促进恢复，但事实证明，这种做法属于伪科学。肌肉酸胀的主要原因是乳酸堆积，但大部分乳酸在运动后 1～2 小时内会被清除。因此，所表现出来的酸痛感实际上是肌肉受损的表现。在跑步后，出现当天肌肉酸痛不明显，但第二天有明显肌肉酸痛反应的现象被称为"延迟性肌肉酸痛"。

乳酸增多会导致肌肉收缩，挤压血管，使血流不畅，造成肌肉酸痛等不适。这是因为出现了延迟性肌肉酸痛。有研究表明，正常人在停止运动后乳酸能很快在体内清除，第二天的"排酸跑"，其实体内已经"无酸可排"。对于肌肉出现的延迟性酸痛，我们可以通过测定肌酸激酶（CK）的活性来判定肌肉损伤程度。CK主要存在于骨骼肌、心肌和平滑肌中，运动后损伤肌纤维会导致CK增高，通常在运动后24~48小时。因此，造成第二天酸痛明显的原因是CK开始达到峰值，然后又逐渐恢复至正常范围。从时间顺序上判断，乳酸要先于肌肉酸痛"消失"。因此，不进行"排酸跑"，酸痛感也会减轻，因为CK的峰值已经过去了。要科学恢复身体，可以选择适当的休息、营养补充和轻度的拉伸运动等，以帮助肌肉逐渐恢复。

2018年，笔者代表北京医师跑团，参加越山向海接力赛。赛后大家高高兴兴地分享比赛的快乐，也聊到了"排酸跑"。几名跑得快、跑得时间长的队员，都认为应该"排酸跑"。第二天早上，笔者特意早早起来尝试了一下，慢跑5公里。跑后感觉酸痛非但没有缓解，反而有加重的情况和趋势。其实，觉得"排酸跑"有效是自以为有效，属于伪科学，不进行"排酸跑"反而会更科学。

延迟性肌肉酸痛通常在运动后12~48小时内出现，是由马拉松跑步时肌肉受到剧烈摩擦与拉扯，导致肌肉纤维发炎与不同程度撕裂所引起的。延迟性肌肉酸痛会导致关节活动幅度减小、活动受限、肌肉收缩力量减小以及触痛感等症状。

延迟性肌肉酸痛本质上是肌肉的微小损伤，是肌肉不适应运动负荷的正常现象。在此时，肌肉会启动修复机制，一般情况下，症状会在2~3天内自然消除。然而，如果在此期间继续强行跑步，反而会加重肌肉损伤。因此，大众跑者需要在赛后充分休息。精英跑者可以在2~3天后逐渐恢复慢跑，而初跑者则需要休息一周后再恢复慢跑。

"排酸跑"不仅不利于身体恢复，还可能导致肌肉反复轻微损伤，并引发更为严重的炎症反应。因此，我们每个人在参加马拉松比赛后都需要认识到这一点——马拉松比赛对身体的消耗巨大，我们必须对生命保持敬畏之心。参加马拉松比赛的目标是安全回家，因为真正的安全回家才是比赛的终点。

生命是无价的，参加马拉松比赛时，我们绝不能有丝毫侥幸心理。尽管挑战极限、超越自我是许多马拉松爱好者的追求，但我们首先要确保自己的安全。最后，让我们努力奔跑，因为在马拉松赛道上，我们不仅可以获取快乐，还可以发现更好的自己。

医师跑者智慧小贴士

赛后"排排酸"，轻松又开心。

完成马拉松比赛后，机体由于无氧代谢，可以产生大量的乳酸，从而造成人体的肌肉酸痛等症状。赛后通过按摩，可以加速血液循环，促进乳酸代谢。赛后立即冰敷也是不错的方法。需要同时大量饮水，促进血液循环，尤其是喝苏打水等弱碱性水，也有助于乳酸代谢。

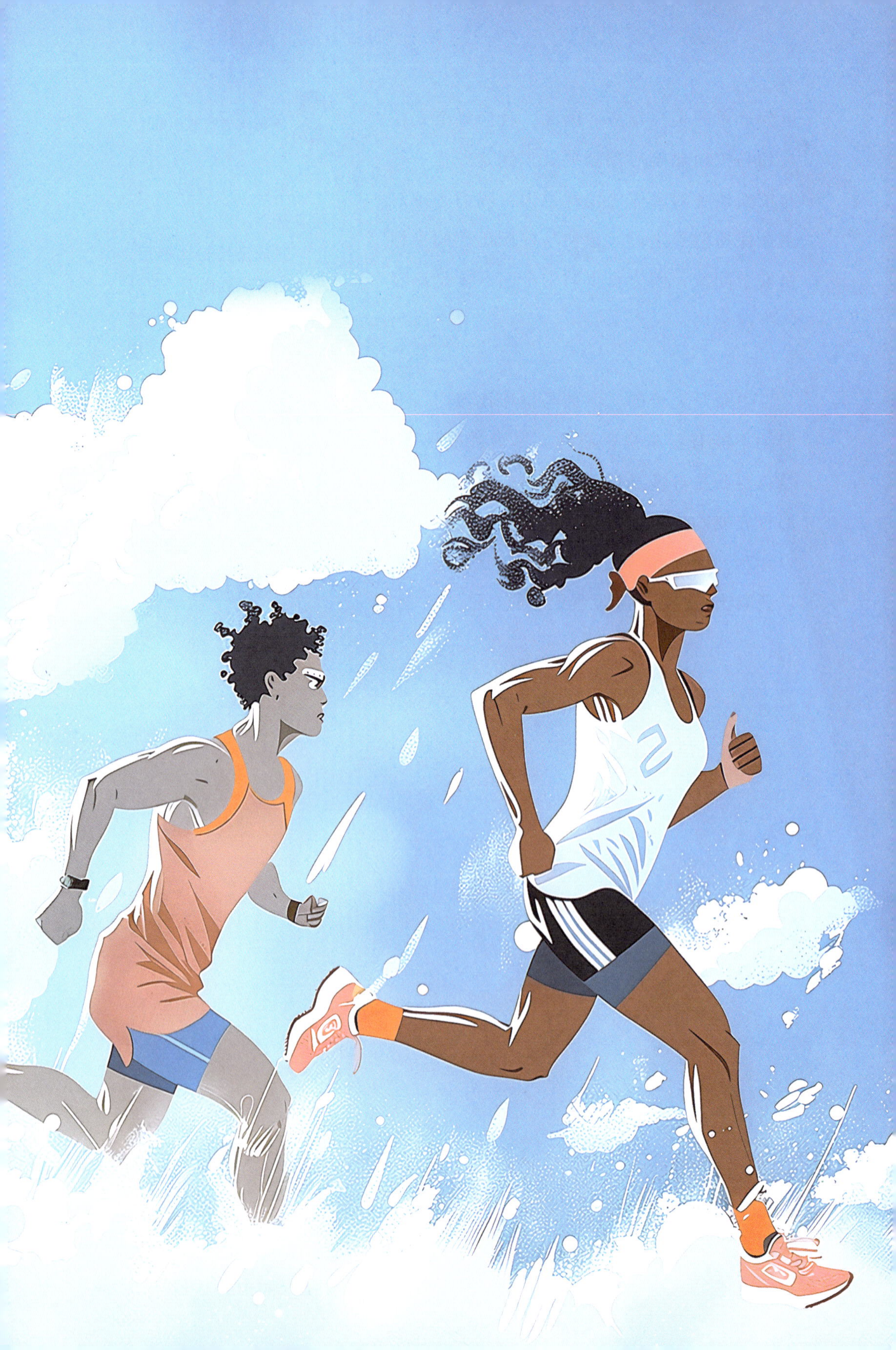

第 10 章 跑步是生活的一部分

第 1 节　跑步的尽头是什么　　　　272
第 2 节　跑步的"天敌"——时间　　275
第 3 节　跑步对生活的影响　　　　281
第 4 节　跑步与陪伴　　　　　　　287

第 1 步 跑步的尽头是什么

▼ 跑步的尽头不是只有一种答案

对于大部分跑者而言，跑步的初衷是健康，跑步的尽头也是健康。不忘初心，善始善终。

然而，跑步的尽头，尤其是长跑的尽头，在一些更深的层面上，也可以有其他的解释。对于跑者来说，长跑可能代表着对身体和意志力的极限挑战，而完成一场比赛对于很多人而言是一种成就感和突破。

此外，对一些跑者而言，跑步会被赋予更多的意义和价值，例如，实现个人的目标、克服困难、提升自我，甚至是对生命中某个阶段的总结和超越。

笔者认识的一些跑友，最开始追求的是坚持，保持习惯，每天打卡。随着时间的推移和对跑步看法的转变，他们的追求开始转变，开始追求自我成长，向优秀的跑友学习经验。

跑步是新的兴趣爱好，是可以破圈的，也许你和另一位跑友在人生漫长的旅途中，不是亲人，不是同学，从事的也是不同的行业，相互认识的概率几乎为零。然而，通过跑步作为媒介，你们在赛道相识，友谊在汗水中加深，这就是一种缘分。

还有一些跑友，他们结伴同行，不去参加跑步比赛，只在自己的城市偶尔约一约，一起放松跑一下，跑一些图案，例如奥森的兔子、天坛的大象等。虽然跑得慢，但是也跑得欢喜。

因此，"跑步的尽头"在个人层面上有着不同的解释。

▼ 马拉松是一种新的仪式感

随着新冠大流行逐步减退，马拉松比赛重获新生。跑友们纷纷呼朋引伴，踏上新的马拉松赛道，开始新的突破之旅。

有一些有钱有闲的跑友，把参加世界马拉松六大满贯作为跑步目标，这需要跑者具备卓越的体能、毅力和长期的训练。参加世界马拉松六大满贯赛事是他们的梦想。这六大满贯包括：

- **柏林马拉松**：在德国柏林举行，是德国规模最大的马拉松赛事。从 1997 年开始，比赛时间是每年 9 月的最后一个周日。比赛道路平坦，最后会穿越勃兰登堡门，是世界上最快的马拉松赛道之一。
- **波士顿马拉松**：是世界上最古老的马拉松比赛之一，创办于 1897 年，比赛时间为每年 4 月的第三个星期一。报名有严格的成绩要求，成绩资格被称为 BQ，比赛赛道难度系数较高。
- **芝加哥马拉松**：每年 10 月在美国芝加哥举行，中签率较高，赛道平坦。2023 年芝加哥马拉松赛中，肯尼亚选手凯尔文·基普图姆以 2 小时 0 分 35 秒的成绩完赛，创造了新的男子马拉松世界纪录。
- **纽约马拉松**：创办于 1970 年，每年 11 月初举行，参赛者最多超过 10 万人，是全球最大规模的马拉松赛事之一。路线穿越纽约五个行政区，被认为是一项极具挑战性的比赛。
- **伦敦马拉松**：每年 4 月下旬在英国伦敦举行。与其他赛事不同，伦敦马拉松是一场慈善马拉松，大约 2/3 的参赛者是通过慈善捐款的方式获得参赛资格的。

六大马拉松奖牌　　　　　　　　柏林马拉松奖牌

第 10 章　跑步是生活的一部分

- **东京马拉松**：是日本最大规模的马拉松比赛，也是世界六大满贯赛事中唯一在亚洲举办的赛事。2013年，东京马拉松被列为世界马拉松六大满贯赛事之一，成为世界六大满贯赛事中最年轻的一员。2020年，东京马拉松成为第一批被列入世界田径白金标准赛事的比赛之一。

如果不想出国，其实国内各地的马拉松也足够跑友享受奔跑乐趣。

- 有的跑友会参加中国马拉松大满贯：北京马拉松、武汉马拉松、重庆马拉松、广州马拉松。全部跑完也会收到一枚大满贯奖牌。
- 有的跑友会倾向于解锁"京"字号马拉松：北京马拉松、南京马拉松等。
- 有的跑友倾向于解锁"东西南北"马拉松：东营马拉松、西安马拉松、南京马拉松、北京马拉松等。
- 有跑友倾向于解锁"州"字号马拉松：徐州马拉松、广州马拉松、兰州马拉松等。

跑步的尽头是健康，是比赛，是坚持，是自我突破，是自我成长……每个人对其都有自己的定义。只要还在奔跑，就会发现尽头一直存在，而跑步路上的风景也会因为你的坚持而变得与众不同。

东京马拉松奖牌

医师跑者智慧小贴士

跑完马拉松后，先不要急着发朋友圈，首要的任务是放松身体、进行拉伸和冷却。这样的做法有助于减轻跑步后的肌肉疲劳和酸痛感，帮助身体更快地恢复。同时，适当的拉伸可以减少跑步后可能出现的肌肉拉伤和僵硬感，有助于保持身体的柔软和灵活性。此外，冷却运动可以逐渐降低心率，使身体逐渐回归安静状态，有助于减少跑后的不适感。综合来说，正确的放松和冷却措施对于保持跑者的身体健康和延长运动寿命至关重要。

第 2 节　跑步的"天敌"——时间

跑步的"天敌"不仅仅是我们前面所描述的各种损伤、伤病，还包括天气、心理和时间等因素。天气和心理方面，在前文中已经有所提及，下面我们来谈一谈时间分配对于跑步运动的挑战。

跑步作为一种健康的生活方式和兴趣爱好，需要我们投入精力、时间和金钱。在当今快节奏的生活中，时间成为一种珍贵的资源，因此合理分配时间成为跑步者需要面对的挑战之一。

不论是朝九晚五，还是全天候不停歇的工作生活，我们除了忙碌的工作之外，还需要时间去享受生活、陪伴家人。然而，正是这种忙碌的生活注定了我们用于运动的时间少之又少。但是很多专家都建议，每天都应该步行一定的步数，尤其是对于中老年人来说，这一点显得尤为重要，因为随着年龄的增长，人体的新陈代谢日趋缓慢，运动成为刚性需求。

如何高效运动

让我们来算一下，完成一万步所需要的时间。一般情况下，按照正常人每步行 0.75 米计算，一万步相当于行走 7.5 公里，因此普通人需要花费 2～2.5 小时的时间才能完成这个目标。

然而，如果选择跑步，就可以更高效地完成这项运动。如果每公里花费 5～6 分钟的时间跑步，那么跑完 10 公里只需要 1 小时的时间。而完成这段路程后，我们的身体会感到愉悦而充满活力。

在现代的工作生活中，我们常常被形容为"卷"，意味着时间总是不够用。然而，作为一名医务工作者，还是时刻提醒患者要注意身体健康，合理规划时间，保持良好的生活习惯。

蔡元培先生曾说过："人的健全，不但靠饮食，尤靠运动。"其实，对于大多数人而言，每天都很忙碌，但无论忙碌程度如何，每个人都有同样的 24 小时。因此，关键在于如何有效地管理时间，让运动在生活中游刃有余。当你开始运动时，随之而来的将会是更好的心态，更健康的体魄，更阳光的脸庞。让我们一起做好时间管理，为自己找出一个适合自己的跑步运动时间。

▼ 培养运动的生活态度，养成跑步习惯

第一，确定目标，增强动力和兴趣。

在开始跑步之前，明确自己的目标至关重要。这些目标可以是长期的，例如参加一场马拉松比赛，或者在一年内累计跑满 100 公里；也可以是短期的，例如每周跑 3 次，每次 30 分钟。

通过明确目标，我们可以激发内在的动力。如果在跑步过程中缺乏足够的动力和兴趣，很容易陷入倦怠和懒惰的状态。积极的心理效应可以提高锻炼的积极性，增强锻炼的意愿和动力。

将跑步视为一种享受和健康的生活方式，可以让我们更主动地投入到锻炼中。

第二，制订计划。

目标的设定只是第一步，还需要制订一份计划，安排好每周的训练。刚开始跑步的人最好不要急于求成，应该从少量开始，慢慢增加训练强度。首周每次跑步时长设定为 10 分钟，每周进行 5~6 次跑步训练。到了第二周，将每次跑步时间延长至 15 分钟，同样保持每周 5~6 次的训练频率。当跑步时间达到 30 分钟后，每周可以选择"跑 1 天、休 2 天"或者"跑 1 天、休 3 天"的进度安排。如此逐步提升训练强度，能够切实有效地防止受伤情况的发生。

第三，和家人朋友一起跑步。

与家人和朋友一同跑步，不仅有助于身体健康，更能享受共度美好时光的乐趣。在跑步的过程中，可以相互搭档，倾听彼此的心声，分享彼此的故事，这样的互动不仅能增进感情，还能使运动更加有趣。与朋友一同跑步，还能相互竞争，挑战彼此的极限，从而增添更大的乐趣。在跑步过程中，可以设定一些目标，如跑步里程、配速、时间等，与朋友一同完成这些目标，

会给你更多动力，也会带来更大的成就感！此外，还可以与家人和朋友一同探索新的跑步环境，如沙滩、海边、公园、另一座城市、另一条街道等。在这些新环境中一同运动，一同呼吸新鲜空气，发现更多有趣之处，使跑步更富有乐趣与动力。

第四，持之以恒的信念。

一个跑者从最初只能跑 3 公里，到逐渐轻松自如地跑了 10 公里，再到成功完成 42 公里的马拉松，仅用了不到一年的时间。他说，正是在跑道上坚持不放弃的信念，让他在这一年里经历了太多神奇的变化。古往今来，"自强者胜，自胜者强"。在中长跑运动中，信念同样至关重要，它是取得胜利的重要心理素质之一。村上春树曾说："今天不想跑步，所以才去跑！"大多数情况下，坚持做一件事情并不难，但坚持到底则很艰难，因为我们总会有不想做的时候，总会找借口。任何事情的成功都需要日复一日的坚持与积累，成功绝对不是轻而易举的。

合理规划碎片时间，兼顾健康和效率

许多人都试图确定一天中最佳的锻炼时间，以达到他们期望的最佳效果。这也是许多人在做出规划后却又放弃跑步的主要借口之一。实际上，一天中

和朋友一起快乐奔跑

最佳的锻炼时间是你能够坚持锻炼的任何时间。因此，合理安排零散的时间，设定目标，制订计划，改变对运动时间的看法，并高效执行。根据《美国心脏病学会杂志》最新发表的研究，每天跑步 7 分钟，无论速度快慢，都能降低心脏病死亡的风险。研究人员对 55 137 名年龄在 18～100 岁的成年人进行了长达 15 年的跟踪调查，结果显示，坚持跑步锻炼的人，其死亡风险降低了 30%，因心脏病或中风导致的死亡风险降低了 45%。

时间是我们生活中最宝贵的资源之一，不同的人有不同的时间需求和安排。那么，跑步与时间的关系是怎样的呢？我们应该如何合理安排零散的时间，以兼顾健康和效率呢？让我们来看看以下几个方面。

跑步时间长短

跑步的时间长短取决于个人的目标、体能、习惯等因素。

跑步的最佳时间应该为 20～60 分钟，这可以有效提高心肺功能、燃烧脂肪和增强肌肉，但需要根据个人情况调整。统筹安排跑步时间时，需考虑生活和工作安排，避免影响其他重要事务，选择空闲舒适的时间段进行跑步。跑步与时间的关系需要综合考虑个人目标、体能、生活习惯等因素，制订合适的计划，并坚持执行，才能享受跑步的好处和乐趣。

跑步时间段的选择

可以选择早起跑步。早上是一天中最清爽的时候，也是最适合跑步的时候。早起跑步可以让你一整天都精神饱满，也可以避免白天的炎热和空气污染。可以把闹钟提前半小时或一个小时，然后穿上跑鞋，出门跑个几公里，回来洗个澡，吃个早餐，就可以开始新的一天了。

需要注意的是，关于早起跑步是否需要跑前进食，可能和跑步强度有关。如果跑步强度较大，建议在跑前适当进食，以补充能量，同时也可避免跑步过程中低血糖的发生。但要注意种类及量的选择，通常笔者会吃一个鸡蛋、一两片牛肉，也可以食用能量胶产品代替早餐。当然，进食量与跑量成正相关。如果只跑 5 公里，并不建议吃能量胶，可以少量进食。跑步过程中补给的选择也非常重要。我们常用到的补给产品种类很多，市面常见的有能量胶、盐丸、蛋白胶、清酸片、电解质饮料、赛速饮等。一般来说，如果跑步公里数较少，不必补充能量胶。但如果跑步公里数较长，可适当补充能量胶，夏季出汗量大则需在跑步过程中补充盐丸、电解质饮料等。能量胶、盐丸可以提供快速的能量补充，帮助你在运动过程中保持体力。

在夏天跑步时，前面内容已有提及，由于气温较高，紫外线强度大，身体出汗较多，导致水分和电解质流失，跑步时要选择透气性好、速干面料的服装，身体暴露部位涂抹防晒产品。建议补充电解质饮料，出汗较多或皮肤已有出盐情况时应及时补充电解质，如盐丸等，以防止身体脱水、电解质紊乱和中暑等情况的发生。

此外，配速和距离也需要根据个人情况进行调整。如果刚开始跑步，建议先从较短的距离和较慢的配速开始，逐渐增加距离和提高配速。同时，要注意保持正确的跑步姿势，避免受伤。

如果工作地点附近有公园或操场，可以利用午休时间去跑步。这样不仅可以锻炼身体，还可以缓解工作压力，提高工作效率。但要注意控制跑步时间，避免影响下午的工作。

如果工作时间比较长，或者早上和中午都没有机会去跑步，可以选择下班后跑步。这样可以消除一天的疲劳和压力，也有助于更好的睡眠。

总之，选择适合自己的跑步时间段，并根据个人情况进行合理的安排。同时，选择适合自己的跑步路线，并注意安全；也要注意补给的选择和摄入，以保持身体的健康和平衡。

平衡工作与跑步时间

当然，并不是说只要有时间就去跑步就行了，我们还需要考虑到工作和生活的平衡。如果我们过度地追求跑步成绩或者频率，而忽视了工作和家庭中的责任和义务，那么就会造成反效果。事实上，只要合理安排，总是可以找到时间跑步的。

坚持跑步的日常替代

我们可以通过以下几种方式利用碎片化时间进行锻炼：坚持走路，增加步数以达到锻炼效果；坚持做家务，如扫地、拖地、洗衣服等也是一种身体锻炼；坚持做伸展运动，可以在工作间隙或下班后进行，缓解肌肉酸痛，增加身体柔韧性。合理规划碎片化时间，平衡跑步与其他活动的关系，是一个需要我们不断探索和调整的问题。只要我们能够合理安排时间，灵活调整计划，便能够在自我成长的过程中变得更加强大。

▼ 利用日程安排工具

利用日历或待办事项列表来管理时间和任务，有助于有效安排每天的时间，确保有时间用来跑步。然而，尽管时间管理是一项重要的技能，但仍需要灵活应对各种情况。例如，如果突然感到疲劳或生病，应该耐心等待身体恢复后再开始跑步。

此外，在天气恶劣或人流量大的情况下，可以选择去健身房或避开人群聚集的地方进行跑步锻炼。时间管理不是要把所有事情都做完，而是更有效地利用时间，成为一种提醒和指导。正如英国管理学家诺斯克特·帕金森在他的著作《帕金森法则》中所说："你有多少时间来完成工作，工作就会自动地扩展到需要那么多时间。"

▼ 坚持跑步打卡

跑步打卡指的是利用新媒体平台发布跑步打卡消息，展示个人的运动成果，如跑步照片、步数、配速等，通过好友们的评论和点赞进行人际交往，从而树立和管理个人形象。美国心理学家斯金纳认为，行为的建立是通过强化的结果来实现的，人们形成或保持某种行为的原因是从结果中获得到积极反馈。我们的生活总需要一些仪式感，跑步也不例外。跑步打卡记录了每一次的坚持与付出。无论是每周打卡、每月打卡还是每年打卡，收获的不仅仅是养成跑步习惯，更是让你在生活中多了一项大多数人都坚持不下去的事情，而你能坚持到底。

▼ 跑步带来的改变

跑步带来的改变可以归纳为以下几点：首先，长期有氧运动可以锻炼心脏，降低心脏疾病风险；其次，跑步可以提高耐力和体能，使人拥有更强的身体素质；再者，跑步有助于提高记忆力，增长大脑灰质，提高脑力；另外，作为有氧减脂的运动方式，跑步有助于塑造更好的身材，使你远离肥胖和油腻。

此外，跑步也是一种受众广泛、易于参与的运动，跑团和大众跑者在公路上形成了独特的风景线。跑步不仅是一种超越自我的精神象征，也是一种克服困难的意志体现，能够给跑者带来生理和心理上的慰藉，使其更加阳光、自信和幸福。因此，将跑步融入日常生活，并使之成为生活习惯，将会使生活更健康、积极且充实。

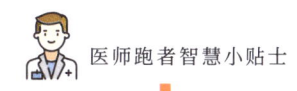

医师跑者智慧小贴士

在跑步过程中，是否存在所谓的"天敌"取决于个人是否愿意主动去跑步。对于那些热爱跑步、享受跑步过程的人来说，他们可能会将跑步视为一种乐趣和挑战，积极主动地去迎接。因此，他们并不认为跑步有所谓的"天敌"，而是视之为一种愉悦的活动。

第3节 跑步对生活的影响

无论是为了强身健体、达成目标，还是作为一种放空心灵或自省的方式，跑步在我们的健身和体育文化中都扮演着独特的角色。生命在于运动，日常锻炼对身心健康都具有重要的意义。日常运动绝非三天打鱼、两天晒网，若想要从中受益，必须长期坚持并采用科学的方法。

根据2018年发布的美国人体育活动指南（PAGA），建议青少年每天至少进行60分钟适当的中等强度活动，包括有氧运动（中等或剧烈强度，每周至少3天），以及力量训练（每周至少3天）。而成年人则应该每周进行150～300分钟的中等强度有氧运动（MPA），或每周75～150分钟的剧烈有氧运动（VPA），或者两者的等效组合。

只有坚持运动才能保持良好的身体状态。无论是减肥还是增强体质，都需要制订一个科学的运动计划，并坚持不懈地执行。

▼ 跑步很简单，跑步又很难

跑步很简单：跑步是人类的本能。不需要太多的装备和器材，只需要一双合适的跑鞋和运动服装。无论是健步如飞还是小步慢跑，都能体会到跑步带来的好处。如果你想跑步，无论晨昏、寒暑，无论是熙熙攘攘的柏油路还是绿树成荫的花园小径，随时、随地都可以开始。

村上春树曾在《当我谈跑步时我谈些什么》中写道："只要有一双适合跑步的鞋子，有一条马马虎虎的路，就可以在兴之所至时爱跑多久就跑多久。"

跑步又很难：跑步是一项需要时间和毅力的运动，特别是刚接触跑步的阶段，可能会面临时间的冲突和伤病的困扰。之所以说跑步难，难的是持之以恒，坚持下来才是胜利；难的是科学跑步，以严肃的态度重新认识跑步，才能避免受伤，跑得长久。

坚持几年，跑步会融入生活，成为生活的一部分，成为生活的一种方式。坚持跑步好处良多，可以称得上是最具性价比的运动方式。那么，跑步究竟有哪些好处？

▼ 跑步能够带给身心的益处

一般而言，跑步对于维护身心健康、减轻压力、提高心肺功能、预防各种疾病以及延长寿命都具有显著的益处。研究表明，跑步有助于预防慢性病和减少过早死亡的风险，跑步者的过早死亡率降低了 25%～40%，其寿命比不跑步者平均长约 3 年。

此外，跑步也能让我们沉浸于自然之美，享受阳光和清新空气，进而增强自信心，培养乐观心态。跑步不仅能增加幸福感和满足感，还能拓展人际关系和丰富生活经历。

第一，跑步是一种简单而有效的运动方式，可以增强体质，延年益寿，还能够带来许多生活上的好处。

- 跑步可以促进血液循环，加速新陈代谢，消耗多余的脂肪和热量，从而帮助我们控制体重，防止肥胖。因此，跑步是一种非常有效的减肥方法，也是一种预防疾病的良药。

备受喜爱的美国男演员，漫威电影《银河护卫队》中星爵的扮演者克里斯·帕拉特，依靠跑步和节食，6个月减掉27公斤，从油腻中年变成气质大叔，成功拿到星爵这个角色。跑步功不可没。

- 跑步可以锻炼我们的心肺功能。

微软创始人比尔·盖茨曾经说过："跑步是我一天中最重要的部分之一。它能够让我保持健康和集中注意力。"如他所言，跑步回馈给了他健康的体魄和清晰的思维。

- 跑步还可以刺激淋巴系统的运作，增加白细胞的数量和活性，从而提高我们的免疫力和抵抗力，抵御外界的细菌和病毒侵扰。其中，改善最明显的当属过敏性鼻炎。过敏性鼻炎是困扰很多人的常见病、多发病，是由致敏原导致体内变化而引起的鼻黏膜慢性炎症反应性疾病，主要临床表现为鼻塞、流清涕、鼻痒、打喷嚏，以及嗅觉功能障碍等，严重影响患者的生活质量。有研究表明，长期的有氧运动可改善机体的慢性炎症状态，能较好地调节机体的免疫系统功能。

第二，跑步可以让我们的精神更强大，面对生活的考验更从容。

- "A Mile in Her Shoes"是一家位于英国伦敦的慈善机构，该机构研究发现，坚持跑步，消极的想法、情绪低落和抑郁的感觉都可以得到改善，并且可以在身体、精神和社会生活中对跑者产生积极影响。

跑步有利于诱导积极情绪和增强执行力，能够显著提高大脑感受到的愉悦水平。跑步时身体释放的化学物质很多都与情绪调节有关：内啡肽和内源性大麻素可作为止痛药并增强幸福感；血清素可以平衡情绪以提升幸福感，增加食欲和改善睡眠质量；去甲肾上腺素有助于增加记忆的形成和检索，以及注意力的集中；另外，促炎因子可以通过影响神经内分泌、神经再生和神经递质代谢过程介导抑郁的发生。运动对抑郁有积极的治疗效果，其效果甚至可媲美心理干预及药物治疗，无副作用且降低心血管疾病和药物治疗所带来的并发症。

- 跑步不仅能够锻炼身体，提高健康水平，还能够给人带来快乐和满足感。跑步可以让我们在忙碌的生活中，找到一种释放压力和平衡心态的方法。当我们面对来自工作、学习和家庭等的各种压力时，跑步可以让我们暂时忘记烦恼，专注于呼吸和步伐，释放出体内的多余能量和负面情绪。跑步时，我们的大脑会释放出一种叫作内啡肽的物质，这种物质可以让我们感到快乐和满足，它也被称为"快乐荷尔蒙"。跑步后的一杯水或一顿饭，也会让我们觉得格外美味和珍惜。

因出演《老友记》而被人熟知的詹妮弗·安妮斯顿也因跑步能够帮助她保持身材和心情愉悦而坚持运动。她在采访中说："跑步是我最喜欢的运动之一。它能够让我感觉自己更加有力量和活力。"

- 跑步可以改善我们的心理状态，缓解压力和焦虑，帮助我们摆脱负面的情绪和思绪，增加我们的自信和乐观。跑步还可以让我们专注于当下的感受和环境，远离日常生活中的琐事和困扰。

著名脱口秀主持人奥普拉·温弗瑞坦言，喜欢跑步是因为它能够帮助她减压和放松。她曾经说过："当我跑步的时候，我能够释放掉自己的负面情绪，让自己变得更加积极。"

- 跑步可以锻炼我们的意志力。跑步是一种需要持之以恒的运动，它需要我们克服惰性和困难，坚持不懈地追求自己的目标，让我们在面对困难时不轻易放弃，而是坚持到底。

日本作家村上春树每年都会跑一次全马和一次半马，每当跑完一场马拉松后，他的朋友们总会钦佩地说："你真是意志超人啊！"他认为，马拉松的本质和写作一样，一次次把自己逼到极限，唯一的对手就是自己，跑步提升了他的写作高度。

- 跑步也可以培养我们的自信心和乐观精神，无论是完成一次长距离的马拉松，还是打破自己的个人纪录，都可以让我们感受到自己的成长和进步，增加我们的自信心，让我们在面对挫折时不是气馁，而是积极寻找解决办法。

美国前总统小布什对跑步的热情，即便在他任职美国总统期间，也丝毫没有减弱。1992 年，父亲老布什在竞选总统失利后，小布什的心情也跟着心烦意乱，他决定报名参加马拉松比赛来锤炼意志，希望有朝一日子承父志。2000 年 11 月，小布什成功当选美国总统，即便日理万机，但他从未间断过跑步，甚至他会鼓励那些政府要员们一起参与到跑步中来。

- 跑步其实是一项略显枯燥的运动，没有积极的互动，没有好看的姿势，更没有花哨的动作。但坚持跑步可以让我们更自律，让我们按时起床、按计划训练、合理饮食、充足休息，从而形成一个良好的生活习惯，自律的人在其他事情上更有坚持下去的信心。

说到自律，不得不再次提到村上春树。他给自己定下很多写作和跑步的规矩：不管是灵感突发，还是大脑空白，写小说都要按照计划，循序渐进。至于跑步，如果哪天不想出门，他就会反问自己："你可以靠写作为生，在家里工作。不用挤火车上下班，不用开无聊的会，你有没有意识到自己有多幸运？"每一次自问自答之后，村上春树就会穿上跑鞋，毫不犹豫地跨出家门。

- 我们每个人都有很多角色：作为父母要尽心，作为员工要尽责，作为子女要尽孝，作为跑者要尽力。每个人都需要独处的时间，哪怕只是发发呆，喝喝茶，看看书。在忙碌的间隙，有时会突然想起，还有诗和远方。跑步的过程也是思考的过程，长跑感觉就像冥想。现代生活节奏快得让人无所适从，留给我们与自己独处的时间少之又少，而跑步可以提供不可多得的独处时光。奔跑的过程中，你能清晰地听到自己内心的声音，细细思考白天困扰你的事情。跑步还可以增强我们的创造力和想象力，让我们在面对问题时不拘泥于常规，而是敢于尝试新的思路和方法。

在科研领域，不乏成绩斐然的诺贝尔奖得主们对跑步的一腔热爱。跑步成为他们伴随科研的一种生活方式，跑步过程也能为他们的学术带来全新的思考角度。诺贝尔物理学奖得主、德国物理学家沃尔夫冈·克特勒在谈到跑步与科学时说:"我一边跑步一边思考各种问题:物理问题、家庭问题、周末计划等。跑步给了我充足时间去思考问题,得出结论。有些结论是显而易见的,但只有当你足够放松时才能发现它们。""跑步可以让我放松,让我有时间思考问题。如果你对某一件事感到困扰或者非常失望,那就奔跑吧,你会发现世界上有太多比这更让你不知所措的事情。"

也许每个人开始跑步的理由不尽相同,但它们都有一个共同点:跑步能够帮助人们保持身体健康和精神健康。

第三,跑步可以让我们感受到自然的美丽和魅力。

城市为我们提供了一片属于自己的绿色空间,在繁忙的城市生活中跑步让我们能够放松身心、缓解压力。跑步让我们接触自然,欣赏周围的风景和动物,感受到阳光的温暖与空气的清新,从而增加我们与自然的亲近感,培养对生命和世界的敬畏和感恩。此外,跑步也让我们走出家门、走出城市,去探索更多美丽的风景和文化,拓宽我们的视野和心胸。

第四,跑步可以拓展我们的社交圈,丰富我们的生活体验。

人类是社会性动物,我们享受与伴侣、朋友、同事以及生活中各个领域的人建立关系。与他人保持联系让我们感到快乐、满足,并且在需要时让我们觉得有一个支持网络。有时候,跑步成为我们与他人建立社会联系的唯一纽带,有时则是我们个人进行沉思的途径。

跑步不仅是一项个人运动,还是一种极具社交价值的活动。通过跑步,我们可以建立融洽的人际关系,培养信任和激励,以及找到共同的话题。具体来说,有以下几点。

- 建立融洽的关系:跑步让我们结识志同道合的朋友,他们通常与我们有着相似的兴趣爱好。参加团队跑步活动可以加强团队凝聚力,共同经历美妙的跑步旅程。
- 构建相互信任的基础:在团队跑步中,特别是接力比赛中,需要团队成员之间的齐心协力,这有助于建立信任关系。
- 互相激励:跑步中的困难和挑战需要彼此之间的激励和帮助,这有助于加强关系。

- 找到共同的话题：跑步为人们提供了一个理想的交流话题，帮助我们更好地与他人沟通和交流。

综上所述，跑步不仅是一种健康的生活方式，更是一种促进人际关系的重要工具。通过跑步，我们可以结识更多志同道合的朋友，培养互信和激励，增进彼此的了解和友谊。

跑步有社交功能。跑步是一项可以与任何人分享的活动，无论年龄、性别、职业或国籍，只要拥有一双跑鞋和对跑步的热爱，就能成为跑友。通过参加各种跑步活动、比赛和俱乐部等，我们可以结识更多志同道合的朋友，分享彼此的经验和感受，相互鼓励、共同进步。

事实上，大多数跑步者的训练都是独自完成的。然而，单人跑步并不意味着与世隔绝，尤其是在社交媒体如此发达的今天。许多跑步应用程序都能满足跑者分享的需求，在平凡的日子里，分享一些激动人心的时刻。

> **医师跑者智慧小贴士**
>
> 跑步与生活有着密切的联系，它可以帮助我们更好地应对生活中的挑战和困难，也能让我们更加珍惜生活中的美好和幸福。跑步不仅仅是一种运动，更是一种生活方式，跑步与生活是紧密相连的。它们相互辅助、相互促进。跑步能让我们的生活更加健康、快乐、充实和有意义，而生活也能给予我们跑步的动力、目标、信念和激情。

第4步　跑步与陪伴

跑步被形容为一项孤独者的活动，因为在跑步的过程中，当你独自穿过山林小径或沿着河岸奔跑时，你可能会感受到一种内心的孤独。英国小说家艾伦·西利托将这种感受描述为"长跑者的孤独"。然而，跑步也被认为是最持久且值得坚持的锻炼方式，因为坚持跑步会带来积极的变化，使这种孤独变得崇高。当你认真对待跑步时，它将成为你生活中不可或缺的一部分。

新冠病毒的蔓延让我们意识到病毒的强大和人类自身的脆弱，同时也提醒我们应该关注自己的身体健康，多花时间陪伴家人。

在社交时间减少、朋友聚会机会减少的情况下，我们可能会感到娱乐和旅行时间不足，远方的诗意生活似乎变得遥不可及。这也许是事业与家庭失衡的信号。

对于无法兼顾事业与家庭的人，可能会被迫放弃其中一项，或者两者都无法妥善照顾。这不仅会影响身心健康，还会影响家人和朋友的关系，导致家庭问题和人际关系紧张。

然而，重要的是要有足够的自我意识，意识到跑步是为了让生活更美好，而不是让它控制你。

如何平衡跑步与生活

第一，给跑步、家人和工作排序。

与日韩等一些传统文化中女性"从小立志当家庭主妇"的倾向不同，当今中国都市女性婚后主动选择成为全职家庭主妇的情况少之又少。通常，促使女性承担起家庭主妇责任的关键因素并非婚姻本身，而是孩子的降生。在这一心理因素的驱使下，"家庭主妇"放弃自身长远理想，大多是为了抚养下一代而不得不做出的妥协。

问题在于，对于孩子而言是"人生关键阶段"的这几年，对母亲而言也同样重要——25岁至35岁原本就是一个人实现职场目标的关键时期。女性在自我角色设定中的冲突，即自我实现的逻辑（事业有成、实现理想自我）和母性逻辑（身为母亲应悉心照料孩子）哪个更重要，形成了一个悖论：分别来看，这两者都是对的，但合在一起就形成了矛盾。正因为难以兼顾，选择起来尤为困难。

笔者热爱自己所从事的工作，有意义的工作带来成就感和尊严，成就感和尊严带来快乐。当跑步和工作发生冲突的时候，让步的一定是跑步。不是含着金钥匙出生的普通人，还要依靠工作维持生活。

当然，也许有些人并不认同，年龄、价值观、目标的差异，造成三者的优先次序也不尽相同。要做到三者的平衡并不简单。生活是一样的，但生活方式不一样。每个人都有适合自己的生活方式。

平衡也是一种中庸之道。儒家所谓执两用中，就是说在处理一件事情时，要深入研究事物两个方面的情况，采用最恰当的方法，避免过和不及的情况。执两用中，才能不偏不倚。凡人遇事之时，要避免左或右两端的偏颇，寻找最合适的解决方式，这就是中庸的意思。要学会中庸意味着要善于取舍。取舍得当，万事顺畅。平衡看上去很简单，做起来其实很复杂，需要生活智慧。

跑步与生活，真的无法两全其美吗？

第二，带上家人一起参与。

在当今智能手机普及的时代，人们，特别是孩子们，在户外活动的时间相比过去大大减少了。他们不再在街上玩耍直到日落，而是沉迷于电视或智能手机，消耗着宝贵的时光。在科技带来的便利面前，要走出去需要付出更多的努力。因此，与家人一起跑步成为共度时光的好方法，可以一起享受新鲜空气、锻炼身体和沐浴阳光。既然跑步是你的激情所在，也成了你日常生活的一部分，那么为什么不让跑步成为一项家庭活动呢？

事实上，跑步是一项全家人都可以参与的健身活动。与许多其他运动不同，跑步适合任何健身水平、年龄、性别和能力的人，并且几乎不需要额外的设备。家庭活动的美妙之处在于，通过共同的跑步主题，可以将每个人聚集在一起。家庭跑步不仅增加了家庭共处的时间，孩子们也可以更多地与父母一起度过时光，反之亦然。此外，家庭跑步还可以很有趣，每个人都能从与家人在一起的时光中受益。

▼ 一些基于跑步的家庭活动建议

趣味跑

要让家人，特别是孩子们，有动力一起参与跑步，就必须让这个过程变得有趣。有趣的跑步无须在意距离。趣味跑是让每个家庭成员都能参与进来的好方法，无论他们的年龄或健康水平如何。重要的是一家人整整齐齐，重在参与，而不是追逐个人最好成绩。

许多大型跑步活动都有亲子跑或家庭跑，通常所有完赛者都有奖牌，所以每个人都会很高兴。这种活动不仅促进了家庭和睦，还锻炼了身体，可以说是两全其美的办法。

定向越野

定向越野也是一项适合家庭的伟大运动。虽然越野跑的长度和难度各不相同，但一定能找到适合全家人的路线。在家庭氛围下进行的定向越野更像是一次全家远足，每个人都可以锻炼身体，每个人都可以放松、欢笑。

陪孩子一起奔跑

像天使一般可爱的小婴儿，谁能不心动呢？即使是最小的婴儿，也不必排除在家庭跑步或慢跑之外。我们经常看到推着婴儿车的慢跑者，他们把婴儿车换成经过精心设计的现代轻便婴儿慢跑车，使婴儿和幼儿能够陪伴父母和哥哥姐姐在户外慢跑。

陪伴孩子成长的过程实际上也是家长学习成为父母的过程。如果孩子喜欢跑步，那是件好事。孩子应该享有发挥自己天赋的自由，跑步对儿童和青少年来说应该是一种游戏。

带上孩子一起跑步，既能锻炼身体，又是增进感情的好方法。

加入跑团

许多跑团或者跑步俱乐部都会通过组织各种活动、比赛和培训课程来吸引孩子，有些甚至是需要父母参加的亲子活动。有活动的周末或假日是全家人聚在一起享受趣味比赛和一些优质训练课程的绝佳机会。

跑步和骑自行车结合

通过两个轮子和两条腿的组合，全家人可以一起冒险。爸爸妈妈可以在孩子骑自行车时跑步，反之亦然，或者家庭成员之间的跑步和骑自行车任意组合。相对来说，骑车会比跑步轻松一些，跑步与骑行结合可以让每个人都有喘息的机会，而不至于筋疲力尽。

适合家庭共同参与跑步的一些建议

第一，陪伴是兴趣的助力器。

家人需要陪伴。工作剥夺了我们与家人共度时光的机会，但是跑步可以成为家庭关系的黏合剂。在一起运动，不仅促进了全家人的身体健康，也增强了家庭的凝聚力。

第二，不怕慢，只怕站。

《增广贤文》中有句话："不怕慢，只怕站。"同样，这句话也适用于每一位跑者。在跑步过程中，速度并不是唯一标准，重要的是保持适度和坚持。只要坚持运动，保持健康的生活方式，无论速度如何，都是良好的开端和过程，而最终的结果则变得不那么重要。

第三，珍惜身边人。

无论身处何地，参加比赛还是工作出差，都要时刻珍惜身边的人，他们才是真正给予支持与陪伴的人。不要因为一时的兴趣或情绪而忽视了身边重要的人。

最后，笔者以村上春树的一段话作结："一天跑一个小时，来确保只属于自己的沉默的时间，对我的精神健康来说，成了具有重要意义的功课。至少在跑步时不需要和任何人交谈，不必听任何人说话，只需眺望周围的风光，凝视自己便可。这是任何东西都无法替代的宝贵时刻。"

如果你还没有开始跑步，不妨从今天开始尝试一下吧！

医师跑者智慧小贴士

兴趣是最好的陪伴，家人之间的共同兴趣可以加深彼此之间的情感联系，增进相互理解和支持。无论是周一的跑步时间还是周二的读书时间，只要家人们愿意花时间去规划，用心去思考，共同参与其中，就能够创造出宝贵的美好时光。

参考文献

[1] 蔡友良. 论信心在中长跑运动中的作用[J]. 产业与科技论坛, 2009, 8(07): 184-185.

[2] 陈晓丽, 杨晓峰. 运动损伤的发生机制研究进展[J]. 中国运动医学杂志, 2017, 36(11), 1030-1034.

[3] 邓树勋, 王健. 运动生理学[M]. 3版. 高等教育出版社, 2015.

[4] 丁文龙, 刘学政. 系统解剖学[M]. 人民卫生出版社, 2018.

[5] 菲利普·马费通. 耐力: 无伤、燃脂、轻松的MAF训练法[M]. 谭杰, 张神后, 译. 浙江: 浙江人民出版社, 2017: 06.

[6] 付鸿鹰, 余萍. 有氧运动对变应性鼻炎患者血清IL-4及TNF-α的影响[J]. 临床耳鼻咽喉头颈外科杂志, 2013, 27(23): 1321-1323.

[7] 关宏岩, 赵星, 屈莎, 等. 学龄前儿童(3—6)运动指南[J]. 中国儿童保健杂志 2020, 28(6): 714-720.

[8] 郭婷雯, 张志茹. 运动疗法对乳腺癌患者生活质量影响的研究进展[J]. 护士进修杂志, 2019, 34(21): 1960-1963.

[9] 韩书娜, 彭朋, 白春宏, 等. "男性运动员三联征"研究进展[J]. 山东体育学院学报, 2018, 34(2): 75-80.

[10] 健康体适能评估标准手册[M]. 台北: 易利图书有限公司, 2008.

[11] 焦晓鸽, 尹红, 王慧. 运动对心理健康的影响及其干预研究进展[J]. 中国健康心理学杂志, 2019, 27(6), 897-900.

[12] 杰克·丹尼尔斯. 丹尼尔斯经典跑步训练法[M]. 浙江: 浙江人民出版社, 2014: 09.

[13] 库华义. 有氧运动对抑郁症的疗效回顾[J]. 继续医学教育, 2016, 30(08): 95-96.

[14] 李秀焕, 李国泰. 中强度有氧跑步与分段低强度有氧健走对2型糖尿病合并骨质疏松人群的骨密度、β细胞功能和糖代谢影响的对比[J]. 中国骨质疏松杂志, 2019, 25(09): 1248-1256.

[15] 林文弢. 运动生物化学(iCourse教材)[M]. 高等教育出版社, 2019.

[16] 刘静, 邱芬, 邱卓英, 等. 世界卫生组织身体活动政策和指南的架构与核心内容研究[J]. 中国康复理论与实践, 2021, 27(12): 1402-1411.

[17] 罗冬梅, 姚天聪, 屈莎, 等. 幼儿体育活动强度自评量表的研制与应用[J]. 北京体育大学学报, 2019, 42(4): 139-149.

[18] 曲绵域, 于长隆. 实用运动医学[M]. 北京大学医学出版社, 2003.

[19] 体育词典[M]. 上海: 上海辞书出版社, 1984.

[20] 王嘉瑛, 李令岭, 梁梁, 等. 跑步爱好者运动损伤的调查与分析[J]. 昆明医科大学学报, 2020, 41(01): 151-157.

[21] 王瑞青, 孔宪菲, 张华, 等. 世界卫生组织身体活动和久坐行为指南[J]. 中国卒中杂志, 2021, 16(04): 390-397.

[22] 王晓娟, 赵玉娟. 跑步对注意力和认知功能的影响及其机制研究进展[J]. 中国运动医学杂志, 2020, 39(4), 379-383.

[23] 肖倩, 苏小芸, 翟珺瑶, 等. 远端缺血预处理和后处理对女性运动性肌肉损伤恢复的影响[C]. 第十三届全国体育科学大会, 2023, 277-279.

[24] 叶绿, 王斌, 邱服冰. 大学生身体活动的心理行为健康和功能效果: 基于ICF的系统综述[J]. 中国康复理论与实践, 2023, 29(01): 38-47.

[25] 余海霞. 中等强度有氧运动在原发性高血压的运用研究[J]. 特别健康, 2021(23): 101-102.

[26] 运动处方中国专家共识(2023)[J]. 中国运动医学杂志, 2023, 42(1).

[27] 张芳. 每天跑步7分钟降低心脏病死亡风险[J]. 共产党员, 2014(18): 57.

[28] 张少伟, 乔颖. 坚持运动打卡的人都是啥心理[J]. 大众健康, 2022(03): 25-26.

[29] 赵琳, 黄涛. 陆军新兵军事训练致应力性骨折风险因素的相关性研究[J]. 实用医药杂志, 2017, 34(1): 6-10.

[30] 赵宇, 杨晓峰. 运动损伤的风险因素与预防策略研究进展[J]. 中国运动医学杂志, 2020, 39(5), 490-494.

[31] 中国成人血脂异常防治指南修订联合委员会. 中国成人血脂异常防治指南(2016年修订版)[J]. 中国循环杂志, 2016, 31(10).

[32] 中国妇幼保健协会妊娠合并糖尿病专业委员会, 中华医学会妇产科学分会产科学组. 妊娠期运动专家共识[J]. 中华围产医学杂志, 2021, 24(09): 641-645.

[33] 《中国人群身体活动指南》编写委员会. 中国人群身体活动指南(2021)[J]. 中华预防医学杂志, 2022.

[34] 中国心血管病风险评估和管理指南编写联合委员会. 中国心血管病风险评估和管理指南[J]. 中国循环杂志, 2019, 34(1).

[35] 中华医学会内分泌学分会, 中华医学会糖尿病学分会, 中国医师协会内分泌代谢科医师分会. 中国成人糖尿病前期干预的专家共识(2023版)[J]. 中华糖尿病杂志, 2023, 15(6): 484-494.

[36] 中华医学会糖尿病学分会. 中国2型糖尿病防治指南(2020年版)[J]. 中华糖尿病杂志, 2021(04).

[37] ACOO Practice. ACOG Committee opinion no. 650 summary: physical activity and exercise during pregnancy and the postpartum period[J]. Obstet Gynecol, 2015, 126(6): 135-142.

[38] ADZIC M, BRKIC Z, MITIC M, et al. Therapeutic strategies for treatment of inflammation-related depression[J]. Curr Neuropharmacol, 2018, 16(2): 176-209.

[39] BECK B, DRYSDALE L. Risk factors, diagnosis and management of bone stress injuries in adolescent athletes: a narrative review[J]. Sports (Basel), 2021, 9(4): 52.

[40] BRANNAN J D, KOSKELA H, ANDERSON S D, et al. Responsiveness to mannitol in asthmatic subjects with exercise- and hyperventilation-induced asthma[J]. Am J Respir Crit Care Med, 1998 Oct, 158(4): 1120-1126.

[41] CHENG Y Y, DESSE S, MARTINEZ A, et al. TNF alpha disrupts blood brain barrier integrity to maintain prolonged depressive-like behavior in mice[J]. Brain Behav Immun, 2018, 69: 556-67. DOI: 10.1016/j.bbi.2018.02.003.

[42] CRAMER M N, GAGNON D, LAITANO O, et al. Human temperature regulation under heat stress in health, disease, and injury[J]. Physiol Rev, 2022 Oct, 102(4): 1907-1989.

[43] DAMRONGTHAI C, KUWAMIZU R, SUWABE K, et al. Benefit of human moderate running boosting mood and executive function coinciding with bilateral prefrontal activation[J]. Sci Rep, 2021, 11(1): 22657.

[44] DAWES J, SANDERS C, ALLEN R. "A Mile in Her Shoes": a qualitative exploration of the perceived

[45] EVENSON K R, BARAKAT R, BROWN W J, et al. Guidelines for physical activity during pregnancy: comparisons from around the world[J]. Am J Lifestyle Med, 2014, 8(2): 102-121.

[46] FARRELL P A, JOYNER M J, CAIOZZO V J. Acsm's advanced exercise physiology[M]. 2nd ed. Wolters Kluwer|Lippincott Williams & Wilkins, 2011.

[47] FRESE C, FRESE F, KUHLMANN S, et al. Effect of endurance training on dental erosion, caries, and saliva[J]. Scandinavian Journal of Medicine & Science in Sports, 2014.

[48] HOLLANDER N A, FINESTONE A S, YOFE V, et al. The association between increased body mass index and overuse injuries in Israel defense forces conscripts[J]. Obes Facts, 2020, 13(2): 152-165.

[49] KAHANOV L, EBERMAN L E, GAMES K E, et al. Diagnosis, treatment, and rehabilitation of stress fractures in the lower extremity in runners[J]. Open Access J Sports Med, 2015, 6: 87-95.

[50] KANALEY J A, COLBERG S R, CORCORAN MH, et al. Exercise/Physical activity in individuals with type 2 diabetes: a consensus statement from the American college of sports medicine[J]. Med Sci Sports Exerc, 2022, 54(2): 353-368.

[51] LEE D C, BRELLENTHIN A G, THOMPSON P D, et al. Running as a key lifestyle medicine for longevity[J]. Prog Cardiovasc Dis, 2017 Jun-Jul, 60(1): 45-55.

[52] LICHTENSTEIN M B, JENSEN T T, WHITTAKER A C, et al. Exercise addiction in runners: associations with alexithymia and dissociation[J]. Journal of Behavioral Addictions, 2017, 6(4): 478-487.

[53] MacKenzie B, Taunton J, Clement D, et al. Running shoes, orthotics, and injuries[J]. Sports Medicine, 1988, 5(5): 344-352.

[54] MOTTOLA M F, DAVENPORT M H, RUCHAT S M, et al. 2019 Canadian guideline for physical activity throughout pregnancy[J]. Br J Sports Med, 2018, 52(21): 1339-1346.

[55] NASCIMENTO B L D, ZEN I, DEMENECH L, et al. Knowledge of triathlon athletes about the relationship between oral health and performance[J]. 2015.

[56] NATTIV A, KENNEDY G, BARRACK M T, et al. Correlation of MRI grading of bone stress injuries with clinical risk factors and return to play: a 5-year prospective study in collegiate track and field athletes[J]. Am J Sports Med, 2013, 41(8): 1930-1941.

[57] NEEDLEMAN I, ASHLEY P, PETRIE A, et al. Oral health and impact on performance of athletes participating in the London 2012 Olympic Games: a cross-sectional study[J]. British Journal of Sports Medicine, 2013, 48(7).

[58] NIEVES J W, MELSOP K, CURTIS M, et al. Nutritional factors that influence change in bone density and stress fracture risk among young female cross-country runners[J]. PM R, 2010, 2(8): 740-750.

[59] NUNNS M, HOUSE C, RICE H, et al. Four biomechanical and anthropometric measures predict tibial stress fracture: a prospective study of 1065 royal marines[J]. Br J Sports Med, 2016, 50(19): 1206-1210.

[60] NUSSBAUM E D, BJORNARAA J, GATT C J, JR. Identifying factors that contribute to adolescent bony stress injury in secondary school athletes: a comparative analysis with a healthy athletic control group[J]. Sports Health, 2019, 11(4): 375-379.

[61] QIN Y, ZHANG Y H. Research progress of kynurenine pathway in depression[J]. Chinese

[62] Pharmacological Bulletin, 2020, 36(12): 1640-1644.

[62] Royal College of Obstetricians and Gynaecologists. Physical activity guidelines: pregnancy and after childbirth [EB/OL].(2019-09-07)[2023-08-27].https://www.gov.uk/government/publications/physical-activity-guidelines-pregnancy-and-after-childbirth.

[63] SIVAKUMAR G, KOZIARZ A, FARROKHYAR F. Vitamin D supplementation in military personnel: a systematic review of randomized controlled trials[J]. Sports Health, 2019, 11(5): 425-431.

[64] SUE-CHU M. Winter sports athletes: long-term effects of cold air exposure[J]. Br J Sports Med, 2012 May, 46(6): 397-401.

[65] TENFORDE A S, CARLSON J L, CHANG A, et al. Association of the female athlete triad risk assessment stratification to the development of bone stress injuries in collegiate athletes[J]. Am J Sports Med, 2017, 45(2): 302-310.

[66] WANG C, WEI Y, ZHANG X, et al. A randomized clinical trial of exercise during pregnancy to prevent gestational diabetes mellitus and improve pregnancy outcome in overweight and obese pregnant women[J]. Am J Obstet Gynecol, 2017, 216(4): 340-351.

[67] WISE S K, DAMASK C, ROLAND L T, et al. International consensus statement on allergy and rhinology: allergic rhinitis-2023[J]. Int Forum Allergy Rhinol, 2023 Apr, 13(4): 293-859.

[68] World Health Organization. Global action plan on physical activity 2018-2030: more active people for a healthier world[J]. 2018.

附 录

北京医师跑团大事记

2015年11月8日	北京医师跑团成立。
2016年4月17日	北京医师跑团首次作为官方医师跑者参加安徽泾县油菜花马拉松,这是国内首次出现医师跑者的马拉松赛事,也开启了北京医师跑团马拉松医师跑者的使命。
2016年5月22日	北京医师跑团团员在大连马拉松首次救治心搏骤停跑友。
2016年10月9日	北京医师跑团首次为第18届北京希望马拉松募捐,开启跑团公益特质。
2016年9月17日	北京医师跑团首次作为医师跑者参加北京马拉松,自此北京医师跑团参与了每年的北京马拉松。
2016年12月6日	北京医师跑团第一代团歌《奔跑》发布,此后每年跑团都会发布一首代表当年最佳精神的歌曲,至今已经完成8首。
2016年11月12日	北京医师跑团首届年会举行,跑团举行一周年庆祝活动。
2016年12月28日	北京医师跑团在中国马拉松协会会刊《领跑者》开辟"医者说"栏目,开启跑团科普使命。
2017年3月20日	北京医师跑团参加中国马拉松年会,荣膺中国马拉松协会颁发的中国十佳跑团,此后2019年跑团再次荣膺中国十佳跑团。
2017年4月29日	北京医师跑团100名团员担任中华人民共和国第十三届运动会马拉松比赛官方医师跑者。
2017年8月31日	北京医师跑团荣膺国家体育总局颁发的全国群众体育先进单位。
2017年11月12日	北京医师跑团首次组团参加上海国际马拉松赛。
2017年11月19日	北京医师跑团作为官方医师跑者参加中国-东盟国际马拉松赛。
2018年4月6日	北京医师跑团与威县人民医院建立战略合作关系。
2018年4月15日	北京医师跑团150名团员首次作为官方医师跑者保障北京国际长跑节-北京半程马拉松,此后跑团多次担任该赛事的官方医师跑者。
2018年5月5日	北京医师跑团作为官方医师跑者保障第15届北京市运动会全程马拉松。
2018年8月19日	北京医师跑团《你真的会跑步吗》首发式举行,该书是中国第一本医师跑者著作。
2019年1月14日	北京医师跑团译著《医生最想让你做的事》出版。
2019年1月1日	北京医师跑团首次在北京天坛公园举行新年祈福跑。
2019年2月17日	北京医师跑团首次举行开箱跑,跑团首次在北京跑出中国地图,并包场观影《流浪地球》。
2019年12月21日	海南儋州国际马拉松赛十周年,北京医师跑团第3次作为官方医师跑者参加,跑团领队作为火炬手参加圣火传递活动。
2020年2月	北京医师跑团团员在各单位投入到新冠肺炎疫情防护和救治工作中,多名团员奔赴武汉前线抗击疫情。

2021年4月16日	北京医师跑团团员赴西藏首府拉萨参观访问并进行学术交流,4月18日跑团10名团员受聘西藏康城肿瘤医院客座教授。
2022年11月6日	北京医师跑团3名团员以配速员身份参加第40届北京马拉松,这是跑团团员首次担任北京马拉松官方配速员。
2023年6月22日	北京医师跑团首次举行夏季训练营。
2023年12月17日	北京医师跑团首次组团参加杭州马拉松,5名团员担任官方配速员。
2023年12月23日	北京医师跑团首次举行冬季训练营。
2024年3月24日	北京医师跑团首次组团参加无锡马拉松,4名团员担任官方配速员。
2024年4月4日	北京医师跑团首次举行春季训练营。
2024年5月26日	北京医师跑团首次组团参加兰州国际马拉松赛。